韓国語実力養成講座 ③

# 間違いやすい韓国語表現 100

油谷幸利
金美仙
金恩愛 著

上級編

白帝社

# はじめに

　本書は『間違いやすい韓国語表現100―初級編・中級編―』の姉妹編として編集した。本書が対象とする読者は，中級段階を一通り終えてさらに上を目指そうとする人，ハングル能力検定試験で言えば1級や2級の準備をしている人々である。

　中級編でも書いたように，韓国語は言語構造が日本語と非常によく似ている。初級段階では，日本語の語順のままで文頭から一つずつ単語を置き換えて行けば直ちに韓国語が話せてしまうという，日本人にはうってつけの言語であると言えよう。似ているのは言語構造だけではない。「顔が広い＝발이 넓다（直訳＝足が広い）」，「お手上げだ＝손들었다（手をあげた）」，などの比喩的な言い回しにおいてさえ，多少異なるものの類似性が認められる。従って，初級段階では基本的な文法を習得するとともに語彙の体系的な違いを意識的に学習すれば，英語で悩まされた関係代名詞や時制の一致のような面倒なことに煩わされずに，体言＋助詞，用言連体形＋体言という構造を維持したまま置き換えていくだけでほぼ正しい文章が書ける。

　ところが，基本的な助詞と語尾を覚え，変則活用にも慣れて，自分の言いたいことを一通り表現できる段階にさしかかる頃になると，逐語訳では必ずしも正しい韓国語が得られるとは限らないことに気付き始める。「雨が降る前に」「彼が戻って来るまで」「苦しさのあまり」は，それぞれ「비가 올 전에」「그 사람이 돌아오다까지」「괴로움의 나머지」ではなく「비가 오기 전에」「그 사람이 돌아올 때까지」「괴로운 나머지」と言わなければならない。つまり，一方が「連用形＋体言」を用いるところを他方では「連体形＋体言」や「語幹＋語尾＋体言」を用いるというように，形態素の結合部分で互いに異なる文法要素を用いる場合があり，言語構造に対するより深い理解が求められるようになる。さらに上級段階に進むと，文法的には正しくても，日本語らしさや韓国語らしさという観点から見ると不自然な表現を，より自然な表現に置き換えるという配慮が求められる。筆者（金恩愛）の研究によれば，日本語では名詞構造を多用する傾向があるのに対して韓国語では動詞構造を多用する傾向が強いので，「雨の日に会ったメガネの子覚えてる？」，「なんか探し物？――うん，忘れ物」と

いう日本語を韓国語で作文する際には，それぞれ「비 오던 날 만났던 안경 낀 애 기억나?」,「뭐, 찾는 거야? ── 응, 뭐 좀 잊어버려서.」のように名詞ではなく動詞で表現するほうが韓国語としてはより自然な文になる。

　本書は上級段階を目指そうとする人を対象に，日本語と韓国語とで異なる部分を解説しながら，単に文法的に正しい文を表出できれば正解であるという既成の枠組みを越え，表現様相の違いという観点から，より自然な韓国語の表現を目指すためにポイントとなるような練習問題を提供している。各課で提示した練習問題は日韓対照言語学の最新の研究成果に基づいて綿密に計算された問題ばかりである。そして巻末には，単に模範解答を羅列して作業完了とするのではなく，正に痒いところに手の届く解説を施すことを心掛けた。独学なさっている方々にとっては，模範解答が正しいことは納得できても，自分の作った文が果たして正解なのかどうか，あるいは文法的には正しくても直訳調の不自然な表現になっていないかどうかを知りたいと考えるのは当然であろう。本書では正解や別解を提示するだけではなく，間違いの例やそれがなぜ間違いであるのかという理由を豊富に示すとともに，文法的でありひとまず通じる文ではあるが，このように変える方がより自然な韓国語になる，という点に関する情報を与えることも目標の一つとした。本書の解説を読むだけでも新たな発見の連続であろうと確信している。韓国語あるいは日韓対照研究を志している人々は，論文のテーマを随所に発見できるであろう。とは言え，最先端の知見を盛り込むことを優先したので，まだ検証の済んでいない部分もあり，多少の勇み足があるかもしれない。そのような点に関しては読者諸賢のご海容を乞う次第である。

　本書の元になったプリント教材は，同志社大学において 2006 年度の表現法および 2007 年度後期・2008 年度前期・2009 年度前期のメタ言語文化論，2012 年度後期・2013 年度後期の表現法の授業で使用するとともに，コリ文語学堂（主宰：金順玉先生）の翻訳ゼミでも 2006 年 10 月から 2009 年 3 月まで使わせていただいた。これらの授業において受講生諸氏が発表してくれた解答の添削やそれに続く受講生との議論は，本書の内容を高める上で大いに役に立った。そのような意味で，本書は我々と受講生諸氏とが協同で作り上げたものであると言っても過言ではない。以下に授業アンケートから学生の感想をいくつかあげておく。「間違いやすいところが問題になっていて良かった。説明も詳しく書かれていて一人で勉強するのに役にたちそうです」「日本語のニュアンスと韓国語のニュアンスというのは微妙に違うのでいかに日本語の意味を壊さずに自然な韓国語で表現すればよいかが難しかったです」「発展作文の場合は日本語自体が難しくて訳すのが大変でしたがとても勉強になる内容でした。また，自分の書いた文章を修正してくださることによって，自分の弱い部分やニュアンス的によく分かっていなかった部分などがはっきりとして勉強する上で大いに役にたちました」「様々な内容の作文ができたし，今まで学んだ構文や言い回しをまんべんなく復習しながら身につけていくことができたのでとても勉強になりました」「時々，とても硬い雰囲気の文章が課題としてあげられていましたが，あれは一体いつ使うんだろうと疑問に思ったりしました」

　また，メタ言語文化論の授業は毎年日本語母語話者と韓国人留学生が半数ずつ受講するというの

も面白い現象であった。留学生の受講目的は単に単位が取りやすいという理由ではなく，より洗練された日本語を身につけたいという点にある。「彼女いない歴3年」を솔로부대 3년のような非常に面白い表現で作文するかと思えば，日本語母語話者なら間違えようのない「西の雄」や「各社とも」を 서쪽의 수컷, 각 회사와도のように誤訳したり，뵀다を뫴다と書くなど，時として小中学校の書き方の時間に早変わりするような場面もあったのは，日本語母語話者の立場から見てもよい経験になったのではないかと思う。

　大学に入ってから学び始めて3年目あるいは4年目でこれだけの作文問題が解けるということからもお分かりいただけるように，同志社大学の韓国語受講生のレベルは非常に高い。同志社大学では大学入学後に中級以上の検定試験（韓国語の場合はハングル能力検定試験準2級）に合格し，当該外国語科目16単位のGPAが3.8以上（成績表のA・B・C・Dをそれぞれ4点・3点・2点・1点として計算する）の学生を表彰する外国語オナーズ制度が2006年度に発足したが，2008年後期までの段階で独仏中西露韓の初修外国語の中では韓国語の表彰者がダントツで一位であった。本書の利用者の中には独学の方が多数いらっしゃることと思うが，外国語学習で最も大切なことは毎日たとえ30分ずつでも休まずに学習を継続することである。本書が少しでも読者のお役に立てれば幸いである。

　最後に白帝社編集部の伊佐順子さんには大変お世話になりました。記して感謝の意を表します。

2015年3月<br>
著者識

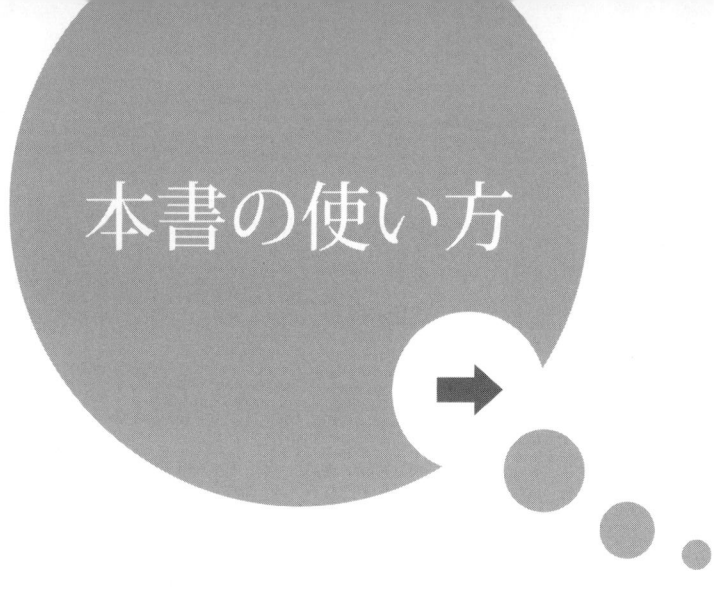

# 本書の使い方

## 本書の特徴

1. 素材：筆者（油谷）が30年以上大学で教鞭をとりつつ蓄積した誤用例と韓国語の豊富なデータ
2. 基盤：言語学および日韓対照言語学の最新の研究成果
3. 成果：素材の総合的な分析に基づいて綿密な計算の上に産み出された練習問題

## 本書の構成

1. 各課の構成

（1）上級作文で習得すべき項目

　　　上級作文における間違いの原因となる，日本語と韓国語とで異なる部分を解説する。文法項目を各課の中心テーマとし，さらに日本語と韓国語の語彙体系や言語構造および表現様相の違いに基づく誤用の可能性を指摘した。

（2）間違いやすい表現100　［各課に10個ずつ配置］

　　　文法項目としてまとめにくいものを配置しておいた。練習問題と関連のあるものに関しては【基本1-4】のように示しておいた。

（3）練習問題

　　　直訳では必ずしも正解が得られない韓国語作文の練習問題を提供した。

　　　各課で提示した練習問題は，日本語母語話者にとって間違いやすい表現や，曖昧さを持っているために何通りかに解釈される表現，あるいは日本語に特有の表現を含んでいるために主語と述語・目的語の関係を明瞭にした表現に言い換えた上でなければ作文しにくいよ

うなものを素材として，各課のテーマに合わせて作文問題として作り上げたものであり，全てオリジナルである。ポイントを絞った学習が可能なように，その課のポイントとなる部分を下線で示しておいた。

　　基本問題と発展問題に分けてあるので，基本問題だけを1課から10課まで解いた上で改めて発展問題を1課から10課まで解くという使い方も可能であろう。

2. 索引

　　本書に出現する文法項目や作文しにくいと思われる語彙・単語結合・表現などをできるだけ多く収録した。学習の手がかりとして利用していただければ幸いである。

3. 練習問題解答　［別刷］

　　別刷の解答例は，筆者（油谷・金美仙・金恩愛）がそれぞれ日本語母語話者および韓国語母語話者という立場からポイントとなる点を議論しながら練り上げたものである。

　　解答例はあくまでもひとつの「例」に過ぎず，それ以外の解答をすべて間違いとして排除するものではない。ここで強調しておきたいのは，単に解答例を羅列して作業完了とするのではなく，正に痒いところに手の届く解説を施すことを心掛けた点である。独学なさっている方々にとっては，解答例が正しいことは納得できても，自分の作った文が果たして正解なのかどうかを知りたいと考えるのは当然であろう。本書では正解や別解を提示するだけではなく，間違いの例やそれがなぜ間違いであるのかという理由を豊富に示すとともに，文法的でありひとまず通じる文ではあるが，このように変える方がより自然な韓国語になる，という点に関する情報を与えることも目標の一つとした。複数の解答例が示されている場合には，最初に示されている解答の方がより使用頻度の高いものになるように心がけた。解説で「不自然」としたものは実際に「はじめに」で述べた受講生諸氏の作文から拾い上げたものであり，日本語母語話者が作文する際に出現する可能性が高い表現である。本書の解説を読むだけでも新たな発見の連続であろうと確信している。

　　韓国語研究あるいは日韓対照研究を志している人々は，論文のテーマを随所に発見できるであろう。とは言え，最先端の知見を盛り込むことを優先したので，まだ検証の済んでいない部分もあり，多少の勇み足があるかもしれない。そのような点に関しては読者諸賢のご海容を乞う次第である。

4. 記号の説明

　　本書では，別解を示す際にスペースを節約するために省略記号を用いる。省略記号の意味を「練習問題解答 P.2」に示しておいたので，参照していただきたい。

# 目次

はじめに …… iii

本書の使い方 …… vi

## LESSON 01  「する」と하다  ▶ 12

1. 「する」と하다
2. 日本語の「名詞＋する」のいくつかのタイプ
3. 対応関係に規則性が見られないもの　Ⅱ類
4. 「子育て(を)する」→「子を育てる」Ⅲ類
5. 「きれいな目(を)している」タイプ　Ⅳ類

◆間違いやすい表現 1〜10

✎作文練習［基本作文1，発展作文1］

## LESSON 02  「－さ」派生名詞  ▶ 26

1. 「美しい」と「美しさ」
2. 「－さ」が「－음/ㅁ」で対応する場合
3. 「－さ」が「－음/ㅁ」で対応しない場合
4. 「富士山の高さ」と「すごい高さだ」の「高さ」

◆間違いやすい表現 11〜20

✎作文練習［基本作文2，発展作文2］

## LESSON 03  「の」について  ▶ 40

1. はじめに
2. 「の」が「의」で現れる場合
3. 「の」の不使用
4. 「の」が別の構造で現れる場合
5. 「用言＋の」について
6. 「名詞＋の＋用言＋名詞」について

◆間違いやすい表現 21〜30

✎作文練習［基本作文3，発展作文3］

**LESSON 04**　名詞志向構造と動詞志向構造　▶ 62
　1．名詞志向の日本語と動詞志向の韓国語
　2．述語として使われる名詞
　3．「修飾語＋名詞」述語文
　4．動詞への言い換えが可能な構造
◆ 間違いやすい表現 31 〜 40
✐ 作文練習［基本作文 4, 発展作文 4］

**LESSON 05**　引用文の派生形と授受表現　▶ 74
　1．引用文の派生形
　2．引用文の文法化
　3．授受表現
◆ 間違いやすい表現 41 〜 50
✐ 作文練習［基本作文 5, 発展作文 5］

**LESSON 06**　使役と受け身　▶ 88
　1．使役文
　2．受身文
◆ 間違いやすい表現 51 〜 60
✐ 作文練習［基本作文 6, 発展作文 6］

**LESSON 07**　待遇表現　▶ 100
　1．待遇表現とは
　2．韓国語の対者待遇法
　3．韓国語の主体待遇法
　4．韓国語の客体待遇法
　5．美化語
◆ 間違いやすい表現 61 〜 70
✐ 作文練習［基本作文 7, 発展作文 7］

**LESSON 08**　慣用句・接続形式の違い　▶ 114
　1．慣用句
　2．接続形式とは
◆間違いやすい表現 71 〜 80
✎作文練習［基本作文 8，発展作文 8］

**LESSON 09**　하고と해서　▶ 128
　1．問題の所在
　2．使い分けの基準
◆間違いやすい表現 81 〜 90
✎作文練習［基本作文 9，発展作文 9］

**LESSON 10**　端折り文と話し言葉　▶ 142
　1．端折り文とは
　2．文頭の端折り文
　3．文末の端折り文
◆間違いやすい表現 91 〜 100
✎作文練習［基本作文 10，発展作文 10］

**間違いやすい韓国語表現 100 リスト**　▶ 156

**文法項目索引**　▶ 162

**練習問題解答［別刷］**

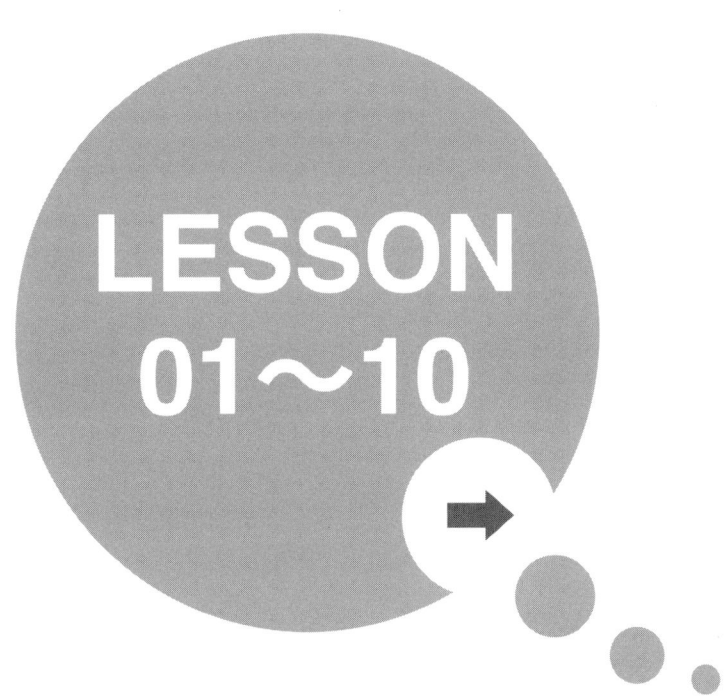

# LESSON 01 「する」と하다

## 1 「する」と하다

　日本語の「する」に該当する形として韓国語には「하다」がある。例えば，以下のような使い方においても「する」と「하다」は類似性を見せる。

　　　電話する　　　　　　　→　　　전화하다
　　　運動をする　　　　　　→　　　운동을 하다
　　　アルバイトをしたりする　→　　　아르바이트를 하기도 하다

　しかし，中級編 LESSON4 でも解説したが，「我慢する (참다)」や「匂いがする (냄새가 나다)」などのように「する」に対して「하다」が対応しない場合がある。他に，「子育て(を)する」(아이를 키우다: 子を育てる)や「きれいな目をしている」(눈이 예쁘다: 目がきれいだ)，「いらいらする」(짜증나다) なども「する」と「하다」が対応しないケースである。
　上級編では，日本語の「する」に対応する韓国語の表現を幅広く見ていくことにする。

## 2 日本語の「名詞＋する」のいくつかのタイプ

　「する」が用いられる表現を，以下の 4 つにまとめることができる。

# 「する」とхада

|  |  |
|---|---|
| Ⅰ類 | 電話(を)する，運動(を)する，アルバイト(を)する…… |
| Ⅱ類 | 音がする，我慢する，いらいらする ……　⇒ 3.で扱う |
| Ⅲ類 | 荷造り(を)する，舌打ち(を)する，腕組み(を)する，恩返し(を)する，深入り(を)する，子育て(を)する，忘れ物(を)する，探し物(を)する，調べ物(を)する，深読み(を)する，深爪(を)する……　⇒ 4.で扱う |
| Ⅳ類 | きれいな目(を)している，青い顔(を)している，うすいピンク色(を)している，美味しそうな食べ方(を)している，変な歩き方(を)している，いい形(を)している……　⇒ 5.で扱う |

　Ⅰ類は，日本語の「電話(を)する，運動(を)する，アルバイト(を)する」に対して，韓国語でも「전화(를) 하다, 운동(을) 하다, 아르바이트(를) 하다」のように対応する。Ⅲ類とⅣ類は日韓両言語の対応関係にある程度の規則性が認められるが，Ⅱ類はひとつひとつを丸ごと覚えなければならない。以下で詳しく見ていく。

## 3　対応関係に規則性が見られないもの　Ⅱ類

### (1)「音がする」類

　「する」の前に来る名詞(例:音, 息…)に対して，韓国語では「する(하다)」を使わない。

|  |  |  |
|---|---|---|
| 音が<u>する</u> | → | 소리가 <u>나다</u> (lit. 出る) |
| 息を<u>する</u> | → | 숨을 <u>쉬다</u> (lit. 吸う) |
| ふたを<u>する</u> | → | 뚜껑을 <u>덮다</u> (lit. 閉める) |
| びっくり<u>する</u> | → | 깜짝 <u>놀라다</u> (lit. 驚く) |

　※ lit. とは literally の略語で「字義通り，直訳」の意味である。

　「匂いがする 냄새가 나다」「浮気をする 바람을 피우다」「涙する 눈물(을) 흘리다」「注射する 주사를 놓다)」「めまいがする 현기증이 나다」「昼寝をする 낮잠을 자다」「〜(した)気がする〜 (한) 느낌이 들다」のように，「する」が「하다」以外の形で現れる場合がある。上記のようなタイプはそれぞれの対応関係を覚える必要がある。

# LESSON 01

### （2）「我慢する」類

　これらは，例えば「我慢」と「する」とに分解しても正しい韓国語にたどり着かないので，「我慢する→참다（耐える）」のように，対応する韓国語をまるごと覚えなければならない。

　　　　我慢する　　　　→　　참다
　　　　湯冷めする　　　→　　(목욕 후) 몸이 식다
　　　　逆撫でする　　　→　　감정을 (신경을) 거스르다

1）もう少し我慢しなさい。
　　조금만 더 참아.

2）被災者の感情を逆なでするような不適切な質問ばかりが目立った。
　　재해민(피해 주민, 이재민)의 감정을 거스르는 부적절한 질문이 눈에 띄었다.

　特に「擬声語・擬態語＋する」のほとんどはこのタイプである。

　　　　いらいらする　　→　　짜증나다, 짜증내다
　　　　うきうきする　　→　　신나다, (마음이) 들뜨다
　　　　うとうとする　　→　　(꾸벅꾸벅) 졸다
　　　　ぞっとする　　　→　　(등골이) 오싹하다

3）いつの間にかうとうとしていたらしい。
　　어느새 꾸벅꾸벅 졸았나 보다.

4）無表情の妻と目が合うとぞっとした。
　　표정이 없는 아내와 눈이 마주치자 등골이 오싹했다.

## 4　「子育て（を）する」→「子を育てる」　Ⅲ類

　「子育て（を）する」や「恩返し（を）する」，「胸騒ぎがする」などは，「する」を用いず，

「子を育てる」や「恩を返す」,「胸が騒ぐ」などのように言い換える。

　　　　　子育て(を)する　　　→　子を育てる
　　　　　恩返し(を)する　　　→　恩を返す
　　　　　胸騒ぎ(が)する　　　→　胸が騒ぐ
　　　　　弟子入り(を)する　　→　弟子に入る
　　　　　早起き(を)する　　　→　早く起きる
　　　　　放し飼い(に/を)する　→　放して飼う

つまり，韓国語では「子育てをする」ではなく「子を育てる」と言わなければならない。

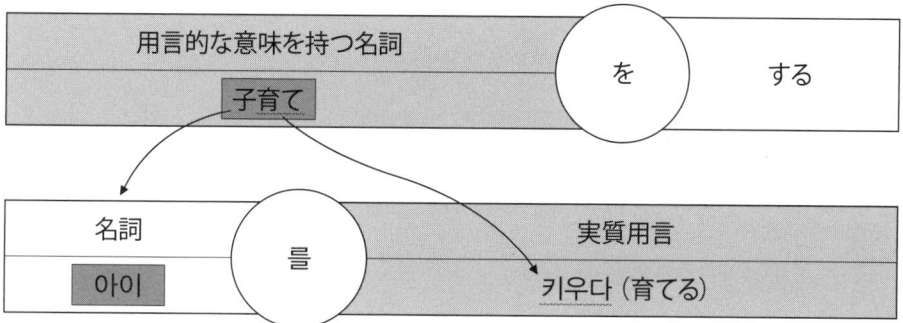

「子育て」自体は名詞であるが，その名詞の中に用言的な意味(育てる)が含まれる場合，韓国語ではその用言的な部分を「키우다(育てる)」のように実質用言として表す傾向が強い。


## (1)「胸騒ぎがする」タイプ

「胸騒ぎがする」や「耳鳴りがする」などは,「胸が騒ぐ」や「耳が鳴る」などのように言い換えられるので，韓国語でもそのように表す。

5) 何となく胸騒ぎがする。
　　웬일인지 가슴이 두근거린다.
6) 最近なんか耳鳴りがしてさ。
　　요즘 이상하게 귀가 울려서 말야 / 귀에서 소리가 나서 말야.

## (2)「恩返し(を)する」タイプ

「恩返し(を)する」や「腕組み(を)する」などは,「恩を返す」や「腕を組む」などのように言い換えられるので,対応する韓国語は次のようになる。

7) 校長先生は壁に掛けられた生徒の作品を, 腕組み をしながら見ていた。
   교장 선생님은 벽에 걸린 학생들의 그림을 팔짱을 낀 채 보고 계셨다.
8) これは, 私が 子育て をしていて普段感じたことを書いた本です。
   이것은 제가 애를 키우면서 평소에 느낀 점을 쓴 책입니다.

「恩返しする」や「荷造りする」,「舌打ちする」のように,「を」が現れない場合でも韓国語では「를 / 을」を補って表したほうが良い。

9) お世話になった人に 恩返し したい。
   신세를 진 사람들에게 은혜를 갚고 싶다.
10) ミンギは 舌打ち した。
    민기는 혀를 찼다.
11) 息子の下宿先に送る食料を整えて 荷造り した。
    아들(의) 하숙집에 보낼 식품을 마련해서 짐을 꾸렸다.

## (3)「早起き(を)する」タイプ

「早起き(を)する」「安売り(を)する」や「四つ割にする」「放し飼いにする」などは,「早く起きる」「安く売る」や「四つに割る」「放して飼う」などのように言い換えられるので,対応する韓国語は次のようになる。

早起き (を)する　　→　　일찍 일어나다 (早く起きる)

安売り (を)する　　→　　싸게 팔다 (安く売る)

12) 明日は 早起き しないと。

　　　　내일은 일찍 일어나야 돼.
13) 安売りしすぎてもお客さんは集まらないよ。
　　　　너무 싸게 팔아도 손님은 안 모인다구.

「夜泣き(を)する」や「弟子入り(を)する」などは，「夜に泣く」や「弟子に入る」などのように言い換えられるので，対応する韓国語は次のようになる。

　　　夜泣き(を)する　　→　　밤에 울다(夜に泣く)
　　　弟子入り(を)する　→　　제자로 들어가다(弟子に入る)

14) スミは夜泣きをする子供をあやすのに疲れ果てていた。
　　　수미는 밤에 우는 아이를 달래는 데 지쳐 버렸다.
15) 「億万長者に弟子入りして成功する方法」という記事がネットにあった。
　　　'억만장자의 제자로 들어가 성공하는 법'이란 기사가 인터넷에 있었다.
16) リンゴは四つ割にしてから皮を剥くほうが簡単だよ。
　　　사과는 네 조각으로 자른 후 껍질을 깎는 편이 쉬워.
17) 窓を開けっ放しにしていると潮風で家具が傷むんだ。
　　　창문을 열어 두면 바닷바람 때문에 가구가 상하거든.
18) 猫を放し飼いにする人をどう思いますか。
　　　고양이를 풀어 놓고 키우는 사람(들)을 어떻게 생각해요?

## 5　「きれいな目(を)している」タイプ　Ⅳ類

　「きれいな目(を)している」や「青い顔(を)している」，「ピンク色(を)している」などは「修飾語(きれいな)＋名詞(目)(を)＋している」という構造になっている。これらの表現に対応する韓国語も，「하다」は使われないので，言い方を変える工夫が必要である。もっとも，修飾語＋名詞の部分は韓国語でも예쁜 눈，파란 얼굴，핑크색のような表現が可能であるが，これらに対して「하다」は用いられない。もしも日本語

# LESSON 01

で,「する(している)」を用いない言い方に変えるとすれば,「目がきれいだ(눈이 예쁘다)」,「顔が青い(얼굴이 새파랗다 / 창백하다)」などのようになるが,韓国語でもこのような表現が用いられる。なお,Ⅳ類は一般に「ている」の形で用いるが,中には「あの猫変な歩き方をするね(저 고양이 이상하게 걷네)」のように「している」にならない場合もある。

### (1)「修飾語＋名詞(顔 / 表情)をしている」

19) スンホに図星を指されたのかウニは真っ赤な顔をしている。
   [승호 말이 맞아들어갔는지 /{맞아들어가서 그런지}] / [승호가 꼭 집어 말해서 그런지], [은희의 얼굴은 새빨갰다] / [은희는 얼굴이 새빨개졌다]. (lit. 顔が真っ赤だ,顔が赤くなった)

20) まつ毛がまっすぐにそろっていて,きれいな顔をしている。
   속눈썹이 가지런하고 얼굴이 예쁘게 생겼다.

21) 真理子は,つわりがひどいらしく,青い顔をしていた。
   마리코는 입덧이 심한 듯 얼굴이 창백했다. (lit. 顔が蒼白だった)

22) ちょっと疲れた顔してるけど,大丈夫?
   좀 피곤해 보이는데 괜찮아? (lit. 疲れて見えるけど)

23) 犯人は,どんな顔をしてましたか。— 変な顔をしてました。
   범인은 얼굴이 어떻게 생겼어요? — 이상하게 생겼어요.
   (lit. 顔がどのようにできましたか) (lit. 変にできました)

24) 暗い表情をしていると気持ちが暗くなり,その反対に明るい表情をしていると気持ちも明るくなる。
   표정이 어두우면 마음도 어두워지고, 그 반대로 표정이 밝으면 마음도 밝아진다. (lit. 表情が暗いと) (lit. 表情が明るいと)

## (2)「修飾語+名詞(色/形)を+している」

25) 枝の先の葉が 赤い色 をしているのはなぜですか。

　　가지 끝의 잎이 빨간 것은 왜일까요? (lit. 赤い)

26) 中心部は, うすいピンク色 をしていた。

　　중심부는 엷은 분홍색이었다. (lit. ピンク色だった)

27) ねえ、これ見てみて。 面白い形 (を)してるよ!

　　야, 이거 좀 봐봐. 너무 재미있게 생겼어! (lit. 面白くできているよ)


## (3)「修飾語+名詞(〜し方)をしている」

「美味しそうな食べ方をする」などに対しても,韓国語では「하다」は使われないが,「〜し方(食べ方)」という表現も韓国語でも一般的ではない。「する」を用いない言い方に変えると,「美味しそうに食べる」になり,韓国語でもそのような表現にしなければならない。

28) うまそうな食べ方 をしてますね!

　　(정말) 맛있게 먹네요! (lit. 美味しく食べますね)

29) こんな聞き方 をしていいかどうか分かりませんが。

　　이렇게 물어도 될지 어떨지 모르겠지만. (lit. こう聞いても)

30) そういう書き方 をしたかも知れない。

　　그렇게 썼을지도 모른다. (lit. そう書いたかも)

# 間違いやすい表現 1～10

## ❶ 「持つ」【基本 1-4, 発展 1-5】

「持つ」には大きく分けて①「物を支える」という意味と，②「効果が持続する」という意味があり，それぞれ異なる韓国語に対応する。さらに，前者には所有の意味を持つか持たないかでさらに分かれる。

| 持つ | 가지다 | 持っている状態を示すのが基本。派生的に所有の意味が生じる。 |
|---|---|---|
| | 들다 | 持ち上げるという動作を示すのが基本。所有の意味は生じない。 |
| | 가다 | 効果が持続する。 |

1) 自動車を3台持っている。 자동차를 3대 { a. 가지고 / b.* 들고 } 있다.
2) あそこに黒い鞄を持っている人が見えるでしょう。
  저기 검은 가방을 { a. 가지고 / b. 들고 } 있는 사람이 보이죠?
3) 荷物は私がお持ちします。 짐은 제가 { a.* 가지겠습니다 / b. 들겠습니다 }.
4) このケーキは長く持たないよ。
  이 케이크는 { a. 오래 못 / 안 가요 / b. 유통 기한이 짧아요 }.
5) 彼の固い決心も長くは持たなかった。
  그 사람의 굳은 결심도 오래 가지 못했다.

## ❷ うるさい 【基本 1-2】

日本語の「うるさい」はかなり細かく分類できる。

| 意味 | 韓国語 | 用例 | |
|---|---|---|---|
| 騒がしい | 시끄럽다 | 트럭 소리가 시끄럽다. | トラックの音がうるさい |
| 面倒だ | 귀찮다 | 수속이 귀찮다. | 手続きがうるさい |
| 煩わしい | 번거롭다 | 번거로운 수속 | うるさい手続 |
| 鬱陶しい | 성가시다 | 성가시게 조른다. | うるさくせがむ |
| 口うるさい | 말이 많다 | 이것저것 말이 많다. | あれこれ口うるさい |
| 厳格だ | 까다롭다 | 옷차림에 까다롭다. | 服装にうるさい |

## ❸ 口にする

「口にする」ものが食べ物か言葉かによって以下の2通りに分かれる。

20

6) 食べる：먹다
   今日は朝から何も口にしていない
   오늘은 아침부터 아무것도 안 먹었다.
7) 話す：말하다
   不満を口にすることは許されなかった
   불만을 말하는 것은 허용되지 않았다.

## ❹ 食べ方，やり方 【基本 1-6, 発展 1-6】

逐語訳としてはそれぞれ '먹는 방법, 하는 방법' でよいが，修飾語を伴って「そんな食べ方，そんなやり方」という場合には '그런 식으로 먹으면 (lit. そんな方法で食べれば), 그렇게 하다가는 (lit. そんな風にやったりしたのでは) などとする必要がある。

## ❺ 情けない負け方をした 【基本 1-6, 発展 1-6】

「食べ方，やり方」に関しては【表現4】で解説したが，表題の日本語に関してはもう少し工夫が必要である。

8) a. 한심스럽게 / 한심하게 졌다.
   b.* 한심스러운 방법으로 / 식으로 졌다.

## ❻ のに 【発展 1-9, 基本 5-7】

（ⅰ）**逆接**：-는데, -면서
9) 土砂降りなのに出かけるんですか。
   비가 쏟아지는데 나가요?
10) 山田さんは有名な画家なのにとても謙虚だ。
    야마다 씨는 유명한 화가인데 아주 겸손하다 / 겸허하다.
11) 知らないのに知ったかぶりをする。
    모르면서 아는 체한다.
12) 何度か会ったのに一度も会ったことがないと言い張る。
    몇 번 만났으면서 한 번도 본 / 만난 적이 없다고 우긴다.

## 間違いやすい表現 1～10

(ⅱ) 場合：-는 데

上で説明した逆接の －는데と分かち書きの部分が異なるだけなので母語話者でもよく間違えるが，この場合は連体形語尾 -는に依存名詞 데が続いたものなので必ず分かち書きをしなければならない。

13) 駅まで行くのに 10 分かかる。
역까지 가는 데 10분 걸린다.

### ❼ 来るまで 【発展 1-8】

「～するまで」は時を示しているか限度を示しているかに応じて，以下のように書き分ける必要がある。

14) 時：動詞未来連体形 때까지
   ヒョンスが来るまで待とう
   현수가 { a. 올 때까지 / b.?? 오기까지 } 기다리자.
15) 限度：動詞未来連体形 것까지
   何もわざわざ来るまでのことはないよ
   뭐 일부러 { 올 것까지는 없어 } / { 올 필요까지는 없는데 }.

### ❽ 部長をしていた 【発展 1-7】

「職業名詞＋をする」を韓国語に置き換える場合，「職業名詞＋를 하다」になることはまずない。「職業名詞＋이다」あるいは「職業名詞＋를 맡다」などの具体的な動詞で表現される。

16) 私の母は薬剤師をしています。
   우리 어머니는 약사입니다.
17) 私のおじは貿易会社の部長をしていた。
   우리 (외)삼촌은 무역회사 [ { 부장을 맡고 } / { 부장으로 일하고 } 계셨다 ] / 부장이었다.

ただし，発展問題7の「先生先生している」はまったく別の構文で，「子供子供している，シャネルシャネルしている」と同様に「いかにもそれらしい様子をしている」という意味である。

## ❾ つい 【発展 1-6】

「最近まで」は 요즘까지 でよいが,「つい」の訳し方が難しい。また,「つい」が修飾するのは名詞だけでなく動詞もあり,それぞれに応じて訳し分ける必要がある。

18) つい最近まで誰も知らなかった。
    얼마 전까지만 해도 아무도 몰랐다.
19) 甘いものにはつい手が出る。
    단 것이 있으면 나도 모르게 먹어 버린다.
20) ついそこまで来たので寄りました。
    바로 이 근처까지 온 김에 들렀어요.


## ❿ 声を掛ける 【発展 1-4】

日本語を直訳して「말을 걸다」と言っても通じない場合がある。これは場面に応じて以下のように対応する。

| 呼びかける・話しかける | 말을 걸다, 말을 시키다 |
| 誘う | 부르다, 청하다 |
| 知らせる | 알리다 |

21) 道行く人に声をかけた。
    길 가는 사람한테 말을 걸었다.
22) 飲みに行くときは私にも声をかけて下さい。
    한잔 하러 가실 때에는 저도 불러 주세요.
23) この部屋をお使いになるときは声をかけて下さい。
    이 방을 쓰실 때에는 { 알려 주세요 / 말씀하세요 }.

# 基本作文 1

1. 「あの人がレジを担当するといつも計算が合わないそうだ。」

2. 今度の課長は何かにつけてああしろこうしろとうるさい。

3. 「普段厚着ばかりしていると風邪を引きやすくなるよ。」

4. この食品は添加物を使ってないからよく持ったところで3日で，いくらなんでも5日も持たないよ。

5. うっそうと茂る竹林を通り抜け，工場に足を踏み入れると，そこでは褐色，白，黄色などの肌をした従業員が溶接の出来映えについて身振り手振りで議論を戦わしていた。

6. そんな包丁の使い方をしていたら指を切るよ。

7. 引越しの片付けができたらあなたのご両親をお招きしなくちゃね。いつにする？

8. 運動競技では，相手が初心者だからといって油断していると，思わぬ不覚を取ることもある。

9. 新しいソフトをインストールしたらこれまできちんと動いていたワープロソフトが使えなくなってしまった。

10. 残業をしての帰り道に誰かに呼ばれたような気がして振り向いてみると，2年前に死んだはずの友人が物言いたげな顔をして立っていた。

## 発展作文 1

1. 女優の迫真の演技に思わずもらい泣きする観客がここかしこに見受けられた。

2. 「ちゃんと蓋をして元通り包みなおしたら，使ったことがバレないように棚の上にそっと戻しておくんだぞ。」

3. 「ほーら，ちっとも痛くないでしょう？ いい子にしてたら今度ディズニーランドに連れてってあげるわよ。」＜場面は病院を想定している＞

4. 皆を笑わすのが得意な内藤君が，いつもとはうって変わって真剣な表情をしているので，声を掛けるのがためらわれた。

5. 「中食（なかしょく）」とは，内食（食材を購入して家庭内で調理する食スタイル）と外食の中間に位置付けられ，市販の惣菜や弁当などの調理・加熱をしなくてもそのまま食べられる日持ちのしない食品あるいは食スタイルを言う。

6. （慶子と友子は大学の同級生という設定である）
   慶子：「あら，友子ダイエット中じゃなかったの？」
   友子：「友子も一瞬'ヤバッ'て思ったんだけど，慶子があんまりおいしそうな食べ方をするもんだから，ついつられちゃったのよ。」

7. 田中先生はあまり先生先生していないから話しやすいらしく，昼休みともなればたいてい誰かしら相談に訪れている。

8. 「一体何軒ハシゴしたらこんなにベロンベロンになるまで酔っ払うわけ？」

9. 「せっかく重い思いまでしてここまで運んできたのに気が変わったからもういらないなんて，そんな言い草は無いだろう。」

10. 虚礼廃止の掛け声に励まされて，今年は上司へのお歳暮をしなかったが，何となく気分が落ち着かない。

# LESSON 02 「-さ」派生名詞

## 1 「美しい」と「美しさ」

　日本語には,「良い」や「強い」などに対して「良さ」や「強さ」などの形があり, 同じように「正確だ」や「真面目だ」などに対して「正確さ」や「真面目さ」などの形がある。このようなことは韓国語にもあり,「-さ」に該当する「-음 / ㅁ」という形がある。

| | |
|---|---|
| 좋다 (良い) → | 좋음 (良さ) |
| 강하다 (強い) → | 강함 (強さ) |
| 아름답다 (美しい) → | 아름다움 (美しさ) |
| 정확하다 (正確だ) → | 정확함 (正確さ) |
| 성실하다 (真面目だ) → | 성실함 (真面目さ) |

　ところが, 実際の使用においては,「-さ」に対して「-음 / ㅁ」が対応して用いられる場合は少ない。「-음 / ㅁ」で対応する場合と「-음 / ㅁ」で対応しない場合とに分けて考えてみよう。

| 「-さ」 | ①「-음 / ㅁ」で対応する場合 | ②「-음 / ㅁ」で対応しない場合 |
|---|---|---|
| 女優の美しさ | 여배우의 아름다움<br>(女優の美しさ) | 아름다운 여배우 (美しい女優)<br>여배우가 아름답다 (女優が美しい)<br>… |

　実際には①より②の場合が遥かに多く見られる。いくつかの条件の下で①が実現

しやすい場合があるが，それ以外はほとんどの場合②のような対応をする。

この課では，日本語の「ーさ」に対応する韓国語の表現を学んでみよう。

## 2 「ーさ」が「ー음/ㅁ」で対応する場合

以下の(1)～(4)は，日本語の「ーさ」を「ー음/ㅁ」で訳しうる場合である。

### (1)「人間名詞＋の＋ーさ」タイプ

「自分の大胆さ」「彼らの誠実さ」「女優の美しさ」のように，「人間名詞＋の＋ーさ」における「ーさ」は韓国語でも「ー음/ㅁ」の形で現れやすい。

1) 自分の大胆さに呆れながらもペンを取り出してサインをせがんだ。
   자신의 대담함에 놀라면서도 펜을 꺼내서 사인을 부탁했다/졸랐다.
2) 彼らの誠実さに打たれたって言うか，～
   그들의 성실함에 감동했다고나 할까～
3) 女優の美しさを褒め称えた。
   여배우의 아름다움을 칭찬했다.
4) 父の優しさと先生の厳しさはどこか似ている。
   아버지의 다정함과 선생님의 엄격함은 어딘지 모르게 닮았다.

### (2)「この/その/あの＋ーさ」タイプ

「この斬新さ」「その大切さ」「あの頃の純粋さ」のように，「指示詞(この/その/あの)＋ーさ」における「ーさ」は韓国語でも「ー음/ㅁ」の形で現れやすい。

5) どうです、この斬新さ！この斬新さに惚れて昨日購入しました。
   어때요? 이 참신함! 이 참신함에 반해서 어제 구입했습니다.
6) 人は失ってはじめてその大切さがわかる。

# LESSON 02

　　　　사람은 잃고 나서 그 소중함을 안다(깨닫는다).
7) あの頃の純粋さをもう一度取り戻したい。
　　　　그 시절의 순수함을 다시 한번 되찾고 싶다.


## (3)「―さ」を説明する内容＋「―さ」

　「―さ」を説明する内容が前に来る場合，例えば「～ような＋―さ」「～そうな＋―さ」「～的な＋―さ」のような表現における「―さ」は，比較的「-음 / ㅁ」の形で現れやすい。

8) 後姿に，胸をつかれるような哀れさを感じずにはいられなかった。
　　　　뒷모습에서 가슴을 찌르는 듯한 애처로움을 느끼지 않을 수 없었다.
9) ごみ箱をひっくり返したような乱雑さが，この都市の印象である。
　　　　쓰레기통을 뒤집어 놓은 듯한 난잡함이 이 도시의 인상이다.
10) 彼女には吸い込まれそうな美しさがある。
　　　　그녀에게는 빨려 들어갈 것 같은 아름다움이 있다.
11) チェシクの大きな目と大きな口が，男性的な力強さを感じさせた。
　　　　재식이의 큰 눈과 큰 입이 남성적인 강인함을 느끼게 했다.

　また，以下のように，「～ような，～そうな，～的な」などが現れなくても，「―さ」を説明する内容が前に来れば「-음 / ㅁ」の形への許容度が高くなる。

12) 野暮ったいのとは違う，洗練された素朴さがある。
　　　　촌스러운 것과는 다른 세련된 소박함이 있다.


## (4) 列挙・羅列・並列・対比の対象となる「―さ」タイプ

　日本語の「―さ」が列挙・羅列・並列または対比の対象となる場合，韓国語では比較的に「-음 / ㅁ」で表れやすい。

13) 卒業の嬉しさと悲しさが一気にきました。

　　졸업의 기쁨과 슬픔이 한꺼번에 몰려왔습니다.

14) 彼の家や別荘に行くたびに，僕は有難さとみじめさがない交ぜになった奇妙な感情に襲われた。

　　그의 집이나 별장에 갈 때마다 나는 고마움과 비참함이 뒤섞인 묘한 감정에 사로잡혔다.

　下記の「ーさ」は，「ー음／ㅁ」で現れやすい条件である（1）「人間名詞＋の＋ーさ」と（2）列挙・羅列の対象となる「ーさ」の2つの条件を満たしているので，「ー음／ㅁ」で現れる許容度はさらに高くなる。

15) 私は隆志のやさしさを呪い誠実さを呪い，美しさを呪い特別さを呪い，弱さを呪い強さを呪った。そして〈中略〉自分の弱さと強さを，その百倍も呪った。（号泣する準備はできていた／231）

　　나는 다카시의 친절함을 저주하고 성실함을 저주하고 아름다움을 저주하고 특별함을 저주하고 약함과 강함을 저주했다. 나 자신의 약함과 강함을 저주했다. (울 준비는 되어 있다／189)

## 3 「ーさ」が「ー음／ㅁ」で対応しない場合

　日本語の「ーさ」がどのような場合に「ー음／ㅁ」に現れないかをタイプ化して提示することは難しいが，いくつかの傾向は見られる。

### (1) 2. (1)～(4)で提示した条件が見られない場合

　日本語の「ーさ」は，2. (1)～(4)で提示した条件がなければ，ほとんどの場合，「아름다운 여배우 (美しい女優)」「여배우가 아름답다 (女優が美しい)」のように訳される。

16) わずか20歳か21歳の若さで起業するとはたいしたものだ。

# LESSON 02

　　　　겨우 스무 살을 갓 넘긴 젊은 나이에 회사를 세우다니 대단해.

17) この地方の晴れた日の空の 美しさ，空気の 清々しさ，人々の 素朴さ は何物にも代えがたい。

　　　　이 지방의 맑은 날의 아름다운 하늘, 신선한 공기, 사람들의 소박한 마음은 그 무엇과도 바꿀 수 없다.

※ 上記の (17) は，2. (4) 列挙・羅列の対象となる「－さ」なので，例えば，「맑은 날의 하늘의 아름다움, 공기의 신선함, 사람들의 소박함」のように，「－음/ㅁ」で訳しうるが，用言の形で表したほうがより自然な感じがする。

### (2)「－음/ㅁ」の形があるものの使用されない語

　韓国語の「좋다 (良い)」,「나쁘다 (悪い)」,「없다 (ない)」などの語は「좋음 (よさ)」,「나쁨 (悪さ)」,「없음 (なさ)」の形があるものの，ほとんど用いられていない。

18) 夫は蟹が大好物なので，今夜の彼の機嫌の よさ が目に浮かぶ。

　　　　남편은 유달리 게를 좋아해서 오늘 밤 기분 좋아할 그의 모습이 눈에 선하다.

19) 彼の本当の 良さ は，頭の 良さ というより性格の よさ だろう。

　　　　그 사람의 진정한 장점(좋은 점)은 머리가 좋은 점이라기보다 성격이 좋은 점일 것이다.

20) 先輩に対する態度の 悪さ にはみんな驚いた。

　　　　선배를 대하는 태도가 (너무) 안 좋아서 (예의가 없어서) 다들 놀랐다.

21) お前のその集中力の なさ，決断力の なさ が一番の問題だと理不尽に言われても，一言も言い返せなかった自分の勇気の なさ が情けないです。

　　　　너의 그런 집중력이 부족한(없는) 점, 결단력이 부족한(없는) 점이 가장 큰 문제라고 억울한 소리를 들어도 한 마디도 반격하지 못한 스스로의 용기 없는 점이 한심합니다.

　このように「良さ」「悪さ」「なさ」などに関しては，たとえ 2. (1)〜(4) の条件が

現れても「-음/ㅁ」に対応しない。例えば,「良さと悪さ」に関しては,「좋고 나쁨」「좋은 점과 나쁜 점」のような形で現れる。


### (3) 韓国語に対応する語がない場合

「人恋しい」や「人懐こい」,「嫉妬深い」などの語に該当する韓国語は存在しない。対応する語が存在しないので,それらの「-さ」の形,「人恋しさ」「人懐こさ」なども「-음/ㅁ」では現れない。

22) 二人に会いたかった。奇妙な人恋しさだった。(コンセント/58)
     그 두 사람을 만나고 싶었다. 이상하게도 사람이 그리웠다. (콘센트/53)
23) 子犬のような人懐っこさが彼女の可愛いところだ。
     강아지처럼 사람을 잘 따르는 점이 그녀의 귀여운 면이다.

当然ながら,「人恋しい」のように対応する語がない場合は,以下のように 2. (1)～(4)で提示した条件が現れても「-음/ㅁ」では対応しない。

24) 私たちにはもう,あのひたむきさはない。
     우리한테는 이제, 그런 한결같은 정열은 없다. (2.(2)指示詞+「-さ」)
25) 孤独感, さみしさ, 人恋しさ, こういう感情, 今まで持ったことがなかった。
     (2.(4) 列挙・羅列の場合)
     고독감, 외로움, 사람을 그리워 하는 마음, 이러한 감정～

「人が恋しい→人恋しい」「嫉妬が深い→嫉妬深い」「怖いものが見たい→怖いもの見たさ」のように,2つ以上の語が組み合わさった表現は,対応する韓国語が存在しない場合が多い。これらの表現は韓国語では「사람이 그립다(人が恋しい)」「질투심이 많다(嫉妬心が多い)」のように表す。

# LESSON 02

### (4)「あまり+の+ーさ」や「ーさ+の+あまり」タイプ

　日本語の「ーさ」の中で,「あまりの寒さ」「あまりの恥ずかしさ」のように,「あまり+の+ーさ」といった形で現れる「ーさ」は, 韓国語では「너무 〜 해서」の形で現れやすい。

26) あまりの寒さで〜
　　너무 추워서〜
27) あまりの恥ずかしさに僕は寝たふりを始めた。
　　너무 부끄러워서 나는 자는 척 했다.

　また, 似たような形として「ーさ+の+あまり」は, 韓国語で「(너무) 〜 한 나머지 (너무 〜 해서)」の形で現れやすい。

28) 私は怖さのあまりに悲鳴をあげました。
　　나는 너무 무서운 나머지 (너무 무서워서) 비명을 질렀습니다.
29) 腹立たしさのあまりに大声を上げた。
　　너무 화가 나서 (너무 화가 난 나머지) 크게 소리를 질렀다.

　以上のように,「ーさ」に対応する形として ①「-음/ㅁ」で訳しうる場合と, ②「-음/ㅁ」以外の形で現れる場合とに分けて見てみたが, 日本語の「ーさ」の中には, 例えば「高さ」「広さ」「重さ」のように, それぞれ「높이」「넓이」「무게」といった「-음/ㅁ」以外の名詞の形を持つ類がある。これに関しては次の4. で扱う。

## 4 「富士山の高さ」と「すごい高さだ」の「高さ」

　「富士山の高さ」の「高さ」は尺度を表しているが,「すごい高さだ」の「高さ」は尺度を表しているわけではない。「高さ」の他に「大きさ」「長さ」「広さ」「重さ」「厚さ」なども, 尺度を表すか否かによって, 対応する韓国語は異なってくる。

## (1)「富士山の高さ」タイプ

　尺度を表す「長さ，広さ，高さ，大きさ，重さ，厚さ」などは，韓国語ではそれぞれ「길이, 넓이, 높이, 크기, 무게, 두께」といった形で現れる。

30) 富士山の高さはどのぐらいありますか。
　　후지산 높이는 얼마나 돼요?
31) 部屋の広さは？
　　방 넓이는?
32) 重さはどのぐらいですか。
　　무게는 어느 정도예요?

## (2)「すごい高さだ」タイプ

　同じ「高さ」「広さ」「重さ」であっても，尺度を表さない場合は韓国語では「높다 (高い)」「넓다 (広い)」「무겁다 (重い)」といった形が用いられる。

33) 59階でエレベーターをおりた。〈中略〉「すげー高さだな」
　　59층에서 엘리베이터를 내렸다. "와, 정말 높다."
34) この部屋，すごい広さ！
　　"이 방 정말 넓다!"
35) これ，すごい重さだね！
　　"이거 되게 무겁다! (엄청 무겁네!)"

※ p.27 から p.33 までの韓国語訳は、日本語で書かれた小説を韓国で翻訳出版したものから抽出したものである。

# 間違いやすい表現 11〜20

## ⑪ 注文の品 【基本 3-1, 基本 3-9】

「注文した品」の場合と「注文を受けた品」の場合とがある。

1）注文の品が届いた。
　　주문한 물건이 도착했다.
2）注文の品は今週中に納品しなければならない。
　　주문받은 상품은 이번주 안으로 / 안에 납품해야 한다.

## ⑫ トイレが近い

「トイレが近い」はトイレまでの距離が空間的に近いことを意味するのではなく，トイレに行く間隔が短いことを意味しているので，直訳せずにそれが持つ意味内容を明確に表現する必要がある。

3）寒くなるとトイレが近くなる。
　　a. 추워지면 화장실에 / 화장실을 자주 가게 된다.
　　b.* 추워지면 화장실이 가까워진다.

## ⑬ 切る 【発展 2-9, 基本 9-2, 基本 9-6】

「切る」に関して拙著『日韓対照言語学入門』（白帝社 :158，一部改変）より引用しておく。

| | | | |
|---|---|---|---|
| 切る | （切り離す） | （천을）자르다 | （布を）切る |
| | （糸などを） | （실 / 끈을）끊다 | （紐を）切る |
| | （切れ目をつける） | （생선에）칼집을 내다 | （魚に）切れ目を入れる |
| | | （손을）베다 | （手を）切る |
| | （等間隔に） | （오이를）썰다 | （キュウリを）刻む |
| | （爪を） | （손톱을）깎다 | （手の爪を）切る |
| 削る | （鉛筆を） | （연필을）깎다 | （鉛筆を）削る |
| 剃る | （ひげ・髪を） | （수염을）깎다 | （ヒゲを）剃る |
| 刈る | （髪を） | （머리를）깎다 | （髪を）刈る |
| | （稲を） | （벼를）베다 | （稲を）刈る |

韓国語は切断する動作を対象と切断方法に応じて細かく分類しているのに対して，日本語は切る動作を対象と方法に応じて細かく分類している点が対照的である。

## ⑭ 「書きなおす」と「送りなおす」【発展 1-2】

どちらも再度行うことを意味しているが，「書きなおす」は既に書いた文書を破棄して新たに書くことを意味するのに対して，「送りなおす」は既に送ったものを破棄することはできないので，新たに同じものあるいは別のものを送ることを意味する。

4）間違った答えを書きなおした。
  잘못된 / 틀린 답을 고쳐 썼다.
5）小包を送りなおした。
  소포를 다시 보냈다.
6）手紙を書きなおした。
  편지를 {고쳐 썼다 / 다시 썼다}.

## ⑮ テレビで見る 【基本 2-6】

中級編で解説したように，助詞の「で」は韓国語ではさまざまな形式に対応する。「テレビで見る」の「で」は場所なのか道具なのか，すなわち에서を使うのが正しいのか로を使うのが正しいのかが非常に気になるところであるが，前後関係によって에서になったり로になったりする。たとえば텔레비전에서 봤다, テレビで見た」であったり「텔레비전으로 뉴스를 본다, テレビでニュースを見る」であったりする。「직접 본 거야？ – 스포츠 뉴스로 봤거든요.」「어디서 봤어？ – 뉴스에서 봤어요.」のように文脈によって変わりうると説明するしかないのが実情である。

## ⑯ 今日に限って 【基本 2-5, 発展 5-3】

これは2通りの表現に対応するので間違いやすい。

7）今日に限って入場料は無料です。
  오늘에 한해서 입장료는 무료입니다.

## 間違いやすい表現 11〜20

8) 今日に限って道が混んでいる。
   오늘따라 길이 복잡하다 / 붐빈다.

「ほかの日はそうではないのだが」という点では共通しているが，7)は「本日限定で」という意味であり，話し手の意図が裏に潜んでいる。それに対して 8)は「どういうわけかわからないけれど」という意味が裏に潜んでいる。なお，この場合の따라は助詞なので分かち書きしない。

### ⑰ つくづく 【発展 2-2】

プラスイメージとそれ以外とで対応する副詞が異なる。

| 意味 | 韓国語 | 用例 | |
|---|---|---|---|
| ＋イメージ | 곰곰이, 자세히 | 곰곰이 생각하다 | つくづく考える |
| | | 자세히 살펴보다 | つくづく眺める |
| 中立的<br>ーイメージ | 정말, 너무, 아주 | 절실히 느끼다 | つくづく感じる |
| | | 정말 싫어지다 | つくづく嫌になる |

### ⑱ 耐えかねて 【基本 2-4】

**참다**：日本語の「我慢する，こらえる」に近い。笑い・悲しみ・怒りなどの感情や欲求が表面に出ようとするのを抑える。를 / 을 참다になる点に注意。

**견디다**：日本語の「耐える」に近い。一定期間の間困難な環境・状況に負けないで持ちこたえる。ものが熱や圧力など外部の作用を受けても一定期間本来の状態や形を維持する。「〜に耐える」は를 / 을 견디다または에 견디다なる点に注意。

**이기다**：打ち勝つ。「〜に耐えかねて」は를 / 을 못 이겨서になる点に注意。

### ⑲ 〜に決まっている 【基本 2-5, 発展 4-4】

ここでは中級編で紹介した構文とは違い，かなり特殊な構文を紹介する。

9) 濡れ衣に決まってるよ。
   누명이 틀림없어 / 확실해.

そのまま訳すと「濡れ衣が間違いない / 確実だ」であり，不自然な日本語になるが，この構文は主格助詞の이が「〜であることが」という意味で用いられている。つまり，누명임이 / 누명인 것이と置き換えられる。この構文は述語として必ず분명하다 / 명백하다 / 확실하다 / 틀림없다が現れるようである。

## ⑳「さすが / さすがに」と「さすがの」

【発展 2-7, 基本 3-8, 発展 3-6, 発展 5-10】

　助詞がひとつ付くか付かないかだけで別の意味になってしまうということが時として生じる。「確かに」は확실히でよいが，助詞がひとつ落ちて「確か」となると途端に確実性が低下して아마と訳さねばならない。「さすが / さすがに」と「さすがの」も同様で，前者は역시 / 과연であるが後者は文脈に応じて言葉を補う必要がある。

10) さすがの田中君でも司法試験には一度滑ったそうだ。
　　그렇게 머리가 좋은 다나카 군도 사법시험에는 한 번 떨어졌대.
11) さすがの真知子も今度ばかりは遠慮したそうよ。
　　그토록 뻔뻔스러운 마치코도 이번만큼은 사양했대.

# 基本作文 2

1. ライバルチームは憎らしいほどの強さで勝ち進んだ。

2. 結婚式の参列者たちは異口同音に花嫁の美しさを褒め称えた。

3. 一糸乱れぬ演技の正確さに，観客は惜しみなく拍手を送った。

4. 喜美子ッたら，独り暮らしの淋しさに耐えかねて今の夫と結婚したなんて言ってるけど，ホントかどうか怪しいものね。

5. A：真面目さだけがとりえの大西が痴漢の容疑で捕まったそうだけど濡れ衣に決まってるよ。
   B：あら，川田君。今日に限って大西君の肩を持つなんてどうしたの。

   ［注］ Aの姓名は川田信二であるとしておく

6. ニュースで事件が報道されるや，怖いもの見たさに大勢の野次馬が現場に押しかけた。

7. 自分の鑑賞眼の至らなさを嘆く前に，もっと優れた作品に触れて本物の持つ味わいを感じ取る努力を重ねるべきだ。

8. そんなに叱ってやらないでよ。あの子はまだ幼くて事の重大さが分かってないのよ。

9. 論理の明晰さを欠いていたのではいくら声高に言い募っても多数の賛同を得ることは難しい。

10. 水面（みなも）を渡ってくる風の爽やかさが，この数日間の昼夜を分かたぬ作業による疲れを癒してくれるようであった。

# 発展作文 2

1. この店の経営者は学生アルバイトの対応の悪さに気がついていないのだろうか。この調子だといずれ店を閉じる羽目になるだろう。

2. 私はね，近頃自分の決断力のなさがつくづく嫌になって，条件さえ良ければ早期退職に応募してみようかって考えてるんだよ。

3. うちの先生は組合活動のようなしんどい仕事は他人に押し付けておいてその果実だけをちゃっかりいただこうというようなさもしさとは縁がなかったから，いつも山のような仕事を抱えていらした。

4. あいつの陰険さにはあきれ返るよ。会議の席では一言も反対意見を述べなかったくせに，すっかりお膳立てができたあとで直属の上司に自分は協力できないって直訴したんだぜ。

5. A：新しいプロジェクトに加わったんだって？ 休日返上で大変だってもっぱらの噂だぜ。
   B：ウン。あまりにも急な話だからよっぽど断ろうかと思ったんだけど，部長の真剣さに打たれたって言うか，何となく断りづらくなっちゃってね。

6. A：ヒトミのセンスのなさにはあきれちゃうわ。どう考えたってあのスカートにあの靴は合わないわよ。
   B：あの子の素っ頓狂は今に始まったことじゃないから私は別に驚かないけど。

7. 展示室の絵はA氏の手になるレプリカであるが，さすがに模写の大家と称されるだけあって，原画の持つ自由奔放さを非の打ち所のない忠実さで再現していた。

8. 優勢な時は嵩にかかって攻め立てるんだが，ひとたび形勢が悪くなると途端に投げやりになるという諦めの良さが，あのチームがいつまで経っても下位で低迷している最大の理由だ。

9. A：旦那，下手人の目星はつきましょうか。
   B：ウム，切り口の鮮やかさから見て相当腕の立つ者の仕業（しわざ）のようじゃ。

10. この作品は一見稚拙なようでいて，表現の斬新さと発想の豊かさとが相俟って一種独特の雰囲気を醸しだしている。

# LESSON 03 「の」について

## 1  はじめに

　日本語の「の」の使われ方には「友達の本」,「風の吹く日」,「人が来るのが見える」,「今友達が来ているの」などのようなものがあり, この課では主に「友達の本」のタイプ, つまり「名詞＋の＋名詞」のタイプを中心に解説を行う。この課では「名詞1＋の＋名詞2」と表記する。

　「名詞1＋の＋名詞2」における「の」は韓国語では「의」に当たるが, 実際には「의」以外のものが使われたり, 何も使われない場合も非常に多い。

①「恋の悲しみ」　→　「사랑의 슬픔」　2. で扱う
②「音楽の先生」　→　「음악φ 선생님」　3. で扱う
③「同僚のみどり」　→　「동료인 미도리」　4. で扱う

　以下で, ①と②の場合について簡単に触れてから, ③のタイプを詳しく見ていくことにする。

## 2  「の」が「의」で現れる場合

　どのような場合に「の」に対して「의」が対応するのかに関しては, 明確な規則性がないが, 次のような対応例が見られる。

# 「の」について

## (1) 抽象的な名詞の場合

「名詞1」や「名詞2」が共に抽象的な名詞である場合や，片方（主に名詞2）が抽象的な名詞である場合，「の」に対して「의」が対応する傾向が強い。

| | | |
|---|---|---|
| 恋の悲しみ | → | 사랑의 슬픔 |
| 幸運の女神 | → | 행운의 여신 |
| 初恋の思い出 | → | 첫사랑의 추억　（lit. 初恋の追憶） |
| いじめはだれの責任なのか。 | → | 왕따 / 이지메는 누구의 책임인가？ |
| 個人の問題なのか。 | → | 개인의 문제인가？ |
| みんなの責任なのか。 | → | 모두의 책임인가？ |
| 私の希望 | → | 나의 / 저의 희망 |

※「私の」の場合は縮約形が存在し，「내 / 제 희망」も可能である。


## (2) 〈電話番号〉

| | | |
|---|---|---|
| 090-3321-5354 | → | 공구공의 삼삼이일의 오삼오사 |


## (3) 〈名詞＋の＋ひとつ〉

| | | |
|---|---|---|
| 文化のひとつ | → | 문화의 하나 |
| 趣味のひとつとして | → | 취미의 하나로 |
| 国際的な都市のひとつとして | → | 국제적인 도시의 하나로 |


## (4) 〈万一の場合・時〉

| | | |
|---|---|---|
| 万一の場合 | → | 만일의 경우 |
| もしもの場合 | → | 만일의 경우 |
| まさかの時に備えて | → | 만약의 경우에 대비해 |

# LESSON 03

### (5)〈私＋の＋名詞〉

　韓国語では,「名詞1」に「나 / 저」(わたし / わたくし)や「너」(あなた・お前)が来る場合,「名詞2」にどのような名詞が来ようが「名詞1＋φ＋名詞2」のようには表せない。「내 / 제」や「네」が使われるか「나의 / 저의」や「너의」が使われる。多くの場合,「나의 / 저의」や「너의」よりは縮約形である「내 / 제」や「네」が用いられる。

　　　私の趣味　　　→　　내 / 제 취미
　　　私の名前　　　→　　내 / 제 이름
　　　あなたの席　　→　　네 자리

　所有を表す場合も同様であり,例えば「나 / 저 / 너＋φ＋가방」のような「わたし / わたくし＋φ＋名詞2」,同様に「あなた / お前＋φ＋名詞2」の形は存在しない。所有を表す「わたしの」や「わたくしの」の場合は縮約形の「내」や「제」が,そして「あなたの・おまえの」の場合は「네」が用いられることが多い。

　　　これ,あなたのカバン？　　　이거 네 가방이야?
　　　うん,私のカバン。　　　　　응, 내 가방이야.

　※「네」は「니」のように発音されることが多い。

## 3　「の」の不使用

　どのような場合に「の」に対して韓国語では何も現れないのかに関しても,明確な規則性がないが,次のような対応例が見られる。なお,中級編 (p.78) と一部重複するが,全体像を示すために敢えて繰り返しを避けなかった。

### (1) 位置名詞の前で

　位置名詞とは「앞 (前)」,「뒤 (後ろ)」,「옆 (横・隣)」,「위 (上)」,「안 (中)」,「밖 (外)」

などの名詞を指す。「名詞1＋の＋位置名詞」のように、「名詞2」のところに位置名詞が来る場合、日本語の「の」に対して韓国語では何も現れない。

家の前　　　　　→　　집 앞
引き出しの中　　→　　서랍 안
屋根の上　　　　→　　지붕 위
駅の近く　　　　→　　역 근처
座席の後ろ　　　→　　좌석 뒤


## (2) 時の名詞が連続したとき

「名詞1」と「名詞2」がいずれも「時の名詞」である場合、「の」に対して韓国語では何も現れない。

去年の9月　　　　→　　작년 9월
来年の春　　　　　→　　내년 봄
来週の木曜日　　　→　　다음주 목요일
明日の午後　　　　→　　내일 오후


## (3)「名詞（学生・学校・学年・年齢）＋の＋頃/時」

小学生/中学生/高校生の時　　→　　초등학생/중학생/고등학생 때
小学校/中学校/高校の時　　　→　　초등학교/중학교/고등학교 때
1年生/2年生の時　　　　　　→　　1학년/2학년 때
5歳の頃　　　　　　　　　　→　　5살 때/무렵
16歳の時　　　　　　　　　 →　　16살 때

※ 上記以外の「名詞＋の＋頃/時」の場合は、「雨の時（비(가) 올 때）」、「子どもの頃

(어릴 때 / 어렸을 때)」,「病気の時 (아플 때)」のように,「-(으)ㄹ 때 (〜するとき)」の形が用いられる。

子どもの頃の夢は何でしたか。
어렸을 때 꿈은 뭐였어요? （lit. 幼かった時）
病気の時は，無理しないで。
아플 때는 무리하지 마. （lit. 痛い時）


## (4) 種類を示す「の」

「音楽の先生 (음악 선생님)」「ピアノの音 (피아노 소리)」「バラの花 (장미 꽃)」などのように,「名詞1」(音楽, ピアノ, バラ) が,「名詞2」(先生, 音, 花) の種類を表す場合,「の」に対して韓国語では何も現れない。

| 韓国の食べ物 | → | 한국 음식 |
| 英語の教科書 | → | 영어 교과서 |
| 日本語の授業 | → | 일본어 수업 |


## (5)「何回目の・いつの」出来事なのかを表す場合

「今回の大会 (이번 대회)」,「次回の会議 (다음 회의)」,「十回目の実験 (열 번째 실험)」,「最後のチャンス (마지막 기회)」,「十個目の金メダル (열 개째 금메달)」などのように，その出来事が何回目のものであるかを示す場合,「の」に対して韓国語では何も現れない。

| 今度の旅行は楽しかった。 | → | 이번 여행은 즐거웠다. |
| 百一回目のプロポーズ | → | 백한 번째 프로포즈 |
| 3回目の挑戦 | → | 세 번째 도전 |
| 最後の授業 | → | 마지막 수업 |

# 「の」について

## （6）所有を示す「の」

「名詞1（所有主）＋の＋名詞2（所有物）」の場合，日本語の「の」に対して，2（5）で解説した〈私＋の＋名詞〉を除いて，韓国語では何も用いられない。

姉の服を借りた。　　언니 옷을 빌렸다.
だれの本？　　　　　누구 책이야?
友だちの本。　　　　친구 책이야.

ただし，例えば所有主を強調して言いたいとき，「의」を用いて「언니의 옷」のように使われる場合もある。
なお，「このカバン，だれのですか？― 友達のです」に現れる「の」は初級編（p.102）および中級編（p.83）で述べたように，格助詞ではなく準体助詞という別の助詞であり，「だれのもの／カバン」や「友達のもの／カバン」に置き換えることができる。韓国語では「の」に対して「것／거」を使い，「누구 것／거」や「친구 것／거」のように表す。

## （7）所属や親族関係を表す場合（その1）

「うちの会社」や「うちの母」などのように，自分が所属している集団や自分の親族を表す場合，日本語の「の」に対して韓国語では何も現れない。

うちの部署　　　　　→　　우리／저희 부서
私たちのサークル　　→　　우리／저희 동아리
うちのおばあさん　　→　　우리／저희 할머니
うちのおねえさん　　→　　우리／저희 언니（누나）

※ 自分の所属集団や自分の親族を表す場合，「내（わたしの）」や「제（わたくしの）」を使わず「우리（わたしたちの→うちの）」や「저희（わたくしたちの→うちの）」を使うという点に注意すべきである。

45

# LESSON 03

### (8) 所属や親族関係を表す場合（その2）

　自分ではなく，第3者の所属集団や親族を表す場合は，日本語の「の」に対して，韓国語では何も現れないか接尾辞の「네」が用いられることがある。

　　友達の家　　　→　　｛친구 집｝/｛친구네 집｝
　　姉の嫁ぎ先　　→　　｛언니 시댁｝/｛언니네 시댁｝

### (9)「～の他に（も）」の「の」

価格の他にもさまざまな問題がある。

가격 외에도 / 말고(도) 다양한 문제가 있다.

勉強の他にやるべきことについて考えてみよう。

공부 외에 / 말고 해야 할 것들에 대해서 생각해 보자.

### (10)「～のお陰で」「～のせいで」の「の」

先生のお陰で（선생님 덕분에），お前のせいで（너 때문에）

## 4 「の」が別の構造で現れる場合

　日本語の「名詞1＋の＋名詞2」という表現のうち，「用言＋名詞」（例：～する＋名詞）という表現に言い換えが可能なものが多く存在する。

　　めがねの子　　　　→　　めがね**をかけた**子
　　庭の木　　　　　　→　　庭に**ある**木
　　約束の日　　　　　→　　約束**した**日
　　次発のひかり号　　→　　次に**出発する**ひかり号
　　父親似の弟　　　　→　　父親に**似ている**弟

# 「の」について

　　　ソウルから**の**手紙　　→　　ソウルから**来た**手紙

　これらの「名詞1＋の＋名詞2」に対して韓国語では，「用言＋名詞」の表現は可能であるが，「名詞1＋の＋名詞2」の表現は不可能である。すなわち，これらのタイプの「名詞1＋の＋名詞2」は上記のように「用言＋名詞」の表現に言い換えてから韓国語に訳せばよい。

## (1)「めがね＋の＋子」タイプ

　日本語の「めがねの子」や「背広の男たち」などを韓国語に直訳すると「안경의 애」や「양복의 남자들」となるが，「めがねをかけた子」や「背広を着た男たち」という意味にならない。意味不明の表現になってしまうのである。これらのタイプは「用言＋名詞」に言い換えてから韓国語に訳せばよい。

1) 昨日のめがね**の**子，覚えてる？
　　어제 안경 낀 애, 기억나？ （lit. めがねかけた子）
2) 黒っぽい背広**の**男たちが立っている。
　　검정 양복을 입은 남자들이 서 있다. （lit. 背広を着た男たち）
3) 赤いカーディガン**の**方にお願いします。
　　빨간 가디건(을) 입고 계신 분께 부탁드립니다.
　　（lit. カーディガンを着ていらっしゃる方）

※「めがねの子」ように，「身体への付着物＋人間」という組み合わせの場合，韓国語では，その「付着物」ごとに用いられる動詞に注意が必要である。例えば，「귀걸이（ピアス）」に対しては「하다（する）」が，「반지（指輪）」に対しては「끼다（はめる）」，「모자（帽子）」に対しては「쓰다（かぶる）」が用いられるのである。

　　ピアスの男　　　→　　귀걸이를 / 피어싱을 한 남자　（lit. した）
　　長靴の青年　　　→　　장화를 신은 청년　（lit. 履いた）
　　ひげのお爺さん　→　　수염을 기른 할아버지　（lit. 生やした / 伸ばした）

# LESSON 03

　また,「庭の木」や「田舎のおばあさん」なども「庭にある木」や「田舎にいらっしゃるおばあさん」に言い換えられるので,その言い換えた表現を韓国語に訳せばよい。

4) お庭の木はなんですか。
　정원에 있는 나무는 무슨 나무인가요? （lit. 庭にある木は）
5) おばあさんが死んだんだって。いなかのおばあさん。
　할머니가 돌아가셨대. 시골에 계신 할머니.
　（lit. いなかにいらっしゃるおばあさん）
6) 丸くて角のとれてるのは,地層の小石の特徴だ。
　둥글고 모가 나지 않은 것은 지층에 있는 작은 돌의 특징이다.
　（lit. 地層にある小さな石）

　もっとも,「정원의 나무」や「시골의 할머니」,「지층의 작은 돌」のように表現することも可能だが,話し言葉では用言を伴った形で現れやすい。
　さらに,「同僚の田中さん」のように2つの名詞が〈同格〉の意味を表す場合,「同僚である田中さん」と言い換えが可能なので,韓国語でも「-인(〜である)＋名詞」の形で表す。詳しくは中級編(p.83)を参照のこと。

7) 同僚の田中さんが結婚しました。
　동료인 다나카 씨가 결혼했어요.　（lit. 同僚である田中さん）
8) 画家の父は,詩人でもあった。
　화가인 아버지는 시인이기도 했다.　（lit. 画家である父）
9) バレー選手の妹とは大の仲良しだ。
　배구 선수인 여동생과는 정말 사이가 좋다.　（lit. バレー選手である妹）

## (2)「動作性名詞＋の＋名詞」の場合

　動作性名詞とは,動作の意味を含む名詞ということである。例えば,「めがね」や「背広」などは,いわば「物の名前」である。一方,「閉鎖」や「次発」などは,物を指し示

「の」について

すのではなく,「閉鎖する」や「次に出発する」という動作を意味する名詞である。このような動作性名詞は,動詞に変える必要がある。すなわち,このような「動作性名詞＋の＋名詞」も「用言＋名詞」に変えてから韓国語に訳せばよい。

閉鎖のうわさ　　→　　閉鎖するといううわさ
次発のひかり号　→　　次に出発するひかり号

「名詞＋の＋名詞」を「用言＋名詞」に変える方法のひとつとして,「閉鎖」→「閉鎖する」のように名詞に直接「する」を付け加える,というのがある。これらに対応する韓国語も,名詞に「하다」を付け加えればよい。

10) 不況のたびに, 閉鎖のうわさがちらついてきた店ですよ。
　　불황이 닥칠 때마다 폐쇄한다는 / 폐쇄된다는 소문이 나돌던 가게입니다.
　　(lit. 閉鎖するという)
11) 仕事の癖がついているので, 友だちと待ち合わせをしても〜
　　일 하던 습관이 배어 있어서 친구들과 만나기로 해도〜
　　(lit. 仕事していた習慣)
12) もしも約束の日, 行けなくなったら〜
　　만약에 약속한 날 못 가게 된다면〜　(lit. 約束した日)
13) いつもなら, アルバイトの子に頼んでしまいますが〜
　　보통 때 같으면 아르바이트하는 애한테 부탁하지만, 〜　(lit. アルバイトする子)
14) 咳ばらいの主が気になった。
　　헛기침(을) 하는 사람이 궁금해졌다.　(lit. 咳払い(を)する人)

ところで,「動作性名詞＋の＋名詞」には,「ご注文のお客様」や「ご覧の番組」などのように敬語が含まれている場合がある。これらは「ご注文なさったお客様」や「ご覧になる番組」に言い換えることができる。これら言い換えた表現を韓国語に訳せば自然な韓国語になる。このように敬語が含まれている場合,韓国語では特に動詞で現れる傾向が強い。

# LESSON 03

15) ご覧の番組は~

　　보시는 프로그램은~　(lit. 見ていらっしゃる)

16) ご結婚の報に接し~　(中級編 p.47)

　　결혼하셨다는 소식을 듣고~　(lit. 結婚なさったという)

17) ご注文のお客様はこちらへどうぞ。

　　주문하신 손님께서는 이쪽으로 오십시오.　(lit. 注文なさった)

18) 御多忙のところ恐縮ですが~　(中級編 p.122)

　　바쁘신데 송구스럽지만~　(lit. お忙しいのに)

　また,「不要」など状態性名詞は「必要ではない」のように言い換えることができる。韓国語では「필요(가) 없다 必要(が)ない」のように表す。

19) 買い物ポリ袋, 不要のお客様はピンクのカードを買い物籠に入れてください。

　　쇼핑 비닐 봉투 필요 없으신 손님은~

　　(lit. 必要(が)ないお客様)

20) これは共稼ぎ夫婦には不可欠のものである。

　　이것은 맞벌이 부부에게는 {없어서는 안 될}/{꼭 필요한} 물건이다.

　　(lit. なくてはならない／必ず必要なもの)

21) 業績抜群の者は~

　　업적이 뛰어난 사람은~　(lit. 業績が優れた人)

22) 自慢の弟です。

　　자랑스러운/{자랑할 만한} 남동생입니다.　(lit. 誇らしい／誇るべき弟)

## (3) 韓国語には存在しない名詞

　「父親似」や「母譲り」などの名詞は,対応する韓国語名詞が存在しない。これらは「父親に似ている／似た」や「母親から譲り受けた／譲ってもらった」のように言い換えることができるので,言い換えた表現を韓国語に訳せばよい。

23) 父親似**の**弟は言葉数が少なかった。

　　아버지를 닮은 남동생은 말이 별로 없었다. （lit. 父親に似た弟）

24) 母譲り**の**着物を着こなしたい。

　　어머니한테 물려 받은 기모노를 제대로 잘 입고 싶다.

　　（lit. 母から譲ってもらった着物）

25) 会社帰り**の**サラリーマンで賑わうお店で～

　　회사를 마치고 집에 돌아가는 / 귀가하는 직장인들로 붐비는 가게에서～

　　（lit. 会社を終えて家に帰るサラリーマン）

また，「飲みかけ」や「読みかけ」などの名詞も，対応する韓国語名詞が存在しない。応用力が必要とされる部分であるが，「飲んでやめた」や「読んでいた」などの表現に変えなければならない。

26) この飲みかけ**の**ジュースはだれの？

　　이 먹다 / 마시다 만 주스는 누구 거야?

　　（lit. 食べて / 飲んでやめたジュース）

27) 康子は，読みかけ**の**雑誌から顔を上げて～

　　야스코는 읽고 있던 잡지에서 눈을 떼고～ （lit. 読んでいた雑誌）

さらに，「出来たて」や「焼きたて」などの名詞も，対応する韓国語名詞が存在しない。「금방/방금 ついさっき」、あるいは「갓 たった今」を過去連体形とともに用いて表現する。

28) 今日の朝ごはんは出来立て**の**ご飯と，目玉焼きです。

　　오늘 아침은 금방 한 밥과 계란 프라이입니다. （lit. ついさっきしたご飯）

29) 焼きたて**の**パンは，ホント美味しいよね！

　　방금/갓 구운 빵은 정말 맛있지! （lit. ついさっき焼いたパン）

# LESSON 03

### (4)「ソウルからのお便り」タイプ

　ここでは,「から＋の」という組み合わせが韓国語で可能か否かという点が問題になる。まったく不可能というわけではないが,これは,近年日本語などの影響による限られた表現である。自然な韓国語のためには「から＋の」の組み合わせの表現は避けたほうがよい。

　これらの表現も,韓国語に訳すためには「ソウルから来たお便り」のように別の言い方に換える必要がある。

30) 次は，ソウル<u>から</u>のお便りです。
　　다음은 서울에서 온 소식입니다. （lit. ソウルから来た便り）
31) 外国<u>から</u>のＶ・Ｉ・Ｐ（最重要客）もよく訪れる場所だ。
　　외국에서 온 브이 아이 피도 자주 찾는 곳이다.
　　（lit. 外国から来たＶ・Ｉ・Ｐ）
32) これは，春美<u>から</u>の結婚祝いだ。
　　이건 {하루미가 준}/{하루미한테 받은} 결혼 선물이다.
　　（lit. 春美がくれた／春美からもらった結婚プレゼント）

「だけ＋の」や「ばかり＋の」は,「から＋の」に比べれば許容度は高くなるが,意味が曖昧になり,やはり用言を用いた表現にしたほうが望ましい。

33) ラーメン<u>だけ</u>の生活が続いている。
　　라면만 먹는 생활이 계속되고 있다. （lit. ラーメンだけ食べる生活）
34) 男<u>ばかり</u>の会社のなかで〜
　　남자들만 있는 회사에서〜 （lit. 男ばかりいる会社）

### (5)「いつものところ」のタイプ

　「いつも＋の」や「まだ＋の」の組み合わせは韓国語では不可能である。例えば「いつも〜した＋名詞」のように言い換えなければならない。

35) いつも**の**ところで会おう。

　　늘 만나는 / 만나던 데서 만나자. （lit. いつも会う / 会っていたところ）

36) いつも**の**コーヒーでお願いします。

　　늘 마시는 / 마시던 커피로 부탁합니다 / 주세요.

　　（lit. いつも飲む / 飲んでいたコーヒー）

37) 食事まだ**の**人は？

　　식사 아직 안 한 사람 있어요? （lit. まだしていない人）

38) ご登録がまだ**の**方はお急ぎを。

　　등록을 아직 안 하신 분은 서두르세요.

　　（lit. まだなさらなかった方）


## (6)「近く / 遠く / 多く＋の＋名詞」

　「近く / 遠く / 多く＋の＋名詞」構文は,「近い / 遠い / 多い＋名詞」のような表現に変え, 韓国語では連体形が対応する。「가까운 / 먼 (멀리 있는) / 많은＋名詞」などのようになる。

39) 近く**の**店で買いました。

　　가까운 / {근처에 있는} / 근처(의) 가게에서 샀습니다.

　　（lit. 近い店 / 近所にある店 / 近所（の）店）

40) 遠く**の**駅まで出かけました。

　　{멀리 있는} / 먼 역까지 나갔습니다. （lit. 遠くにある駅 / 遠い駅）

41) 我が校の図書館には多く**の**本がある。

　　우리 학교 도서관에는 많은 책이 있다. （lit. 多い本）


## (7) その他

　LESSON 2 の「あまり＋の＋−さ」「−さ＋の＋あまり」タイプでも解説したが,「嬉しさのあまり / あまりの嬉しさ」「悔しさのあまり / あまりの悔しさ」などは, 例えば, 以下の

ように現れる。

42) 嬉しさのあまり，大声を上げてしまった。

　　{너무 기뻐서}/{기쁜 나머지} 소리를 질렀다.

　　(lit. あまり（にも）嬉しくて / 嬉しいあまり)

43) あまりの悔しさで寝れそうにない。

　　{너무 분해서}/{분한 나머지} 잠이 올 것 같지도 않다.

　　(lit. あまり（にも）悔しくて / 悔しいあまり)

## 5 「用言＋の」について

　日本語の「の」の使い方のうち，「名詞＋の＋名詞」ではなく，「明日来るのはよくない」や「明日来るの！」のように「用言＋の」の場合がある。このうち「明日来るのはよくない」の場合は，上述のように格助詞ではなく準体助詞なので，「の」を「こと」などに置き換えることができる。このような「用言＋の」は，韓国語では「の」に対して「것（こと，もの）」や「점（点）」などが対応する。

44) むこうから背の高い老人が歩いて来るのが見えた。

　　저쪽에서 키가 큰 노인이 걸어오는 것이 보였다.

45) この報告書を書いたのは誰ですか。

　　이 보고서를 쓴 **사람**은 누구예요?

46) うちの会社のいいのは社員を出身大学で差別しないことだ。

　　우리 회사의 좋은 **점**은 사원을 출신 대학으로 차별하지 않는 거지.

47) 外車を買うのに使ったお金

　　외제차를 사는 **데**(에) 쓴 돈

## 6 「名詞＋の＋用言＋名詞」について

　日本語には「彼の選んだ作品」のように，「名詞＋の＋用言＋名詞」という表現があるが，これは「の」の代わりに「が」を用いて「彼が選んだ作品」と言い換えることができる。韓国語では後者のように「名詞＋가/이＋用言＋名詞（그 사람이 고른 작품）」という。

48) 風の吹く日

　　바람이 부는 날

49) 子どもの好きな食べ物は…

　　아이가 좋아하는 음식은…

50) 先生の言うことをよく聞きなさい。

　　선생님께서(이) 하는 말을 잘 들어.

# 間違いやすい表現 21〜30

### ㉑ 「〜には…ことです」

一見簡単そうに見えるが，前後関係を見極めないと不自然な韓国語になってしまう。

1) 虫歯を防ぐには規則正しく歯を磨くことです。
   a. 충치를 {예방하기 위해서는 / 예방하려면} 규칙적으로 양치질을 해야 합니다.
   b. *충치를 예방하는 데는 규칙적으로 양치질을 하는 것입니다.

### ㉒ 「二人だけで」

一見簡単そうに見えるが，前後関係を見極めないと不自然な韓国語になってしまう。

2) 君と二人だけで話をしたいんだが。
   자네하고 { a. 단 둘이서 / b. 둘이서만 / c.?? 두 사람만으로 } 얘기하고 싶은데.

### ㉓ **本末転倒** 【基本 3-1】

「感慨無量 감개무량，有名無実 유명무실，自画自賛 자화자찬，波瀾万丈 파란만장」など，四文字熟語は日韓で共通するものが多いが，「異口同音 이구동성（異口同声），傍若無人 안하무인（眼下無人），公序良俗 미풍양속（美風良俗）」など，時々微妙にずれることがあるので正確に覚えておく必要がある。

**本末転倒**：日本で用いている漢字語の音読みである 본말전도 は辞書には載っているが，본말이 전도되다 という形式で使うのが基本で 본말전도다 という形式で使うことはほとんどない。四文字熟語としては 주객전도다（主客転倒だ）という表現が韓国で用いられる表現である。また，「雲泥の差 운니지차（雲泥之差），苦肉の策 고육지책（苦肉之策）」のように，韓国語の漢字表記では四文字になるが日本語では四文字熟語として扱われないものもあることは知っておいてもよいだろう。

### ㉔ **塩で揉む** 【発展 3-3】

「もむ」やその類似動作は対象によっていくつかの動詞が対応する。

**비비다**：洗濯物をもむ，混ぜ合わせる（어떤 재료에 다른 재료를 넣어 한데 버무리다）。

例) 밥을 고추장에 비벼서 먹었다.　ご飯を唐辛子味噌と混ぜ合わせて食べた。
**무치다**：あえる (나물 따위에 갖은 양념을 넣고 골고루 한데 뒤섞다)。
　　例) 시금치를 장에 무쳤다.　ホウレンソウを味噌であえた。
**주무르다**：手でもむ。肩のマッサージのようなかなり大きな動作。
**버무리다 / 버물다**：混ぜ合わせる。あえる (여러 가지를 한데에 뒤섞다)。
　　例) 홍어를 초고추장에 버무려 먹었다.　エイを酢味噌であえて食べた。


## ㉕ お開きになる

「開かれる」は一般に「열리다 開かれる」に置き換えられるが, 以下の文例での「お開きになる」は「終わる」という正反対の意味で用いられている。

3) パーティーはほどよい時刻にお開きとなった。
　　파티는 적당한 시각에 / 시간에 { a. 끝났다 / b.* 열렸다 }.


## ㉖ 具合が悪い 【基本 3-6, 発展 9-4】

日本語では区別がないが, 韓国語では事情を意味するときと健康を意味するときとでは区別しなければならない。

4) 明日はちょっと具合が悪いんだ。
　　내일은 좀 사정이 안 좋거든.
5) うちのおじいさん, 最近ちょっと具合が悪いんだ。
　　우리 할아버지는 요즘 몸이 좀 불편하셔 / 편찮으셔.


## ㉗ 未来への挑戦 【基本 3-3, 基本 9-10】

かつては助詞に「の」を続けるのは日本語の影響だとして排斥されたが, 最近は「로서의 としての, 에서의 での, 에의 への, 로의 への」など頻繁に使われている。とは言うものの, 「への」に関しては「에 대한 / 관한」の方が頻度が高い。

6) 외국어로서의 한국어교육　　　外国語としての韓国語教育

# 間違いやすい表現 21〜30

7) 고등학교 과정에서의 역사학습 　高校課程での歴史学習
8) {미래를 향한} / 미래에의 도전 　未来への挑戦
9) 역사에 대한 관심 　歴史への興味
10) 뮤지컬 배우로의 도약 　ミュージカル俳優への跳躍

## ㉘ 決められた以外の場所で 【発展 3-10】

　案外訳しにくい。이외は体言に続けて用いるのが通常の用法であり，連体形には続けにくいようである。従って이외の前に体言を補って「정해진 장소 이외에서 決められた場所以外で」と書くのがよいだろう。これと似たような構造をもつものに「번 돈 이상을 쓴다. 稼いだ以上のお金を使う」がある。発展問題 10 の「渡っただけのところ」もこれと同じ構造を持つので，工夫が必要である。

## ㉙ 食べかけのパン 【発展 3-8】

「〜かけの」は文脈に応じて以下のように対応する。

| 〜かけの | 〜する途中でやめた | 動詞語幹+다 만 |
| --- | --- | --- |
|  | 〜し終えていない | 다 못 動詞過去連体形 |
|  | 今にも〜しそうな | 動詞語幹+(으)려고 하는 |

11) 食べかけのパン　　　　　　　　{먹다 만} / {다 못 먹은} 빵
12) 読みかけの本　　　　　　　　　{읽다 만} / {다 못 읽은} 책
13) 消えかけの蝋燭　　　　　　　　꺼지려는 / {꺼질 것 같은} 촛불

## ㉚ なかなか 【基本 3-8】

　「なかなか」には，「滅多に（…ない）」のように，後ろに否定の要素を要求する場合と，「かなり（よい）」のように単なる強めの意味を持つ場合とがあり，一筋縄では行かないので日本語の意味を十分見極める必要がある。基本問題8の「どうにも」も後に否定が現れる場合と現れない場合があるのでよく考えて作文してもらいたい。

14) 中村教授は忙しい人なのでなかなか会えない。［否定が続く］
　　나카무라 교수는 바쁜 사람이라서 { a. 좀처럼 / b. 여간해서는 / c. *제법 } 만날 수 없다.

15) この壺はなかなか風情がある。［強めの意味］

　　이 항아리는 { a. *좀처럼 / b. 제법 / c. 상당히 } 운치가 있다.

# 基本作文 3

1. 同じテールスープを作るのでも，冷凍のテールを使うのと解体して日の浅いテールを使うのとでは雲泥の差だ。

2. 定年間近の父にとっては，会社の帰りに近くの居酒屋に寄って一杯引っ掛けて帰るのが何よりの楽しみだそうだ。

3. ミヒョンにとって，庭続きの家に住んでいる舅たちへの気兼ねなどは結婚当初から毛頭なかった。

4. 人通りの少ない夜道を怖い思いをして一人で歩いて帰るくらいなら，ホテルに泊まる方が遥かにましだわ。

5. 朝夕の布団のあげおろしが面倒なので，引越しを機にベッドに変えたが，その分掃除は面倒になった。

6. この歳になってようやく，歯の具合の悪さに癇を立てていた父親の気持ちが察しがつくようになった。

7. ヒョンホは市会議員選挙が告示されるや，同窓会名簿のページを繰りながらめぼしい相手に電話を掛け始めた。

8. 出世競争は世の習いとはいえ，かつての上司が部下にいるというのはどうにもやりにくいものだ。

9. ご招待のお客様がたは，ご指定の席にお着きください。

10. 首相の公約である財政再建の実現に赤信号がともった。

## 発展作文 3

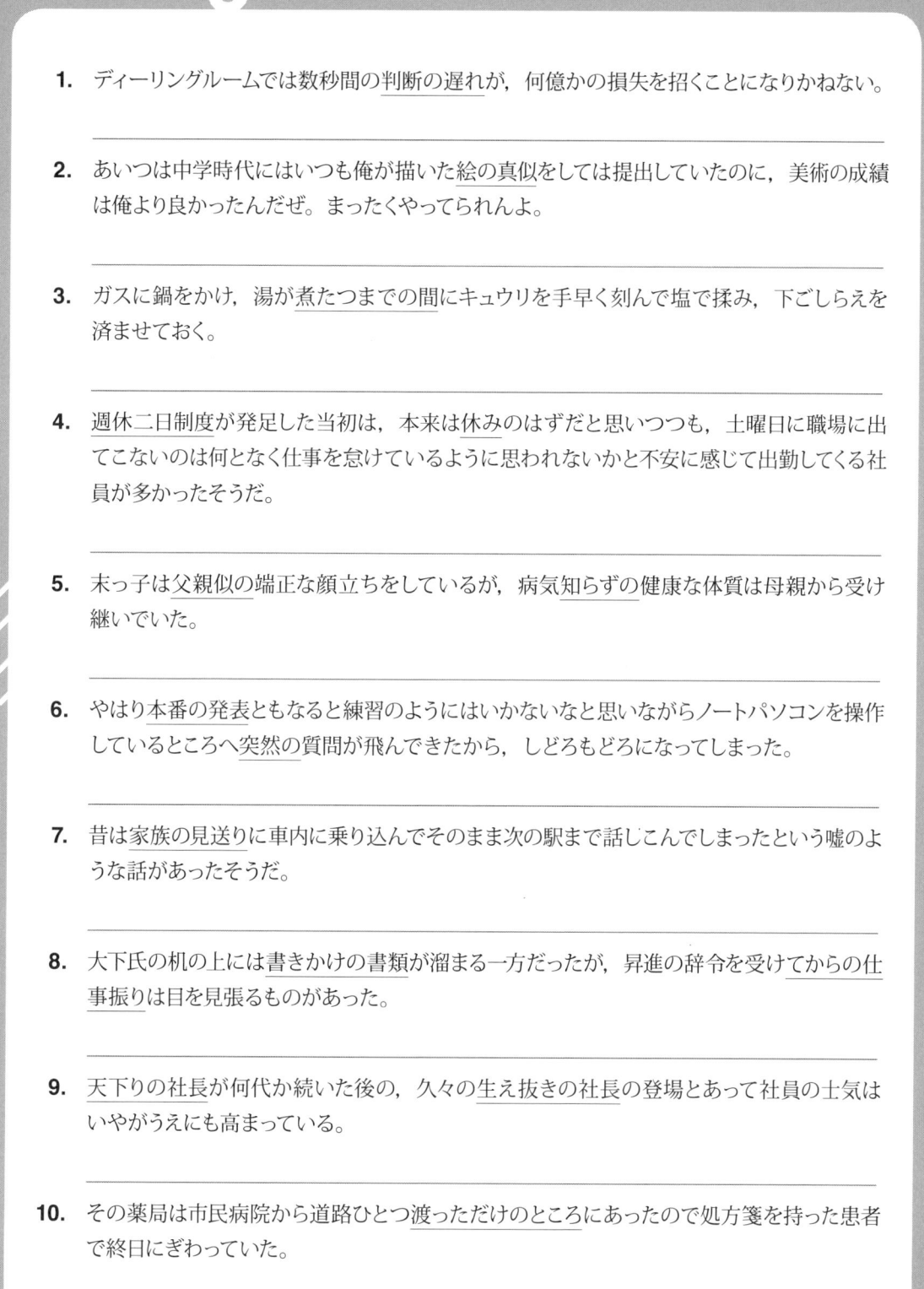

1. ディーリングルームでは数秒間の判断の遅れが，何億かの損失を招くことになりかねない。

2. あいつは中学時代にはいつも俺が描いた絵の真似をしては提出していたのに，美術の成績は俺より良かったんだぜ。まったくやってられんよ。

3. ガスに鍋をかけ，湯が煮たつまでの間にキュウリを手早く刻んで塩で揉み，下ごしらえを済ませておく。

4. 週休二日制度が発足した当初は，本来は休みのはずだと思いつつも，土曜日に職場に出てこないのは何となく仕事を怠けているように思われないかと不安に感じて出勤してくる社員が多かったそうだ。

5. 末っ子は父親似の端正な顔立ちをしているが，病気知らずの健康な体質は母親から受け継いでいた。

6. やはり本番の発表ともなると練習のようにはいかないなと思いながらノートパソコンを操作しているところへ突然の質問が飛んできたから，しどろもどろになってしまった。

7. 昔は家族の見送りに車内に乗り込んでそのまま次の駅まで話しこんでしまったという嘘のような話があったそうだ。

8. 大下氏の机の上には書きかけの書類が溜まる一方だったが，昇進の辞令を受けてからの仕事振りは目を見張るものがあった。

9. 天下りの社長が何代か続いた後の，久々の生え抜きの社長の登場とあって社員の士気はいやがうえにも高まっている。

10. その薬局は市民病院から道路ひとつ渡っただけのところにあったので処方箋を持った患者で終日にぎわっていた。

# LESSON 04 名詞志向構造と動詞志向構造

## 1 名詞志向の日本語と動詞志向の韓国語[1]

「名詞志向」や「動詞志向」というのは，簡単に言えば「名詞を好む」か「動詞[2]を好む」かの問題である。日本語と韓国語を比べると，日本語は名詞志向の言語であり，韓国語は動詞志向の言語であると言える。次の2文を比較してみよう。

1) あら，雨だね。
2) あら，雨が降ってるね。

2) では「降る」という動詞とともに使われているのに対して，1) では「雨」という名詞で文が終わっている。このように，名詞で終わる表現（以下では名詞表現と呼ぶ）と動詞で終わる表現（以下では動詞表現と呼ぶ）の両方が可能な場合，日本語では1)の表現がごく自然であるのに対して，韓国語では非常に不自然であり，あまり用いられない。韓国語では2)に対応する3)のような動詞表現が一般的である。

3) 어, 비가 오네.

「雨だ」と「雨が降っている」のように，名詞表現と動詞表現の両方が可能な場合，つまり両者の間で言い換えが可能な構造の文は，韓国語では動詞表現になりやすい。さらに，次の各文を比較してみよう。

4) A. かわいいカバンですね。
   B. 예쁜 가방이네요.
5) A. かわいいカバンを買いました。
   B. 예쁜 가방을 샀어요.
6) A. 私のカバンです。
   B. 제 가방이에요.

　3つの文のうち，言い換えが可能なのは，4A)「かわいいカバン」→「カバンがかわいい」だけである。つまり，4A)に対する自然な韓国語は4B)よりは「가방이 예쁘네요」である。このように，日本語の「名詞表現」において，言い換えが可能か否かは大きなヒントになる。以下で具体的に見ていく。

## 2　述語として使われる名詞

　同じ名詞でも，文の中で主語や目的語などで使われる場合と「名詞+だ/である」のように述語として使われる場合とで区別できる。そして，述語として使われた名詞は動詞表現への言い換えの可能な場合が多い。つまり，述語以外（主語・目的語・状況語など）で使われるか述語で使われるかはひとつのポイントとなる。

### (1-1) 主語や目的語などの場合：日韓どちらも名詞表現が自然

7) A. 今日は雨も降ってるし，寒いね！
   B. 오늘은 비도 내리고, 춥네!

---

1) 金恩愛 (2003)「日本語の名詞志向構造 (nominal-oriented structure) と韓国語の動詞志向構造 (verbal-oriented structure)」『朝鮮学報』第188輯に基づく。
2) ここで言う「動詞」とは，動詞のみならず形容詞などの用言を含むものである。

# LESSON 04

    8) A. 雨を降らす方法。
        B. 비를 내리게 하는 방법.

## (1-2) 述語としての「雨」の場合：韓国語は動詞表現が自然

    9) A. 今日も雨だね。
        B. 오늘도 비가 오네. (lit. 今日も雨が降ってるね)

## (2-1) 主語や目的語などの場合：日韓どちらも名詞表現が自然

    10) A. 年が問題なわけではありません。
        B. 나이가 문제 되는 건 아니에요.
    11) A. 芸能人は年をごまかす人が多いらしいけど。
        B. 연예인은 나이를 속이는 사람이 많다는데.

## (2-2) 述語としての「年」の場合：韓国語は動詞表現が自然

    12) A. 私ももう年だからね。
        B. 나도 이제 { 나이가 들었으니까 }/{ 나이를 먹었으니까 }.
          （私ももう年をとったから）

## (3-1) 主語や目的語などの場合：日韓どちらも名詞表現が自然

    13) A. 上に誰かいる？
        B. 위에 누가 있어?

## (3-2) 述語としての「上」と「下」の場合：韓国語は動詞表現が自然

    14) A. 上ですか。 ―　いいえ、下です。（エレベーターに乗る場面）

B. 올라가요? ― 아뇨, 내려가요.

## （4−1）主語や目的語などの場合：日韓どちらも名詞表現が自然

15) A. 高さ / 重さ / 大きさは / どのくらいですか。
    B. 높이 / 무게 / 크기는 얼마나 돼요?
16) A. 客室の広さを教えてください。
    B. 객실 넓이를 가르쳐 주세요.

## （4−2）述語としての「高さ」「重さ」「広さ」の場合：韓国語は動詞表現が自然

17) A. すごい高さだね！
    B. 되게 높다!
18) A. すごい重さだね！
    B. 엄청 무겁네!
19) A. 見てこの部屋。すごい広さ！
    B. 이 방 좀 봐. 정말 넓다!

　上記の「高さ」「重さ」「大きさ」「広さ」は，単語レベルでは，「높이」「무게」「크기」「넓이」といった対応する単語が韓国語にも存在するが，述語として用いられ，感嘆などを表す場合は，韓国語では動詞表現になりやすい。

### 3 「修飾語＋名詞」述語文

　述語として使われている名詞が修飾語を伴っている場合（例：いい天気だ）」がある。このような構造も「天気がいい」のような言い換えが可能であり，韓国語では動詞表現になりやすい。

# LESSON 04

20) A. いい天気！
    B. 날씨가 좋다!
21) A. いい部屋じゃないか。
    B. 집이 좋구나!
22) A. すごく可愛い靴。
    B. 신발 정말 예쁘다.
23) A. すごい人だね。
    B. 사람이 정말 많네!

## 4 動詞への言い換えが可能な構造

「早起き」「寒がり」「長電話」などの名詞は，「早く起きる」「寒がる」「電話が長い」のように動詞表現への言い換えが可能である。この場合，韓国語では動詞表現になる。

24) A. 早起きをしよう！
    B. 일찍 일어나자!
25) A. 私は，すごい暑がりですが，家内は寒がりで。
    B. 저는 엄청 더위를 타는데, 집 사람은 추위를 많이 타서…
26) A. 昨日は，ついつい長電話になってすみませんでした。
    B. 어제는 어쩌다 보니 전화가 너무 길어져서 미안합니다.
27) A. 最後のシーンで思わずもらい泣きしてしまいました。
    B. 마지막 장면에서 나까지 덩달아 울었습니다.
28) A. 話し上手になるために，まず聞き上手になりましょう。
    B. 말을 잘 하려면 먼저 남의 말을 잘 들읍시다.
29) A. 立ち話もあれなんで，どっか入りましょうか。
    B. 서서 얘기하는 것도 좀 그러니까, 어디 들어갈까요?
30) A. 写真入りのクレジットカードに取り替えました。
    B. 사진이 들어간 / 있는 신용 카드로 바꿨습니다.

31) A. お姉さん思いですね。
　　B. 누나 생각을 참 많이 하네요.

「麦茶の減りが早い」「洗濯物の乾きが早い」「梅雨入りが早い」なども，「麦茶が早く減る」「洗濯物が早く乾く」「梅雨に入るのが早い」のように，動詞表現への言い換えが可能な構造であり，韓国語では動詞表現を用いる。

32) A. 麦茶と紅茶 特に麦茶の減りが早い！
　　B. 보리차와 홍차, 특히 보리차가 금방 떨어진다.
33) A. 最近，携帯のバッテリーの減りが早い。
　　B. 요즘(들어) 핸드폰 배터리가 금방 닳는다.
34) A. 梅雨入りが早いと梅雨明けも早い傾向にありますか？
　　B. 장마가 빨리 시작되면 빨리 끝나는 경향이 있어요?
35) A. 乾きが早いマニキュアが人気だ。
　　B. 금방 / 빨리 마르는 매니큐어가 인기다.
36) A. 若いうちは体の傷は治りが早いけど，心の傷は治りが遅い。
　　B. 젊을 때는 몸의 상처는 금방 낫지만, 마음의 상처는 잘 안 낫는다.

この課では重複を避けるために，LESSON 3で扱った「名詞＋の＋名詞」が韓国語で動詞表現として現れる場合や，LESSON 2で扱った「明るさ」「美しさ」「よさ」といった形容詞派生名詞が韓国語で動詞表現として現れる場合については触れていないので，LESSON 2とLESSON 3も参照されたい。

# 間違いやすい表現 31～40

## ㉛ 今から

「今から」は文脈に応じて以下のように対応する。

| 意味 | 韓国語 | 用例 |
|---|---|---|
| 完了 | 벌써부터 | 今からそんなことでは先が思いやられる<br>벌써부터 그러면 장래가 염려스럽다. |
| 未完了 | 지금부터 | 今から準備しよう　지금부터 준비하자. |

## ㉜ ～するものではない　【発展 4-4】

　文字通りに訳すと 하는 것은 아니다 であるが，通常は「～してはならない」という禁止の意味で用いられる方が多いようである。

1) 陰で人の悪口を言うものではない。
　　뒷전에서 남을 { a. 욕해서는 안 된다 / b.* 욕하는 것은 아니다 }.

## ㉝ つけ

　月末にまとめて支払う約束で品物を購入することを「外상 つけ」と言うが，比喩的に用いられることがある。

2) 何度も授業をサボった付けが回ってきた。
　　a.* 몇 번이나 수업을 빠진 / 빼먹은 청구서가 돌아왔다.
　　b. 몇 번이나 수업을 빠졌더니 수업 내용을 전혀 모르겠다.

## ㉞ よく混ぜてお召し上がりください

　食事の仕方を目にして日本人と韓国人をたちどころに判別できるのはカレーライスを食べている場面であろうと思う。日本人は崩さないように端から少しずつ食べていくのに対して，韓国人は食べる前に満遍なくかき混ぜてから食べるのが一般的である。表題に対する韓国語は2通りまたは3通りに対応しそうである。

3) 잘 비벼서 드세요.
ビビンバなど固体同士を混ぜあわせる
4) 잘 저어서 드세요.
紅茶などの液体によく溶けるようにかき混ぜる
5) 잘 섞어서 드세요.
異なる物質を混ぜ合わせる

비비다と젓다はどちらも「かき混ぜる」動作に重点が置かれるのに対して，섞다は単に異なる物質を混ぜ合わせる点に重点がある。

## ㉟ 結婚式で着るドレス

「結婚式で」はどのように訳せばよいだろうか。結婚式は場所ではないのだから결혼식에서는不自然だし，道具・手段を示す助詞を使って결혼식으로と言うのも不自然である。「結婚式，運動会，文化祭」のような行事を示す場合は，'～の時＝～때'のように訳すのがよい。

6) 結婚式で着るドレス
결혼식 때 입을 드레스
7) 高校の文化祭ではじめて女の子と手をつないでフォークダンスを踊った。
고등학교 축제 때 처음으로 여자하고 손을 잡고 포크 댄스를 추었다.

## ㊱ 帽子のサイズが合わない 【発展4-9】

韓国語は日本語と比べて外来語の使用頻度が低く，なるべく漢字語か固有語に置き換えようとしている。サイズも基本は크기 (大きさ) に置き換えられるが，衣類の場合は사이즈という外来語を用いている。ところで，帽子や手袋のサイズが小さくて頭や手が入らない時は，論理的に考えて非常に奇妙な表現が存在する。

8) この帽子小さすぎて<u>頭が</u>入らないよ。
이 모자 너무 작아서 <u>머리에</u> 안 들어가(요).
9) この手袋小さすぎて<u>手が</u>入らないよ。
이 장갑 너무 작아서 <u>손에</u> 안 들어가(요).

# 間違いやすい表現 31〜40

## ㊲ ご丹誠の菊 【基本 4-2, 基本 7-1】

「動作性名詞＋の＋名詞」は,「動詞の連体形＋名詞」に置き換えるほうが自然な韓国語になることが多い。特に「ご丹誠」のように敬語形になっている場合はなおさらである。韓国語にも敬語の意味を持つ名詞が存在するが数が限られており,「ご丹誠」に相当する敬語名詞は存在しないので, 工夫が必要である。

10) ご丹誠の菊
    정성들여 가꾸신 국화
11) ご苦心の作品
    많이 고생해서 만드신 작품

## ㊳ 乗りが良い 【基本 4-3】

「乗りが良い」は（ⅰ）化粧映えがする,（ⅱ）気分が高揚する, の 2 通りの意味で用いられるので, 文脈に応じて使い分ける必要がある。なお,「盛り上げ役」というニュアンスで「분위기 메이커」という表現もよく使われる。

12) 白粉の乗りが良い。
    분이 잘 먹는다.
    ※この場合の먹다は自動詞で「効果がある」という意味である。
13) この音楽は乗りが良い。
    이 음악은 기분을 잘 돋궈 준다.
14) あいつは乗りが良い。
    그 사람은 금방 { 신나게 잘 논다 }/{ 분위기를 잘 띄운다 }.

## ㊴ メガネの方 【基本 4-6】

「ご予約の方」のように「動作性名詞＋の＋名詞」の場合は【表現 37】で処理できるが,「普通名詞＋の＋名詞」の場合は LESSON 3 で解説したように, 前後関係に応じて訳し分けなければならない。

15) 買いに来た人

　　　　안경 사러 오신 분
16) 誂えに来た人
　　　　안경 맞추러 오신 분
17) 受け取りに来た人
　　　　안경 찾으러 오신 분
18) 掛けている人
　　　　안경 쓰신 분

## ㊵「持てる」

【表現1】で述べたのと同様のことが「もてる」に関しても言える。

| | | |
|---|---|---|
| **持てる** | 가질 수 있다 | 所有可能であるという意味を示す。 |
| | 들 수 있다 | 持ち上げることができるという意味を示す。 |
| | 인기가 있다 | (特に異性に) 人気があるということを示す。 |

# 基本作文 4

1. 腎臓が弱ってくると，濾過機能が低下して尿に蛋白質が混じるようになる。食欲不振や息切れなどの自覚症状が出る前に年に一度は人間ドックを受けるのが望ましい。
   _____

2. ご努力の甲斐あって受賞なさった由，誠におめでとうございます。
   _____

3. ここんとこ毎日キムチを食べてるせいか白粉（おしろい）の乗りが良くなったって里子ずいぶん喜んでたわ。
   _____

4. あの人は自分の身勝手さに気がついてないから余計に始末が悪いのよ。
   _____

5. 嫌ねえ。思い出し笑いなんかして。
   _____

6. ［メガネ店で］　コンタクトのお客様こちらへどうぞ。
   _____

7. 僕は毎日寝る前に洗濯をしないと気が済まない性質（たち）なんです。
   _____

8. ピストルの音を合図に我々は一斉にプールに飛び込んだ。
   _____

9. あいつの話はみな誰かの受け売りさ。
   _____

10. そんな芝居がかりのせりふで私を口説いても無駄よ。
    _____

## 発展作文 4

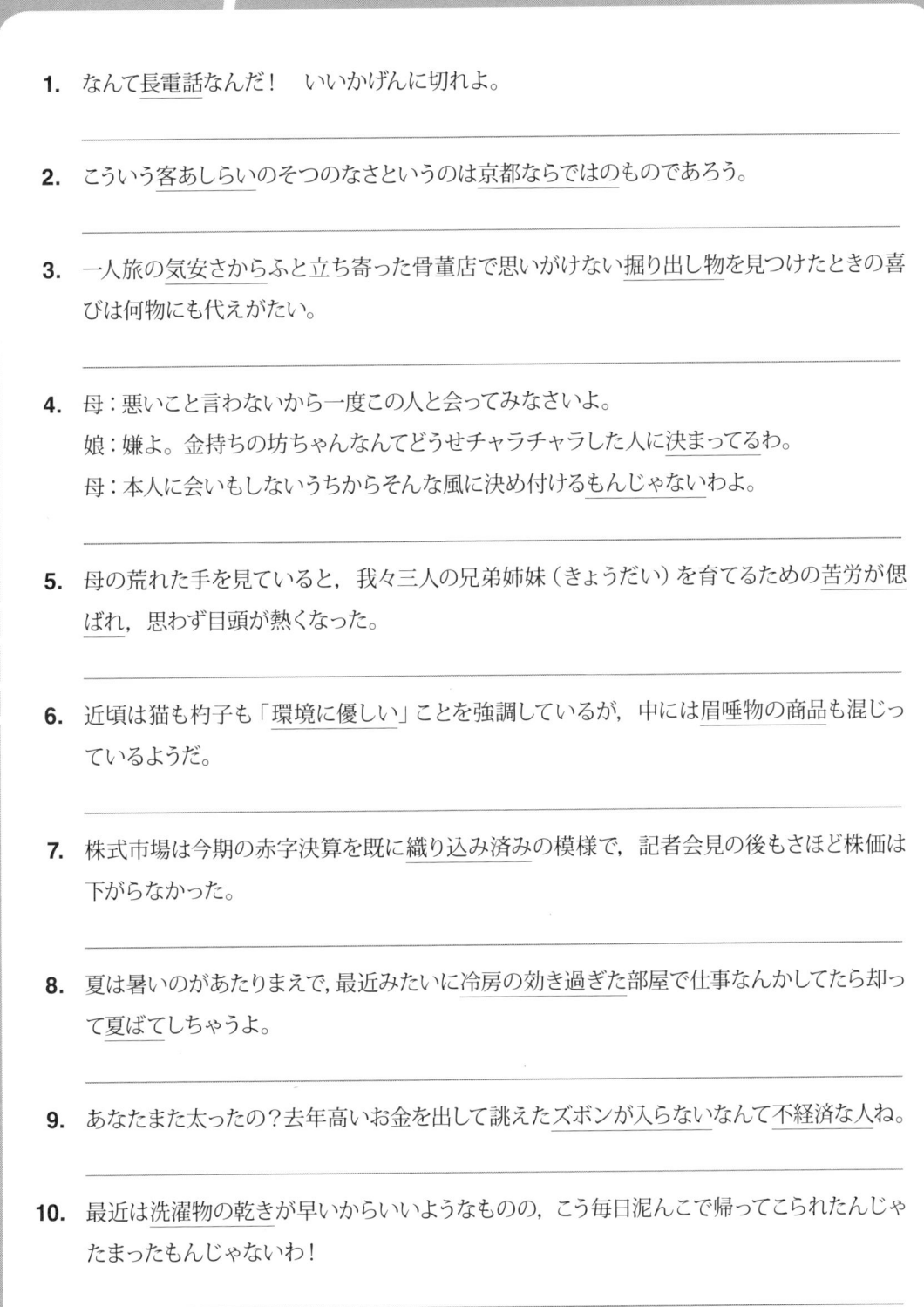

1. なんて長電話なんだ！ いいかげんに切れよ。

2. こういう客あしらいのそつのなさというのは京都ならではのものであろう。

3. 一人旅の気安さからふと立ち寄った骨董店で思いがけない掘り出し物を見つけたときの喜びは何物にも代えがたい。

4. 母：悪いこと言わないから一度この人と会ってみなさいよ。
   娘：嫌よ。金持ちの坊ちゃんなんてどうせチャラチャラした人に決まってるわ。
   母：本人に会いもしないうちからそんな風に決め付けるもんじゃないわよ。

5. 母の荒れた手を見ていると，我々三人の兄弟姉妹（きょうだい）を育てるための苦労が偲ばれ，思わず目頭が熱くなった。

6. 近頃は猫も杓子も「環境に優しい」ことを強調しているが，中には眉唾物の商品も混じっているようだ。

7. 株式市場は今期の赤字決算を既に織り込み済みの模様で，記者会見の後もさほど株価は下がらなかった。

8. 夏は暑いのがあたりまえで，最近みたいに冷房の効き過ぎた部屋で仕事なんかしてたら却って夏ばてしちゃうよ。

9. あなたまた太ったの？去年高いお金を出して誂えたズボンが入らないなんて不経済な人ね。

10. 最近は洗濯物の乾きが早いからいいようなものの，こう毎日泥んこで帰ってこられたんじゃたまったもんじゃないわ！

# LESSON 05 引用文の派生形と授受表現

## 1 引用文の派生形

引用文に関しては中級編のLESSON 1ですでに扱ったが，上級編では引用文と関連のある形式についてさらに解説することにする。

その前に，中級編の復習をしておくのが理解の助けになるだろう。

### (1) 平叙文の引用

| 時制 | 語幹 | 基本形 | 縮約形 |
|---|---|---|---|
| 現在 | 指定詞 | 語幹＋-라고 합니다 / 해요 / 한다 | -랍니다 / 래요 / 란다 |
| 現在 | 形容詞・存在詞 | 格式非丁寧体＋<br>-고 합니다 / 해요 / 한다 | -답니다 / 대요 / 단다 |
| 現在 | 動詞 | | |
| 過去 | 全ての用言 | | |
| 未来 | 全ての用言 | | |

### (2) 疑問文の引用

| 区分 | 基本形 | 縮約形 |
|---|---|---|
| 全ての用言・時制 | 格式非丁寧体＋<br>-고 합니다 / 해요 / 한다 | -냡니다 / 내요 / 냔다 |

## (3) 勧誘文の引用

| 基本形 | 縮約形 |
|---|---|
| 動詞語幹＋-자고 합니다 / 해요 / 한다 | -잡니다 / 재요 / 잔다 |

## (4) 命令文の引用

| 語幹 | 基本形（非尊敬） | 縮約形 |
|---|---|---|
| 母音語幹 | 動詞語幹＋-라고 합니다 / 해요 / 한다 | -랍니다 / 래요 / 란다 |
| ㄹ語幹 | 動詞語幹＋-라고 합니다 / 해요 / 한다 | -랍니다 / 래요 / 란다 |
| 子音語幹 | 動詞語幹＋-으라고 합니다 / 해요 / 한다 | -으랍니다 / 으래요 / 으란다 |

| 語幹 | 基本形（尊敬） | 縮約形 |
|---|---|---|
| 母音語幹 | 動詞語幹＋-시라고 합니다 / 해요 / 한다 | -시랍니다 / 시래요 / 시란다 |
| ㄹ語幹 | 動詞語幹＋-시라고 합니다 / 해요 / 한다 | -시랍니다 / 시래요 / 시란다 |
| 子音語幹 | 動詞語幹＋-으시라고합니다 / 해요 / 한다 | -으시랍니다 / 으시래요 / 으시란다 |

## (5) 授受表現の引用

| 受け手の立場 | 非敬語形 | 敬語形 |
|---|---|---|
| 受け手が引用文の主語 | くれと　달라고 | くださいと　주십사고 |
| 受け手が引用文の主語以外 | やれと　주라고 | おやりくださいと　주시라고 |

【参考】주십사고は달라고で代用されることが多い。

## (6) 引用文連体形

ここまでは，伝達動詞하다が文末に現れる場合のみを解説してきたが，하다にもさま

ざまな語尾が付きうることは理解して頂けると思う。中級編ではその内の連体形語尾が付いたものだけを解説しておいた。中級編で提示した例を再掲しておく。

1) 연수가 결혼한다고 하는 소문 → 연수가 결혼한다는 소문
   ヨンスが結婚するという噂
2) 빨리 오라고 하는 연락 → 빨리 오라는 연락
   早く来いという連絡
3) 누가 가느냐고 하는 문제 → 누가 가느냐는 문제
   誰が行くのかという問題

## (7) 하다の様々な活用形と縮約形

以下では，伝達動詞하다に様々な語尾が付いた形と，その縮約形を簡単に解説しておく。基本的には고 하が省略されていることが見て取れると思う。

4) 새로운 계획에 관해 아무 것도 모른다고 하는데 어떡하지요? → 모른다는데
   新しい計画について何も知らないっていうんだけど，どうしましょうか。
5) 빨리 오라고 하지만 일이 있어서 늦을 것 같애. → 오라지만
   早く来いと言うんだけど，用事があって遅れそうなんだ。
6) 누가 가느냐고 하면 뭐라고 대답할까요? → 가느냐면
   誰が行くのかと尋ねられたら（言えば）なんて答えましょうか。
7) 회사를 그만둔다고 하니까 아주 놀라더라. → 그만둔다니까
   会社を辞めるって言ったらとても驚いてたよ。
8) 이건 예술이라고 하기보다 어린이 장난이야. → 예술이라기보다
   これは芸術と言うよりは子供のいたずら書きだ。
9) 제가 맡겠다고 할 수도 없고 골치가 아픕니다. → 맡겠달
   私が引受けることもできず，頭が痛いです。
10) 내가 책임 지겠다고 해도 안 믿는 거야. → 지겠대도
    俺が責任を持つといっても信じないんだよ。

## 2 引用文の文法化

### (1) 文法化とは

　文法化とは,「名詞や動詞・形容詞などで構成されていた表現が本来の語彙的な意味を失い, 文法的な意味を獲得するようになった現象」を指す。英語では be going to が「行く」という語彙的な意味を失って未来を指す意味に変化した現象を挙げることができる。日本語では「てしまう」が「終わる」という語彙的な意味が希薄になって完了を示す意味になったり,「という」が「言う」という語彙的な意味を失って引用文を示す形式に変化した現象を挙げることができる。

　韓国語においても多くの文法化現象がみられるが, ここではその中で, 引用文が文法化したものを取り上げることにする。

### (2) 親しみの表現：〜ですよ／〜なんだ　－답니다／－단다

　本来はそれぞれ「다고 합니다／다고 한다」の縮約形であり,「〜といいます／〜という」という引用文である。ところが, この形式が文法化すると, 親しみの表現を示す語尾として用いられる。例11)は自分のことを述べているのだから,「私, 来年アメリカに留学するそうです。」という意味でないのは明らかであろう。例12)も, 自分が飼っている犬について述べているのだから, 引用文でありえないことはお分かりいただけると思う。

11) 私, 来年アメリカに留学するんですよ。
　　전 내년에 미국에 유학 간답니다.
12) うちのパドゥギ(犬の名前)はとても賢いんだよ。
　　우리 집 바둑이는 아주 똑똑하단다.

### (3) 噂の確認：〜だって？／〜ですって？　－다면서／－다면서요？

　自分が伝え聞いたことを確かめるときに用いる。直接本人に確かめる場合が多いが, 第三者に確かめるときにも用いる。以下の例13)で(성구가)がなければ直接本人に確

かめている場面と考えられるが，(성구가) があれば第三者に確認している状況を示していることになる。形式的には引用文の -고 하が省略されたように見えるが，-고 하を補うと不自然になることから，独立した語尾であると考えるほうがよい[1]。また，親しい間柄では，-다며? という形式が用いられる。

13) (ソングが) ミヒョンに求婚したんだって？
    (성구가) 미현이한테 청혼했다면서?
14) お嬢さんが留学なさるんですって？
    따님이 유학하신다면서요?
15) 新車を買ったんだって？
    새 차를 샀다며?


### (4) 強い仮定：〜なら －라면 / －다면

もともとは「-라고 하면 〜であるとすれば，-다고 하면 〜するというのであれば」の縮約形であるが，なかには -라고 하면や -다고 하면に置き換えると不自然に感じられる例も見受けられる[2]。これらは -면とも意味の違いが感じられる。

16) 単に景気のせいであるのならさほど心配する必要はない。
    단순히 경기 탓이라면 크게 걱정할 필요는 없다.
17) この小さな部屋で不相応に贅沢なものがあるとすれば，42インチのプラズマテレビであろう。
    이 작은 방에 어울리지 않게 사치스러운 것이 있다면 42인치 플라즈마 텔레비전일 것이다.
18) 俺がもしも不吉なことばかり予言しているように聞こえたとしたら，それは俺が現

---

1) 例 13) 〜 15) において，それぞれ「고 하」「청혼했다고 하면서? / 유학하신다고 하면서요? / 샀다고 하며」のように言い換えると不自然であることを確認してもらいたい。
2) 先ほどと同様に，例 16) 〜 18) において，「탓이라고 하면 / 있다고 하면 / 들린다고 하면」のように言い換えると不自然であることを確認してもらいたい。

실주의자다가까다.

내가 만일 불길한 것만을 예언하는 것처럼 <u>들린다면</u>, 그것은 내가 현실주의자이기 때문이다.

### (5) 引用：〜そうだ －다는 것이다

もともとは「−다고 하는 것이다 〜だというのだ」の縮約形であるが，単純な引用形に対応する場合もある。

19) 興味深いのは，芸術家や大統領，CEOの中に左利きが多いそうである。

재미있는 것은 예술가나 대통령, CEO 가운데 왼손잡이가 많다는 것이다.

## 3 授受表現

### (1)「〜てやる / くれる」と －아 / 어 주다

一般に日本語のほうが授受表現が豊富であるが，日本語に授受表現が現れないのに韓国語に授受表現が現れる場合がまれにある。日本語では授受表現を用いるとウチ（話し手およびその関係者）とソト（話し手およびその関係者と比べると疎遠な人）の間における移動の方向と恩恵の授受の両方がよく感じられるのに対して，韓国語では恩恵の授受そのものが感じられない例が見受けられる。以下の例では，文末をそれぞれ 20) 만든다，21) 빛내었다，22) 보인다，に代えても意味の違いが感じられない。

20) 人生は選択の連続だ。その選択が集まって一人の人生の型を { a. 作る / b.?? 作ってやる }。

인생은 선택의 연속이다. 그 선택들이 모여 한 사람의 인생의 틀을 만들어 준다.

21) 特にこの日の公演には日本で活躍中のタレントユミンが参加して会場を輝かせていた。

특히 이날 공연에는 일본에서 활동 중인 탤런트 유민이 참석해 자리를 빛내 주

# LESSON 05

었다. (조선일보 – 연예, 2007.09.29)

22) 鉄器と共に中国の貨幣である明刀銭などが使用され，当時の活発な交易関係を示している。

철기와 함께 중국 화폐인 명도전 등이 사용되어 당시의 활발한 교역 관계를 보여 준다.

## (2) 〜してください

　中級編のLESSON 2で「〜してください」は，韓国語では2通りの表現に対応することを説明した。つまり，話し手が利益を受ける場合には，依頼を表わす–아/어 주세요を使用し，話し手が利益を受けない場合には，丁寧な命令である–(으)세요を使用する，と解説した(p.45)。

　たとえば「こちらにお座りください。」では話し手が利益を受けないので「이리 앉으세요.」になり，「その新聞を見せてください。」では話し手が利益を受けるので「그 신문을 보여 주세요.」になる。この使い方を間違って，先生に「教えてください」と言うつもりで「여기 좀 가르치세요.」のように言うと，先生に命令していることになり，非常に失礼な表現になってしまう。

　ところで，日本語教育ではこれを「勧め，指示，依頼」の3通りにわけて説明しているそうである[3]。勧めの場合には絶対に「〜してくださいませんか」にはなりえないが，指示と依頼の場合には「〜してくださいませんか」になりうるという点で上述の–(으)세요と–아/어 주세요の区別に応用できる。すなわち，勧めの場合には–(으)세요を，依頼の場合には–아/어 주세요を，指示の場合にはその中間なので両方の形式を取りうると考えればよい。あるいは，相手に選択権があれば–아/어 주세요を用いるという説明もありうる。

---

[3] コリ文語学堂の受講生だった岩井理子さんのご教示による。

## 引用文の派生形と授受表現

### (3) ～てもらう

　中級編 LESSON 2 で授受表現を解説した際に,「A に B してもらう」は構文を変形して「A が B してくれる」と書かねばならないことを述べた。ところが日本語には, 24) のように授受表現に対応しない「～てもらう」という表現があるので, 作文に際しては注意しなければならない。24) のような日本語は使役表現や命令表現に近いと言えるだろう。


23) お金が足りないので, 兄に払ってもらった。

　　⇒　兄が払ってくれた

　　돈이 모자랐기 때문에 오빠가 지불해 주었다.

24) うるさくするんなら出て行ってもらいます。

　　떠들면 내보낼 겁니다.

# 間違いやすい表現 41〜50

## ㊶ 抱く 【発展 5-9】

　韓国語には「抱く」に相当する動詞として안다と품다がある。用法には共通点が多いので，微妙な違いを見分けるのが難しい。以下の例は『뉘앙스풀이를 겸한 우리말사전』(임홍빈 1993, 아카데미하우스)からの引用である。

| 意味 | 안다 | 품다 |
|---|---|---|
| 腕を用いる | ○ | × |
| 考えを持つ | プラスイメージ | どちらでもよい |
| 感情を持つ | 悲しみは○，憎しみは× | どちらでもよい |
| 隠して持つ | × | ○ |
| 要素として含む | × | ○ |

1) 母が子供を抱いて寝る。　　　　　　어미가 아이를 안고 / 품고 잔다.
2) 母が子供を抱いて行き来する。　　　어미가 아이를 안고 / *품고 다닌다.
3) 兄が憤りを抱いている。　　　　　　형이 노여움을 *안고 / 품고 있다.
4) 泥棒が包丁を隠し持って侵入した。　도둑이 칼을 *안고 / 품고 침입하였다.
5) 彼の言葉は毒を含んでいる。　　　　그의 말은 독을 *안고 / 품고 있다.

## ㊷ してくる 【発展 5-4】

　-아/어 오다が基本であり，【発展 5-4】でも基本形を用いればよいが，-기 시작하다や-아지다/어지다のほうが自然な韓国語になることがある。

6) 青ざめていた彼の顔にようやく赤味が差してきた。(『小学館 日韓辞典』)
　　창백한 그의 얼굴에 차차 붉은 기가 돌기 시작했다.
7) 暗くなってきたね。(『小学館 日韓辞典』)　벌써 어두워졌네.

## ㊸ 尻が重い 【基本 5-3】

　LESSON 8で解説するように，韓国語には日本語とよく似た言い回しを用いることが多いが，時として想像がつきにくい表現もある。

8) 입이 무겁다 / 엉덩이가 무겁다　　口が重い・堅い / 尻が重い

9) 입이 가볍다 / 엉덩이가 가볍다　　口が軽い / 尻が軽い
10) 손이 크다 / 발이 넓다　　　　　　気前が良い / 顔が広い

## ㊹ 〜しただけで / するだけで 【発展 5-2】

これは単なる接続の場合と手段の場合とで区別しなければならない。

11) 単に見ただけで，詳しく調べたわけではない。
　　그저 {a. 봤을 뿐 / b. 본 것뿐이며} 자세히 조사하지는 않았다.
12) 見ただけで偽物だとわかる。
　　{a. 보기만 해도 / b. *본 것만으로 / c. 언뜻 봐도} 가짜라는 걸 알 수가 있다.
13) 見てるだけで，買うつもりはありません。
　　그저 / 그냥 보는 거예요. 뭐 {사려고 온 것은} / {사려는 건} 아니에요.
14) 見てるだけで十分です。
　　보기만 하면 / 해도 충분합니다.

## ㊺ お手洗いをお借りしてもいいかしら

「借りる」は一般的に빌리다で表現できるが，基本的には英語のborrowと同様に鉛筆や本など持ち運べるものに対して使う。Googleで検索するとお手洗いに対しても빌리다を使っている用例がみつかるが，トイレは持ち運べないので「쓰다 使う」で表現する方がよい。

15) お手洗いお借りしてもいいかしら。
　　화장실 좀 {a. 써도 / b. ?? 빌려도} 돼요?
　　Can I {c. use / d. *borrow} the bathroom?

## ㊻ 는데か는 데か 【基本 5-7, 発展 9-6】

母語話者が分かち書きをよく間違うもののひとつである。その上日本語訳においても「〜するのに」という共通の訳語を持つので学習者も混乱することが多い。

「〜するにも拘わらず」という逆接の意味になる時は語尾の는데を用い，「〜する場合」という意味になる時は連体形＋依存名詞の는 데を用いるのが正しい。また，時制補助語幹が現れうるのは語尾の는데の前だけである。

## 間違いやすい表現 41〜50

16) 雨が降るのに出かけるんですか（逆接）： 비가 오는데 나가세요?
17) 出かけるなといったのに出かけたんですか（逆接）： 나가지 말라고 했는데 나갔어요?
18) ここまで来るのに1時間もかかった（場合）： 여기까지 오는 데 1시간이나 걸렸다.

### ㊼ きく

中級編において，듣다は日本語の3通りの「きく（耳で聞く，従う，薬効がある）」に対応するが，「尋ねる」に対しては묻다という別の単語が対応することを解説した。しかしながら，「従う」という意味の「きく」が必ずしも듣다に対応しない例も存在する。

19) 温度の制御がきかない。
    a. 온도 제어가 / 조절이 되지 않는다.
    b. *온도 제어가 / 조절이 안 듣는다.
20) 海上は霧が深く視界がきかなかった。
    a. 바다 위는 안개가 짙어서 { 잘 안 보였다 } / { 시야가 좋지 않았다 }.
    b. *바다 위는 안개가 짙어서 시야가 듣지 않았다.

### ㊽ 「貸す」と「借りる」【基本 5-6】

「貸す」を調べると빌다が出てくる日韓辞典もあるようだが，実際には「貸す」と「借りる」は以下のような体系をなしている。

| 対象 | 借りる | 例 | |
|---|---|---|---|
| 抽象的な事柄 | 빌다 | 이 자리를 빌어 | この場を借りて |
| 具体的な物 | 빌리다 | 책을 빌리다 | 本を借りる |
| 金品 | 빌리다 / 꾸다 | 버스비를 / 차비를 빌리다 / 꾸다 | バス代を借りる |

| 対象 | 貸す | 例 | |
|---|---|---|---|
| 品物 | 빌려주다 | 책을 빌려주다 | 本を貸してやる・くれる |
| 金品 | 빌려주다 | 돈을 빌려주다 | お金を貸してやる・くれる |
| 金品 | 꾸어주다 | 돈을 꾸어주다 | お金を貸してやる・くれる |

ちなみに「返す」は以下のようになる。『間違いやすい韓国語表現 100 中級編』(白帝社)

| 方法 | 日本語 | 韓国語 |
|---|---|---|
| 同一物返却 | 返す | (책을, 우산을) 돌려주다 |
| 等価返却 |  | (돈을) 갚다 |

## ㊾ 都合 【発展 5-3】

「都合」を音読みした도합には「合計」という意味しかなく，文脈に応じてさまざまに訳し分けなければならない。

21) いつだと都合が良いですか。　　　　　언제라면 형편이 좋으시겠어요?
22) 今度の水曜日は都合が付かない。　　　다음 수요일은 시간을 낼 수 없다.
23) 都合のよいことに明日は休みなんだ。
　　　공교롭게도 / 운좋게 / 다행히 / 마침 내일은 (나) 노는 / 쉬는 날이야.
24) 全て都合よく行った。　　　　　　　　모든 일이 잘 됐다.
25) 私の家はスーパーに近くて買い物に都合がよい。
　　　우리 집은 슈퍼에 가까워서 장보는 데 편리하다.
26) 君は自分に都合のいいことばかり言うね。　넌 네 입장만 생각해서 말을 하네.
27) 一身上の都合で退職した。　　　　　　일신상의 이유로 / 사정으로 퇴직했다.
28) 友人に金を都合してやった。　　　　　친구한테 돈을 꾸어 / 빌려 주었다.

## ㊿ 知ったかぶりをする 【発展 5-2】

まず，以下の空欄に入れる表現として正しいものを選んでみてもらいたい。

29) 어디선가 본 적이 있는 듯한 사람 하나가 (　　　　) 말을 걸어왔다.
　　①아는 체하며　　②안체하며　　③알는 체하며　　④알은체하며

これは2002年秋のハングル能力検定試験1級問題であるが，正解率が3％であった。文法通りに考えると①아는 체하며がㄹ語幹の活用形式にかなっているので正解のように思えるし，実際これを選んだ人が90％もいた。しかしこれだと「知ってるような振りをして」となり，前後関係がどことなくしっくりしない。これは「④알은체하며：親しげに」が正解である。文法的には変な形であるが，この形式で固定化されてしまったために，辞書にもこの形で載っている。分かち書きもされない点に注意されたい。

# 基本作文 5

1. 何度説明してもらっても内容が理解できない。僕の頭が悪いのか説明が下手なのかどっちだろう。

2. 口を開けて「あー」と言ってみて下さい。喉の奥が赤いですね。薬を出しますから毎食後一袋ずつお飲みください。

3. 早く帰ろうって言うのに家内が一向に尻をあげようとしないので困ってしまった。

4. おじいさんがお茶をくれって。

5. お客さんに後片付けをしていただくわけには行きません。どうぞ座っていてください。

6. ミヒョン（미현）を見かけたら，このまえ貸してやったノートを早く返せって言っといて。

7. あいつに何かをしてもらおうと思うと説得するのに時間がかかるから最近では誰も相手にしないようだ。

8. A：そのお弁当，課長さんがご自分でお作りになったって本当ですか？
   B：娘に少しは手伝ってもらったけどね。食べてみる？ まあまあいけるよ。

9. 母を拝み倒して成人式のお祝いに真珠のネックレスを買ってもらった。

10. 仕事でミスをしたが，上司が泥をかぶってくれた。

## 発展作文 5

1. 学生時代に「仏の山口」という綽名の先生がいたが，あの先生のお陰で卒業できた学生が随分いたと思うよ。

2. 最先端の知識や技術を身につけていなければその道の権威に教えを乞えばよいだけで，何も恥じることはない。恥ずべきは知ったかぶりをして自ら向上する機会を閉ざしてしまうことである。

3. いつでも面会できるように取り計らうから任せてくれといっておきながら，今日に限って都合が悪いなんて，何のためにわざわざ有給までとって来たのか分からないじゃないか。

4. 「為せば成る」の精神でここまで頑張ってきたが，こう忙しくてはとても他の部署まで手が回らないよ。すまないけど君の方で適当にやってくれないか。

5. 新聞記者はしばしば先入観で記事をまとめようとする傾向があるので，インタビューの結論が話し手の意図と正反対になることが往々にしてあるそうだ。

6. お前は後取りなんだからもっとしっかりしてくれなきゃ困るよ。お前が早く一人前になってくれなきゃ死んでも死にきれないよ。

7. A：ちょっと行ってくるから後を頼むね。
   B：なに言ってるの。肝心のあなたがいなくてどうするの。実（みのる）ちゃんに行ってもらいなさいよ。

8. 検査をしてもらいに病院に行ったところ，新米の看護師に当たったので採血の跡が青黒くなり，2, 3日ズキズキと痛んで困った。

9. 母親は子供が自分で起き上がるまで起こしてやるまいと決心したが，とうとう根負けして抱き起こしてやった。

10. 冴えない漫才師が才女の誉れ高い美人女優と婚約したと聞いた芸能レポーターが記者会見に殺到したが，さすがに芸能人だけあって受け答えにそつがなかった。

# LESSON 06 使役と受身

## 1 使役文

### (1) 시키다について

　使役文に関しては中級編 LESSON 5 で解説したように,「接尾辞 −이/히/리/기/우」による使役形は固定化されているために母語話者といえども新たに作り出すことができず, 全て辞書に登録されている。日本語の「せる, させる」のように自由に作ることができるのは「動詞語幹＋게 하다／만들다」の構文によるもの, あるいは 하다 → 시키다 の交替によるものである。

　また, 他動詞に対しては以下のような対応関係が成り立つことも紹介した。

　　　〜する (研究する)　　　⇒　　〜하다 (연구하다)
　　　〜させる (研究させる)　⇒　　〜시키다 (연구시키다)
　　　〜される (研究される)　⇒　　〜되다 (연구되다)

ところが, 話し言葉では「〜시키다」が使役の意味を持たない表現が見受けられる。

1) 저 사람 좀 소개시켜 주세요.
　　a. あの人紹介してもらえませんか。
　　b. *あの人紹介させてください。

上の例は「(私に) させる」あるいは「(あなたが) させる」という使役の意味ではなく,

「(あなたが) する」という意味である。
　この点に関して，構文がよく似ているので思い違いしやすいが，以下の例は「〜시키다」が通常の使役の意味で用いられている。

　　2) 우리 애 공부 좀 시켜 주실래요?
　　　　うちの子供をちょっと勉強させてもらえませんか＝
　　　　うちの子供をちょっと教えてもらえませんか。


## (2) 合成語の使役形
　日本語と韓国語の使役形は，以下に見るように合成語であってもほぼ並行的な関係が成立する。

　　3) 갈아입다　着替える　　→　갈아입히다　着替えさせる
　　4) 모여앉다　集まって座る　→　모여앉히다　集まって座らせる
　　5) 떠오르다　浮かび上がる　→　떠올리다　　浮かび上がらせる


# 2 受身文

## (1) −아지다 / 어지다による受身文
　中級編でも触れたように，韓国語は本来受身形が作りにくい言語である。ところが最近は −아지다 / 어지다を用いた受身形が盛んに用いられるようになってきた。とは言え，それらの受身形が全く何の制限もなく自由に使えるかというと，多少の疑問が残る。
　たとえば，말해지다は「言われる，語られる」という意味で使用されるが，主語は第三者に限られるようであり，話し手が主語になると不自然に感じられる。

　　6) 科学者がでたらめな論文を発表することはほとんどない。計算された数値で語られる科学界の自浄能力のためである。

과학자가 허위 논문을 발표하는 일은 거의 없다. 계산된 수치로 말해지는 과학계의 자정 능력 때문이다. （동아일보, 2005.12.07）

7）君にそんなこと言われたくないね。

너한테 { a. 그런 말 듣고 싶지 않아 / b. *그렇게 말해지고 싶지 않아 }.

最近は（ⅰ）-아지다 / 어지다を用いた受身形，（ⅱ）接尾辞 -이 / 히 / 리 / 기による受身形，（ⅲ）接尾辞 -이 / 히 / 리 / 기の後にさらに -아지다 / 어지다が付いた受身形が入り乱れている。また，（ⅰ）には自発の意味を持つ用例が存在する。

8）집필실 삼아 얻어 놓은 반지하방에서 종일 글이 안 써져 울적하던 때에 수상 소식을 들었다. （동아일보, 2006.01.10）

書斎代わりに借りた半地下室で一日中文章が書けずに鬱々としていた時に受賞の知らせが届いた。

9）앞 뒤에 부착해야 할 번호판에는 '666-KEN'이라고 쓰여져 있었다. （동아일보, 2005.11.16）

前後に付けなければならない番号板には '666-KEN' と書かれていた。

10）그 다음 장의 소제목들을 보면 다음과 같이 쓰여 있다.

その次の章の小見出しを見れば次のように書かれている。

11）승현이는 '자전거와 자동차'라고 쓰여 있는 곳 앞에서 한참을 서 있더니 고개를 갸웃거린다.

スンヒョンは「自転車と自動車」と書かれている前で，しばらく佇んでいたが，首をかしげる。

12）동 페리뇽의 묘비에는 '그는 가난한 자를 사랑하였다. 그리고 좋은 포도주를 만들었다'고 쓰여져 있다. （주간동아, 2004.07.08）

ドン・ペリニョンの墓碑には「彼は貧しい者を愛した。そしてよいぶどう酒を造った」と書かれている。

13）실제 설비 그대로 정확히 그린 자세한 도판과 이해하기 쉽게 풀어서 쓰여져 있기 때문에 자연 에너지를 어떻게 얻을 수 있는지 쉽고 재미있게 알 수 있을 것입니다. （어린이동아, 2005.03.16）

実際の設備の通りに正確に描かれ詳細な掲示板と，理解しやすいように噛み砕いて書いてあるので，自然エネルギーをどのようにして得られるかが簡単にかつ興味深く学べるでしょう。

### (2) 合成語の受身形
　日本語と韓国語の受身形は，以下に見るように合成語であってもほぼ並行的な関係が成立する。

14) 구어박다　　　押し込める　→　구어박히다　　　押し込められる
15) 동여매다　　　縛る　　　　→　동여매이다　　　縛られる
16) 받아들이다　　受け入れる　→　받아들여지다　　受け入れられる

　もちろんこれは，合成語の後続要素が他動詞である場合に限られるわけであるが，後続要素が他動詞であっても，日本語と並行的な関係が成り立たないものが見受けられる。
　そのひとつは，理論的には受身形があり得ても，実際にはほとんど使われることがないものである。

17) 아껴쓰다　　　大切に使う　→　?아껴 쓰이다　　大切に使われる
18) 만들어 팔다　 作って売る　→　?만들어 팔리다　作って売られる

　他のひとつは，受身形は存在するものの，日本語と並行的な関係が成り立たないものである。たとえば「追い出す」は「追う 쫓다」の連用形に「出す 내다」が続いているという点においては쫓아내다と一致するが，その受身形である「追い出される」は，日本語が後続要素の「出す」が受身形になるのに対して韓国語では先行要素の쫓다が受身形になって쫓겨나다（直訳＝追われ出る）と表現される。これは，내다が語彙的な受身形を持たないことに原因があると思われる。
　このような形式を取るものとしては他にいくつかの語がある。

19) 밀어내다　　押し出す　　→　밀려나다　　押し出される (lit. 押され出る)
20) 끌어내다　　引っ張り出す　→　끌려나다　　引っ張り出される
　　　　　　　　　　　　　　　　　　　　　　（lit. 引っ張られ出る）

### (3) 받다 / 당하다 / 맞다による受身形

　中級編 LESSON 7 では「接尾辞 -이 / 히 / 리 / 기」による受身形以外に -받다 / 당하다 / 맞다による受身形があることを紹介したが，場合によっては目的格助詞が間に入ることもある。

21) ヨンスは馬鹿者扱いされた。
　　연수는 바보 **취급을** 받았다.
22) ヒョンミは恋人に捨てられた。
　　현미는 애인한테 **버림을** 받았다.

### (4) 아 / 어 주다による受身形

　文脈によっては受身形が授受表現に置き換えられることもある。

23) 僕が高校生の頃，長髪なんて絶対に許されなかった。
　　내가 고등학생 때에는 장발 같은 건 절대로
　　{ a. 허락되지 않았다 / b. 허락해 주지 않았다 }.

### (5) 아 / 어 보이다

　日本語では使役形と受身形の形が必ず異なっているが，韓国語においては，接尾辞による使役形と受身形が同形になるものがいくつか存在する。
　その例の一つが 보이다 (見せる・見える)[1] であり，連用形 (아 / 어) に続く場合も 2 通りの意味がある。

24) 우리 어머니는 젊어 보이세요.
　　うちの母は若く見えます。
25) 키보드를 쳐 보였다.
　　キーボードを叩いて見せた。

ところで,「〜く見える」を意味する보이다には,「아 / 어 보이다」と「게 보이다」の2通りの形式が存在する。一般には 26) のように両者は同じ意味になるが, 27) や 29) のように, 両者の意味が異なる場合が存在する。

26) 그 사람은 나이에 비해 { a. 늙어 / b. 늙게 } 보인다.
　　彼は年の割に老けて見える。
27) 이 문제는 { a. 쉬워 / b. 쉽게 } 보인다.
28) この問題は { x. 簡単に / y. 簡単そうに } 見える。[2]
29) 전망대에 서면 우리 마을이 { a. *쉬워 / b. 쉽게 } 보인다.
30) 展望台に立てばわれわれの村が簡単に見える。

「簡単に見える」は쉬워 보이다が一般的である。ところが, 쉽게 보이다とすると쉬워 보이다という意味以外に,「ある対象を見ることが容易だ」という意味を持つ。そして쉬워 보이다は「ある対象を見ることが容易だ」という意味を持たない。従って後者の解釈が自然な文脈で쉬워 보이다を用いると非文か非常に不自然な文になる。

前者の場合, 日本語として自然な表現は「簡単そうだ」または「簡単そうに見える」である。つまり, 27a) は 28y) のみに対応し, 27b) は 28x) と 28y) の両方に対応する。そして 30) の日本語に対応するのは 29b) であり, 29a) のように言うことはできない。

---

[1] 日本語訳では他動詞と自動詞の対であるが, ここでは韓国語の形式から, 広く受身形ととらえたことをお断りしておく。
[2] 日本語の例を x, y としたのは, a, b を付した韓国語の例と一対一の対応関係が成り立つわけではないことを示すためである。

# LESSON 06

### (6) 되다と自動詞

第1節で，他動詞に対しては하다（例：연구하다＝研究する）を되다（例：연구되다＝研究される）に置き換えると受身形ができることを紹介した。しかしながら，하다形が自動詞であるにもかかわらず（例：집중하다＝集中する，발달하다＝発達する），되다形が存在することがある（例：집중되다，발달되다）。

このような場合，되다形が受身の意味を持つことはあり得ず，自動詞の意味しか持ちえない。

31) 2050년이 되면 세계인구의 절반, 세계경제의 40%, 세계 정보기술산업의 절반 이상이 아시아 지역에 집중될 것으로 보입니다. (여성동아, 2007.7.25)
    2050年になれば，世界人口の半分，世界経済の40%，世界の情報技術産業の半分以上がアジア地域に集中するものと思われます。

32) 나노기술이 발달되면 숯을 분해해서 다이아몬드를 만들어낼 수도 있다. (동아일보, 2002.9.17)
    ナノ技術が発達すれば炭を分解してダイヤモンドを作ることもできる。

하다形と되다形がどちらも自動詞である場合，両者の意味の違いを説明するのは難しいが，人間が主語である場合は，되다形が内発的であるのに対して，하다形は外発的であるという程度のことは言えそうである。

33) { a. 긴장되세요? / b. *긴장하세요? }
    緊張しますか。

34) { a. *긴장되지 마세요. / b. 긴장하지 마세요. }
    緊張しないでください。

# 間違いやすい表現 51～60

### 51 「知られている」と「知れている」

「知られている」は「知っている」の受身形であるが，「知れている」は「たいしたことがない」という意味である。

1) 彼の名前は世界的によく知られている。
　　그 사람의 이름은 세계적으로 잘 알려져 있다.
2) 彼の能力は高が知れている。
　　그 사람의 능력은 { 대수롭지 않다 } / { 별 볼일 없다 } / {* 알려져 있다 }.

### 52 しかない 【発展 6-5, 6-6】

基本的には初級作文の項目であるが，「体言＋でしかない」となると誤訳しやすいので注意が肝要である。

(ⅰ) 体言しかない：体言밖에 없다
(ⅱ) 体言しか～ない：体言밖에　否定形
(ⅲ) 体言でしかない：体言일 뿐이다 / 体言에 지나지 않다

3) いかに地位の高い人でも法の前では一人の人間でしかない。
　　아무리 지위가 높은 사람이라도 법 앞에서는 한 사람의
　　{ 인간일 뿐이다 / 인간에 지나지 않는다 }.

### 53 目に見える，蓋を開ける

比喩的な表現のこともあるから気をつけたい。

4) 彼らの失敗は目に見えている。
　　그 사람들은 실패할 게 { a. 뻔하다 / b. 눈에 훤하다 / c. 눈에 선하다 / d. 보나마나다 }.
5) 勝負は蓋を開けてみるまでわからない。
　　승패는 { a. 뚜껑을 열어 보지 / b. 대전해 보지 } 않고서는 알 수 없다.

## 間違いやすい表現 51〜60

### 54 水に流す 【基本 6-2】

「洗ってきれいにする」という発想は日韓で共通しているようであるが,「水に流す」というのは韓国人の発想にはない。묻어 두기로 했다（埋めておくことにした）が普通であり,「心の中で浄化させて解決する」という発想である。

### 55 안되다と안 되다 【基本 6-8】

この綴り字は母語話者でもよく間違うので注意しなければならない。

6) 안되다 1〔形容詞〕①気の毒だ。哀れだ。②やつれている。
   혼자 보내기가 안돼서 역까지 배웅했다．
   一人で行かせるのがかわいそうなので，駅まで送ってやった。
7) 안되다 2〔自動詞〕①うまくいかない。②不十分だ。
   올해는 과일 농사가 안돼 큰일이다．
   今年は果物が不作でたいへんだ。

これら以外の意味，すなわち禁止を示す「だめだ」や「できない」というときは안 되다と分かち書きしなければならない。

### 56 밖에は続けて書くか離して書くか 【発展 6-5, 6-6】

これは意味によって書き分ける必要がある。限定の意味「〜しか（ない）」のときは助詞なので名詞に続けて書かねばならない。「以外に」「外に」という意味のときは名詞なので離して書かねばならない。

8) 私が持っている本はこれしかない＝助詞なので続けて書く
   내가 가진 책은 이것밖에 없다．
9) 私が持っている本はこれ以外に何冊かある＝名詞なので離して書く
   내가 가진 책은 이 밖에 몇 권 (더) 있다．
10) 家の外に不審な人が立っている＝名詞なので離して書く
    집 밖에 수상한 사람이 서 있다．

## ㊼ お茶汲み仕事 【発展 6-2】

　解答例ではひとまず「お茶を運ぶ仕事 차 나르는 일」と訳してみたが，文学作品であれば차순이と訳すのも一つの方法かもしれない。ただし，韓国の若い人には차순이という言葉が通じない可能性がある。순이は昔の韓国女性の代表的な名前であり，これを接尾辞的にさまざまな名詞に付けて軽蔑的なニュアンスを持つ「～女性，女～」という単語を作り出すことが行なわれる。たとえば공순이（工順伊）といえば「工（場）＋順伊＝女工」を意味する。これに対して昔の男性の代表的な名前である돌이を用いて공돌이というと「男子工員」を意味する。

## ㊽ いつもの店 【基本 6-3】

　【基本 6-3】の解説でも述べたように，簡単なようで難しい。これを逐語的に置き換えて언제나의 가게と書くわけにはいかない。「いつも行く店」と考えて자주 가는 가게 / 늘 가는 가게のように書く必要がある。「いつもの時間に目が覚めた」はもう少し工夫が必要で，{평소와 같은 시각에 }/{ 늘 일어나는 시간에 } 잠이 깼다（普段と同じ時刻に目が覚めた）のように書くのが良いだろう。

## ㊾ あと5分待って来なければ出かけよう 【基本 6-3】

　「～て」の訳し方は常に迷うところであるが，以下の絵のような関係になる場合は다가を用いて，5분만 더 기다리다가と表現するのが基本である。

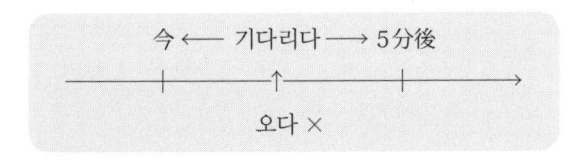

```
今 ←── 기다리다 ──→ 5分後
─────┼─────↑─────┼─────→
            오다 ×
```

## ㊿ 「腹立ちまぎれに」と「怒りにまかせて」 【基本 6-8】

　「腹立ちまぎれに」は「腹が立ったついでに思ってもいなかった行動をする」のに対して「怒りにまかせて」は「腹が立ったのをきっかけにして普段思っていたことを行動に移す」ことを意味する。

　また，連体形 김에は偶然性が高く責任逃れのような効果を示すことがある。たとえば술 취한 김에（酔いに任せて）。とはいうものの，自分とはまったく関係ないことには使わない。これに対して連体形 바람에は自分の意思とは関係ないことに用いる。従って담이 무너지는 바람에（塀が壊れたはずみに）は言えても담이 무너지는 김에は言えない。

## 基本作文 6

1. 新しくスポーツを始めるには年をとりすぎているって皆に言われたけど，卓球ぐらいなら大丈夫だよね。

   _____

2. 過去のわだかまりはきれいさっぱり水に流して互いに協力し合いたいという提案が首脳会談の席で持ち出された。

   _____

3. A：約束の時間はとっくに過ぎてるわよ。あと５分待ってこなかったら帰るところだったんだから。
   B：ごめんごめん。いつもの電車に乗り遅れちゃって。
   A：今日はたっぷりお返ししてもらうわよ。

   _____

4. 人生最良の時期を，自分なりの価値観をほとんど形成しないまま無為に過ごした青年たちがニートと呼ばれる集団を形成している。

   _____

5. そもそも「家庭」とは何かと正面切って聞かれれば，はたと返答に窮せざるをえない。単に親子が共同生活をしているだけでは家庭とはいえないだろう。

   _____

6. お父さんに最新式のパソコンを持たせたところで使いこなせるもんか。それこそ猫に小判だよ。

   _____

7. 伝統工芸の分野において名工と呼ばれるような技術者になろうと思えば，人並み以上の精進が必要だ。

   _____

8. 怒りに任せて辞めるなんていうことを軽々しく言ってはいけない。

   _____

9. 母がとりなしてくれたお陰で父に怒られずにすんだ。

   _____

10. 家内に勧められて退屈しのぎに始めた囲碁が思いのほか面白く，今では三日にあげず碁仇（ごがたき）と対戦している。

    _____

## 発展作文 6

1. 今度の日曜日にみんなでハイキングに行こうって誘われたんだけどあまり気が進まないんだ。代わりに断っといてくれない？

2. せっかく大学院まで出て一流企業に就職したのに，お茶汲み仕事ばかりさせられるのに嫌気がさして，3ヶ月で止めてしまった。

3. グローバル化の名の下に目先の成果が問われるようになり，海のものとも山のものともつかない萌芽的なアイデアをじっくり育てるという姿勢が失われつつある。

4. 契約する寸前まで話が進んでいたのに更に良い条件を提示してくれる会社が現れたので，これまでの話はなかったことにして欲しいと申し出たら，散々嫌味を言われた。

5. 彼は素人ながら目利きだと評判なので，勧められるままに高価な絵を買ったが，いざ売る段になると二束三文でしか売れなかった。

6. 日本の大学には教師をきちんと評価するシステムが存在しないので，一度専任として採用された教師はよほどの不祥事を起こさない限り，書いた本人しか読まない学内紀要に論文を書き，お座なりな授業をしていればほぼ自動的に教授に昇進していく。

7. ちょっと君，人を呼びとめて道を尋ねておいて，教えてもらったらそのままお礼も言わずに行くなんて，一体どういう料簡だね。

8. 選考委員会では侃々諤々の議論が繰り返された挙句，候補者を一人に絞り切れず再募集することになった。

9. 日本シリーズ開幕早々に2ゲームを落として優勝が危ぶまれたが，その後持ち直して3ゲームを連取し，優勝に王手をかけた。

10. 日本の少子化の趨勢が避けられないことが明らかになる何年も前から，一部の私立大学では定員割れを起こしていたが，根本的な原因の究明は行われず，面倒な問題は常に先送りにされた。

# LESSON 07 待遇表現

## 1 待遇表現とは

　「召し上がりましたか」と「喰らいやがった」は，ともに「食べた」という意味を表しているが，話題の人物および聞き手に対する話し手の表現態度が大きく異なっている。このように，話し手の対人関係に関する意識を言語的に表現したものを待遇表現と呼ぶ。待遇表現のうち，敬意を込めたものが敬語であり，侮蔑を込めたものが罵倒語である。また，文法体系として整ったものを待遇法と呼ぶ。中級編の LESSON 4 で「敬語とその周辺」という形で簡単に触れておいたが，本書では待遇法について，「対者待遇法，主体待遇法，客体待遇法」の3つに分けて概観することにする。

　ところで，罵倒語に関しては日本語は非常に貧弱であり，相手の肉親を攻撃する表現にしても「お前の母ちゃんでべそ」ぐらいが関の山である。一方韓国語は，性的な表現も含めて罵倒語が非常に豊富である。本書では罵倒語に関して解説する余裕はないので，練習問題としていくつかを紹介しておくにとどめる。

## 2 韓国語の対者待遇法

　聞き手に対する話し手の敬意の程度を示す待遇表現を「対者待遇法」と呼ぶ。初級編の LESSON 1 で格式丁寧体[1]・略式丁寧体[2]・略式非丁寧体[3]・格式非丁寧体[4]について解説した。この中で格式丁寧体と略式丁寧体が従来「丁寧語」あるいは「です・ます体」と呼ばれてきたものであり，「対者待遇法」は丁寧語よりも広い概念を指すことが

分っていただけると思う。

　学習者の中には略式丁寧体しか使わない（あるいは使えない）人を稀に見受けるが，女性でも改まった席では格式丁寧体を用いるし，レポートで使う文体は格式丁寧体あるいは格式非丁寧体であり，略式丁寧体で書くのはまったく場違いである。

　ところで，日本語にも敬体と常体の区別が存在するので，日韓における対者待遇法の使い方は敬意の程度を区分する段階が多いか少ないかだけで，それ以外はまったく同じであると思っている学習者もいるようであるが，実際はかなり異なる。

　他人同士の会話においては，日本語は親しくなると丁寧語を用いなくなる傾向が強いのに対して韓国語は比較的後まで残ることが多い。ところが家族間では母親が子供に「痛くないでしょ？【発展作文1-3】」のように話し掛けるのに対して韓国語では母親が子供に「안 아프지요?」のように話し掛けることは考えられない。ありうるとすればテレビ番組で大人の司会者が子供の出演者に話しかける時ぐらいであろう。

　つまり，日本語では自分の子供に対して丁寧語を用いることがあるのに対して，韓国語では自分の子供に対しては丁寧語を用いないという点で大きく異なるという点を理解しておく必要がある。

　さらに，日本語では成人した子供が自分の父親に対して「明日から出張なんだって？」のように，友達に話しかけるのと同じ表現を用いることがあるのに対して，韓国語では，成人した子供が父親に対して丁寧語を用いないことはあり得ない点も知っておかねばならない。従って，用例1b)は友人に対する問いかけであれば正解であるが，自分の父親に対する問いかけとしては，文法的にはあり得ても，社会言語学的にはありえず，上級作文の解答としては誤りになる[5]。少なくとも高校生以上になっていれば，1c)のように言うことが要求される。

1) a. 明日から出張に行くの？

---

1) 합니다体，上称，最敬体などとも呼ばれる。
2) 해요体，略体上称，敬体などとも呼ばれる。
3) 해体，반말などとも呼ばれる。
4) 한다体，下称，ぞんざい体などとも呼ばれる。
5) まだ敬語を習得していない小さな子供が父親に対して丁寧語を使用しないことはありうるが，できるだけ早い段階で丁寧語を使えるようになることが奨励されているようである。

b. 내일부터 출장 가는 거야?
　　　c. 내일부터 출장 가세요?

## 3　韓国語の主体待遇法

　いわゆる「尊敬語」と呼ばれているものが主体待遇法であるが，この用語は多少紛らわしい。「主体」と言うと動作の行為者を指すように思えるので動詞にしか存在しないように誤解されてしまうが，形容詞に対してもありうるので，より正確には「文の主語」に対する話し手の敬意を示す待遇表現である。日本語で尊敬の助動詞と呼ばれる「れる，られる」に対応するものとして，韓国語は尊敬補助語幹 -시- がある。「れる，られる」が動詞にしかつかないのに対して-시- は形容詞や指定詞にも接続する点が重要である。

　なお，最近の若い人の中には，対者待遇法（丁寧語）と主体待遇法（尊敬語）を区別できない人がいるようなので，この区別があやふやな人は，中級編 pp.67-68 で確認しておいてもらいたい。

　対者待遇法と主体待遇法の違いが確認できたところで，日韓における主体待遇法の違いについて触れておこう。中級編 pp.66-67 で説明したように，日本語では目上の人物を話題にする場合「課長さんはどちらへいらっしゃったのかな」のように尊敬語を用いる反面，他人の前で自分の身内のことを話題にするのに尊敬語を用いると相手に対して失礼になるので，よそから掛かってきた電話の応対では 2a) 2b) のように言うのが正しいとされている。

2) a. 課長はただいま席を外しております。
　 b. 父はおりません。

　ところが韓国語では目上は常に目上として遇しなければならず，上のような場合でも 3a) や 3b) のように言わなければならない[6]。

---

6) 교수님を直訳して「教授様」と呼びかけられたことがあるが，非常に面はゆい思いがしたことを付け加えておく。

3) a. 과장님은 지금 자리에 안 계십니다.
   b. 아버님은 지금 집에 안 계세요.

　日本語のように相手によって敬語の用法を変える体系を相対敬語，韓国語のように敬語使用の有無が相手に関係なく一定している体系を絶対敬語と呼ぶ。ただし，最近の議論では，他の会社からかかってきた電話に対しては日本語式に4)のように言うべきであるという主張があることは知っておく方が良いだろう。

4) 과장은 지금 자리에 없습니다.

　さらに，韓国語では形容詞や指定詞にも尊敬補助語幹 －시－ が自由に接続するのに対して，日本語では尊敬の助動詞「れる，られる」が自由につかないので，工夫が必要である。5b)のように「お」を添えるか，6b)のように形容詞の後に動詞「いらっしゃる」を付け加えて表現することになる。なお，7)のように，主体待遇法の形が語彙的に入れ替わるものを交替形という。これについては初級編 pp.58-59 で解説したので，改めて述べない。各自で復習しておいていただきたい。

5) a. 따님이 예쁘시네요.
   b. お嬢さんお美しいですね。
6) a. 저분은 키가 크시다.
   b. あの方は背が高くていらっしゃる。
7) a. いる＝있다 → いらっしゃる＝계시다
   b. 死ぬ＝죽다 → お亡くなりになる＝돌아가시다

　ただし，日本語における以下の交替形は韓国語に対応する交替形を持たない。

8) a. 着る：お召しになる
   b. 知る：ご存じだ

# LESSON 07

　最後に，本書 LESSON 5 で解説した「依頼」の疑問形について述べておかねばならない。中級段階の学習者でも時折 9 a）や 10 a）の韓国語訳として 9 b）や 10 b）のような文を書く人を見かけることがある。

9) a. その本ちょっと見せて下さいますか？
   b. 그 책 좀 보여 주세요?
10) a. 3時までに来て下さいますか？
   b. 3시까지 와 주세요?

　これを書いた人の頭の中を想像してみると，日本語では「見せて下さい，来てください」の疑問形が「見せて下さいますか？，来てくださいますか？」だから，韓国語でも「見せて下さい，来てください」に対応する「보여 주세요，와 주세요」を疑問形にして「보여 주세요？，와 주세요？」と書けばよいのだと考えたものと思われる。

　しかしながら，韓国語では 9 b）や 10 b）は聞き手に対する依頼の意味にはならず，第三者が本を見せてくれるかどうかに関して聞き手に尋ねているという意味にしかならない。聞き手に対する依頼の文にしたければ，11），12）のように聞き手の意思を問う表現にしなければならない。

11) 그 책 좀 보여 주시겠어요?
12) 3시까지 와 주시겠어요?

　なお，初級編では「いらっしゃる」と「おいでになる」に関して日本語は多義的であることを述べておいたが，以下に再度提示しておく。

※いらっしゃる

> [名詞が] [場所に] いらっしゃる＝「いる，行く，来る」の尊敬語
> 1) 校長先生は昨日学校にいらっしゃいませんでした。
> 　解釈① 学校にいなかった　　教장 선생님은 어제 학교에 안 계셨습니다.
> 　解釈② 学校に行かなかった　교장 선생님은 어제 학교에 안 가셨습니다.

解釈③ 学校に来なかった　　　교장 선생님은 어제 학교에 안 오셨습니다.

[名詞]でいらっしゃる＝「だ」の尊敬語
2）この方は京都市長でいらっしゃいます。
　　이 분은 교토 시장님이십니다.

[場所から]いらっしゃる＝「来る」の尊敬語
3）どちらからいらっしゃいましたか。
　　어디서 오셨습니까?

※おいでになる

[名詞が][場所に]おいでになる＝「いる，行く，来る」の尊敬語
4）先生はいつ京都においでになりましたか。
　　解釈① 京都にいた　　　선생님은 언제 교토에 계셨습니까?
　　解釈② 京都に行った　　선생님은 언제 교토에 가셨습니까?
　　解釈③ 京都に来た　　　선생님은 언제 교토에 오셨습니까?

[場所から]おいでになる＝「来る」の尊敬語
5）どちらからおいでになりましたか。
　　어디서 오셨습니까?

## 4　韓国語の客体待遇法

　動作の向かう相手に対する話し手の敬意の程度を示す待遇表現を「客体待遇法」または「謙譲語」と呼ぶ。日本語では謙譲語が発達していて，「お〜する」を用いればほと

# LESSON 07

んどの他動詞を謙譲語にできるが，韓国語は数語の交替形以外には「〜して差し上げる」に相当する −아/어 드리다ぐらいしかなく，謙譲語を韓国語に訳すにはそれなりに工夫が必要である。以下に基本的な交替形を上げておくので，対応する日本語が何になるか考えてみて欲しい。

13)  a. 만나다　会う　　　→　뵙다 / 만나뵙다
　　 b. 찾아가다 訪問する　→　찾아뵙다
　　 c. 말하다　言う　　　→　말씀드리다 / 여쭈다 / 여쭙다
　　 d. 묻다　　問う　　　→　여쭈다 / 여쭙다
　　 e. 주다　　やる　　　→　드리다
　　 f. 데리다　連れる　　→　모시다

なお，日本語における以下の交替形は韓国語に対応する交替形を持たない。

14)  a. 行く：まいる
　　 b. する：いたす
　　 c. 見る：拝見する
　　 d. もらう：いただく・たまわる・ちょうだいする

従って日本語の客体待遇を韓国語では主語を変更することによって主体待遇に置き換えたり，あるいは客体待遇を省いてしまうといった工夫が必要である。

## 5　美化語

話し手が教養があり，上品な人間であることを示す言語使用を美化語と呼ぶ。「ご本，おビール，お片付け，食べる[7]」などがこれに該当する。美化語が上述の三体系，すなわち，対者待遇法・主体待遇法・客体待遇法と異なるのは，美化語には話し手の敬意が含まれていない点である。尊敬語が話し手自身に対して用いることができないのに対し

て，美化語は話し手自身に対しても使用できるのはこのためである。15)の「お片付け」が自分の動作に対して用いられていることは明らかであろう。

　なお，16a)における「お手紙」は尊敬語であるのに対して，16b)における「お手紙」は謙譲語である点に注意して頂きたい。韓国語でこれに相当する単語が말씀であるのは先刻ご承知のことと思う。

15) さあさあ一緒にお片付けしましょうね。
16) a. お手紙拝見いたしました。
　　 b. お手紙差し上げます。
17) a. 선생님 말씀을 들었어요?
　　 b. 先生のお言葉を聞きましたか。
18) a. 한마디 말씀 드리겠습니다.
　　 b. 一言申し上げます。

　日本語は文語的な表現をも含めて美化語が豊富にあるが，韓国語では「배가 고프다 腹が減った→시장하다[8] 空腹だ, 밥 飯→식사 食事, 술 酒→약주 お酒」などを除けば美化語はほとんど見受けられない。強いて言えば，漢字語が美化語の役目を担っていると考えることができるだろう。

---

7) 現代語では「食べる」を美化語だと考える人はほとんどいないと思うが，「食う」に対応する形式なので，ひとまず美化語としておく。
8) 実際には「시장하지 않으세요? お腹がおすきではいらっしゃいませんか?」のように対者待遇法を添えて使われるのが普通であるが，「말을 많이 해서 그런지 좀 시장합니다. 喋り過ぎたせいかちょっと空腹です。」のような表現も可能である。

# 間違いやすい表現 61～70

## ㊶ ～でよい

そのまま直訳したのでは意味が明確にならず，具体的な動詞を補う必要がある場合があるように思われる。

1) 今夜のパーティーはラフな服装でよい。
  a. 오늘밤 파티는 편한 복장으로 참석해도 괜찮다.
  b. 오늘밤 파티는 편한 복장이라도 괜찮다.
  c. *오늘밤 파티는 편한 복장으로 괜찮다.

## ㊷ 何から何まで

　日本語と韓国語は慣用句を作る際の発想においてもよく似ているので日本語をそのまま置き換えても通じるということがよくあるが，この場合の「何」を用いることはできない。韓国語では「1から10まで」に相当する表現を用いるので注意しなければならない。次に助詞の「から」に何を用いるかが問題になる。「京都から大阪まで」であれば場所の起点なので에서であるし，「2時から3時まで」であれば時の起点なので부터を用いるというのは初級段階の文法項目である。ところが，「この問題から先に処理しなければならない」という場合は順序の起点になるので이 문제부터となる。従って1が10に至るまでの場所の起点であると考えれば하나에서になるが，1から始めて10までと考えれば하나부터になりそうである。文法的にはどちらも正解であるが，Googleで検索してみると，하나부터 열까지の方が遥かに多かったことを報告しておく。

## ㊸ 発車3分前です

　「발차 発車」という単語は使わない。「출발 出発」を用いる。3분 전입니다で通じるが，場合によっては以下のような表現をする方がよいこともある。

2) 3분 후에 출발합니다.
3) 3분이면 출발합니다.
4) 출발까지 3분 남았습니다.

### ㉔ むき出しのままで失礼ですが

「肩までむき出しの服」は어깨까지 노출된 / 드러낸 옷,「敵意をむき出しにする」は, 적의를 노골적으로 드러내다でよいだろう。それでは「むき出しのままで失礼ですが」はどのように言えばよいだろうか。

本来ならば封筒に入れたり半紙に包んだりして見えないようにして出すべきお金を何にも包まずに渡すときに用いる表現であるから,「봉투에도 안 넣어서 실례가 되지만 / 안 싸서 드려서 예의에 어긋납니다만」などと言えばよいだろう。

### ㉕ 落成（漢字語について）【発展 7-4】

中級編の LESSON 6 で漢字語について取り上げたが, そこでは日韓でずれるものを中心に解説した。ここではもう少し踏み込んで, 韓国でも日本と同じ漢字語が辞書に記載されているが, より頻度の高い漢字語が別にある場合をいくつか取り上げてみる。

| 落成 | 낙성 | → | 竣工 | 준공 |
| 容疑 | 용의 | → | 嫌疑 | 혐의 |
| 囚人 | 수인 | → | 罪囚 | 죄수 |
| 鑑賞眼 | 감상안 | → | 審美眼 | 심미안 |
| 転校 | 전교 | → | 転学 | 전학 |
| 近隣 | 근린 | → | 隣近 | 인근 |
| 全快 | 전쾌 | → | 完快 | 완쾌 |
| 罹災者 | 이재자 | → | 罹災民 | 이재민 |
| 夕日 | 석일 | → | 夕陽 | 석양 |
| 遺族 | 유족 | → | 遺家族 | 유가족 |

### ㉖ いたしますので（謙譲の表現）【発展 7-4, 7-5, 7-6】

通常の教材では謙譲の表現として드리다や뵙다など, いくつかの語彙を学ぶ程度であろう。ここではもう少し体系的に使える形を紹介しておく。

# 間違いやすい表現 61〜70

5) 〜いたしますので
   母音＋오니(하오니), 子音＋사오니(있사오니)
6) 〜いたしまして
   母音＋옵고(하옵고), 子音＋자옵고(받자옵고)

## ㉗ お電話ありがとうございます 【発展 7-6】

　日本語では「お」を付けて名詞を敬語化することが多いが，韓国語にはそのような形式が少ないので動詞の敬語形を付け加えるという工夫が必要である。

7) お電話ありがとうございます。
   전화 주셔서 고맙습니다.
8) お見舞いありがとうございます。
   문병을 와 주셔서 고맙습니다.

## ㉘ 諸事ご多忙の 【発展 7-10】

　「お」と同様に「ご」も名詞を敬語化する。「諸事」は「諸般事 (제반사) の縮約形」として제사が辞書に載ってはいるが，実際には여러 가지로が使われる。
　「ご多忙の」は漢字語の다망하신よりも固有語の바쁘신の方が頻度は高い。

## ㉙ 失礼かと存じ 【発展 7-10】

　「存じる」は「存ずる」が一段活用化したものであり，「知る，思う」の謙譲語である。韓国語にはこれに相当する謙譲語が無いので，실례가 될 것 같아あるいは실례가 될까 봐程度に書いておけばよいだろう。ちなみに，尊敬語としての「ごぞんじ」は「ご存知」と書き分けられることがあるようである。

9) あの方をご存知でいらっしゃいますか。
   저 분 아시겠어요 / 아세요?

## ⑦⓪ わかりました

　日本語は過去形でしか用いないが，韓国語は알았습니다と알겠습니다の2通りの表現がある。알았습니다は「わかりました」ではあるが，「もう分ったよ（くどいね）」というニュアンスにまで発展し，失礼なニュアンスを帯びることがあるので指導する際には気をつける必要がある。これに対して알겠습니다は「かしこまりました，承知しました」に相当する丁寧な表現である。

## 基本作文 7

1. お取り込み中のところお手間を取らせまして誠に申し訳ございませんが，アンケートにご記入の上，お帰りの際に係りの者にお渡しくださいませ。

2. 道がぬかるんでおりますことよ。おみ足お気をつけあそばせ。お召し物が汚れますわよ。

3. 恐れ入りますが班長の皆様方には，明後日の夕刻5時に公民館にご参集くださいますよう，ご案内申し上げます。

4. A：このケーキうまいよ。
   B：本当？　どれどれ。

5. ちくしょう！なんてこった。ちょっと目を離している隙に誰かがカバンを持っていきやがった。

6. お口に合うかどうかわかりませんが，一度召し上がってみてください。

7. 看護師は診察を終えて帰る患者に「どうぞお大事に」と言った。

8. 拝啓。酷暑のみぎり，ご家族の皆様にはご健勝のこととお喜び申し上げます。

9. 4月1日現在で前年度の会費未納の方は申し合わせにより退会扱いとさせていただきますので悪しからずご了承ください。

10. A：今学期のレポートは30枚書けだって。
    B：マジー？　それやばいよ。
    A：山田が先生の前でうっかり口を滑らせたら，やる気がないんなら大学なんかやめちまえ，だってさ。

## 発展作文 7

1. 拝啓，このたびは新築祝いとして思いがけなくも，この上もなく珍しい品物をご恵贈賜り，家族一同になり代わりまして厚く御礼申し上げます。

2. 腐っても国立大学でございと殿様商売をしていられた古きよき時代は過ぎ去り，教師自らが高校巡りをして入学志願者を募集しなければならない時代になった。

3. 暮れなずむ街角に一人たたずみ来しかたを振り返っていると，引っ込み思案だった私を陰に陽に励ましてくださった中学時代の恩師に無性に会いたくなってきた。

4. 此の度弊社におきましては新社屋が完成いたしました。つきましては左記の通り落成式を挙行いたしますので万障お繰り合わせの上御来駕賜りますよう，ご案内申し上げます。

5. A：時分どきまでお引止めいたしまして申し訳ございません。ほんのお口汚しですがお気に召しますかどうか。
   B：いやあ，お味も結構ですが，器の形がいわく言い難い味わいを出していますね。いい目の保養をさせていただきました。

6. お手紙拝見いたしました。仰せのとおり入社式には私が参って新入社員にたいする説明をいたしますので，この件に関しましてはご放念ください。

7. いずれ所轄の署から担当の刑事が出向いて来ますが，事ここに至っては洗いざらいお話になる方が身のためだと思いますよ。

8. もうすぐお客さんがいらっしゃるって言うのに，こんなとこに食べかけのサンドイッチを置いといちゃダメじゃないの。

9. 中坊がでかい面してんじゃねえよ。怪我しないうちにとっとと消えな。

10. 拝復。拙稿に対して高い評価を賜り，光栄の至りでございます。直接お目にかかってご挨拶申し上げるべきところではございますが，諸事ご多忙の先生に貴重なお時間をお割きくださるようお願いするのは却って失礼かと存じ，取り急ぎ書面にてお礼申し上げます。敬具。柳相燮拝上。心岳先生机下。

# LESSON 08 慣用句・接続形式の違い

## 1 慣用句

### （1）慣用句とは

　表現Aが，B，C，Dという3つの要素から構成されているとき，表現Aの意味がB＋C＋Dから直ちに導かれない場合，表現Aを慣用句であると呼ぶことにする。例えば，「手を焼く」という表現の意味をその構成要素から直接導くと，ほぼ「体の一部で主として物をつかむのに使用される部位を火に直接当てることによって熱を加え変化させる」というような意味になろうと思われるが，そのような行為を実際に行なうことは想定しにくく，日常的には「取り扱いに困る」という意味を表わしていると考えられる。漢字漢文ではなくハングルを用いて韓国語を表現することが模索され始めた開化期に，韓国の文学者が文章語を確立していく上で，日本に留学した人々を始めとして，日本語の表現法を自国語に取り入れていったことは想像に難くない。もちろん，故事成語に基づく慣用句や，日韓双方で同じ発想に基づく慣用句が発生した可能性を否定することはできないので，日韓で似ている慣用句のすべてが日本から韓国に伝わったものだということはできない。

　以下では，慣用句・諺・故事成語に関して，ほぼ同じ表現，微妙にずれる表現，相当異なる表現の順にごく簡単に紹介する。

### （2）ほぼ同じ表現

　1）男の見る目と女の見る目は多少違います。
　　　＝남자가 보는 눈과 여자가 보는 눈은 다소 달라요.

2）気に入りさえすればどんなに高くても買います。
　　＝마음에 들기만 하면 아무리 비싸도 사겠습니다.

### （3）微妙にずれる表現

3）あの人は顔が広い。
　　＝저 사람은 발이 넓다.（lit. 足が広い）

4）知らぬが仏。
　　＝모르는 게 약이다.（lit. 知らないのが薬だ）

5）社長のメガネにかなう人は多くありません。
　　＝사장님 눈에 차는 사람은 많지 않습니다.（lit. 目に満ちる）

### （4）相当異なる表現

6）喉から手が出るほどだ。
　　＝마음이 굴뚝 같다.（lit. 気持ちが煙突のようだ）

7）とぼけるなよ。
　　＝시치미를 떼지 마.（lit. 認識票を取り外す）

## 2　接続形式とは

　日本語と韓国語は共に膠着言語であり，形態素が次々と繋がっていくことによって文を構成する。しかも日本語と韓国語の語順はほぼ等しく，「瞬く間に＝눈 깜짝할 사이에」「苦笑いをする＝쓴웃음을 짓다」「腕は錆びていない＝실력이 녹슬지 않다」，などの比喩的な言い回しについても非常によく似ている。従って，文字と発音の導入段階で散々苦労した韓国語学習者を励まし，次の段階に負担を感じさせずに移行させるためにも，「文の先頭から単語をひとつずつ，日本語の順序のままで，しかも英語で悩まさ

れた関係代名詞や時制の一致のような面倒なことは意識せずに，体言＋助詞，用言連体形＋体言という構造を維持したまま置き換えていけばよい」という指導法を採用することが多く，また入門段階ではそのような指導法が有効に作用していることも事実である。

　ところが韓国語の学習が進むに連れて，上記の単純な図式が却って学習者を混乱させる要因として働くことがある。たとえば，「到着し次第」と「도착하는 대로」のように，一方が「連用形＋体言」を用いるところを他方では「連体形＋体言」を用いるというように，形態素の結合部分で互いに異なる文法要素を用いる場合があり，中級以上の学習者でも間違いを犯すことがしばしば見受けられる。

　本課では，連体形・連用形・助詞・助動詞・語尾といった形態素の結合部分に現れたさまざまな文法要素を**接続形式**と総称し，接続形式において日本語と韓国語で異なる文法要素が現れる構文を中心に，日本語と韓国語の異同について解説する。

## （1）連用形との対応

　日本語で連用形を用いるところを，韓国語では①連体形，②名詞化語尾，③「名詞化語尾＋助詞」という形式を用いる場合がある。このような対応関係を示すものは比較的種類が多いので，十分注意して作文しなければならない。なお，以下では，「連用形＋て」の形式に対応するものもこれに含めて考察することにする。

① 連用形＋名詞　＝　連体形＋名詞
　「〜し次第　　＝　現在連体形 대로」
　「〜して以来　＝　過去連体形 지 / 이래 / 이후」

　文法項目として学習する表現ではあるものの，名詞に先行する用言の接続形式が異なるために，韓国語を学んでいる日本語母語話者のみならず，韓国語母語話者も日本語を使用する際に間違うことが多い。特に「〜し次第」という表現は滞日経験が10年程度の韓国語母語話者でも間違うことが多いように思う。

　8）a.　*着く次第お電話いたします。

慣用句・接続形式の違い

　　　b. 도착하는 대로 전화 드리겠습니다.
9) a. 着き次第お電話いたします。
　　　b. *{도착해서 / 도착하고} {차츰 / 순서} 전화 드리겠습니다.
10) a. 日本にいらして以来何年におなりですか。
　　　b. 일본에 오신 지 몇 년이 되셨습니까?
　　　c. *일본에 오셔서 / 오시고 이래 몇 년이 되십니까?

② 連用形＋用言
　（ⅰ）難易表現 ＝ 用言語幹＋名詞化語尾＋用言
　　　「連用形＋やすい ＝ ～기 쉽다 / 편하다」
　　　「連用形＋にくい ＝ ～기 어렵다 / 힘들다」
　（ⅱ）開始 ＝ 用言語幹＋名詞化語尾＋用言
　　　「連用形＋はじめる ＝ ～기 시작하다」
　（ⅲ）変化 ＝ 用言語幹＋補助用言
　　　「形容詞連用形＋なる ＝ 連用形＋지다 / 게 되다」

　難易表現は一般に拡張形式として紹介され，学習者もそのままの形式で暗記するので，誤用例はほとんど見られない。「～しはじめる」に関しても難易表現と同様に拡張形式として紹介され，学習者もそのままの形式で暗記するので，誤用例はほとんど見られない。ただし，「～くなる」は比較的誤用例が多い。

11) a. 今では昔の姿を探し出すのは難しい。
　　　b. ?이제는 옛 모습을 찾아보는 것은 어렵다. → 찾아보기 어렵다.
12) a. 家事をすることが多くなりました。
　　　b. *집안일을 하는 일이 많아 됐습니다. → 많아졌습니다.
13) a. 次第に不安な気持ちが大きくなりました。
　　　b. ?점점 불안한 마음이 크게 되었습니다. → 커졌습니다.

117

③ 連用形＋助詞

「〜してから ＝ 〜고 나서 / 면서부터」

「〜して」の対応形に「から」を付ける間違いが多い。

14) a. サイクリングを大学に入ってから始めた。
　　 b. *사이클링을 대학에 들어가고부터 시작했다.
　　　　→ 들어가고 나서 / 들어가면서부터

④ 形容動詞連用形

「〜に ＝ 〜롭게 / 로이」

これは日本語と韓国語とで異なる接続形式が対応するものを考察するという本課の趣旨とはややずれるが，韓国語学習者が日本語の形容動詞語幹を名詞と誤解したために見かけ上異なる接続形式として現れるものである。形容動詞に関する活用の誤りは最近の日本語母語話者（特に若年層）によく見られる現象である。

15) a. 赤字の部分は応募者が自由に変更することができる。
　　 b. *빨간 글씨로 표시한 부분은 응모자가 자유로 바꿀 수 있다.
　　　　→ 자유롭게 / 자유로이

## （2） 連体形との対応

日本語で連体形を用いるところを韓国語では名詞化語尾を用いる場合がある。日本語において「連体形＋形式名詞」を取る場合，韓国語でも同様の構文を取るという並行例が多いので，接続形式にずれが生じると間違いの頻度が一層高くなるといえる。

「〜するために（目的） ＝ －기 위해(서)」
「〜するために（理由） ＝ －기 때문에」

「〜する前に ＝ －기 전에」

「〜する手前 / 直前 ＝ －기 직전」

「〜することで / することによって ＝ －(으)ㅁ로써」

「〜することになる ＝ －게 되다」

　この構文は日本語と韓国語とで接続形式がずれるので教師および学生の両者ともに間違いやすいという意識が働くために，以下のような典型的な例ではむしろｂのような間違いは稀である。

16) a. 成功するために全力を尽くした。
    b. *성공할 / 성공하는 위해 전력을 다하였다. → 성공하기 위해(서)
17) a. 雨が降ったために試合が延期された。
    b. *비가 온 때문에 시합이 연기되었다. → 왔기 때문에
18) a. 提出する前にもう一度確認してください。
    b. *제출할 / 제출하는 전에 다시 확인하십시다. → 제출하기 전에

　ところが課題作文のような自分で自由に文章を綴るような場合には，以下に示すような間違いが多く見受けられる。

19) a. 演劇は結局中止することになった。
    b. *연극 상연은 결국 그만두는 일이 되었다. → 취소되었다.
20) a. 2018年秋に我々は金婚式を祝うことになった。
    b. *2018년 가을에 우리는 금혼식을 축하할 것이 되었다. → 축하하게 되었다.
21) a. この橋を渡ることで災害がなくなるそうだ。
    b. *이 다리를 건너는 것으로 재해가 없어진다고 한다. → 건넘으로써

## （3）用言の基本形＋助詞

　韓国語は時として人工的に作られた言語のような感じを受けるほど文法の原則に忠実

119

である。たとえば，用言に助詞が続くときは必ず用言を名詞形にしなければならず，語幹に助詞が直接つくことはありえない。ところが日本語では動詞の基本形に助詞が接続する例が多数存在し，22) c, d のような誤用が後を絶たない。日本語の研究者ですら 23) のような誤りを犯すほどである。

22) a. 彼女は卒業すると同時に結婚した。
　　b. 그녀는 {졸업과 동시에 / 졸업하자마자} 결혼했다.
　　c. *그녀는 졸업하다와 동시에 결혼했다.
　　d. *그녀는 졸업한다고 동시에 결혼했다.
23) * 韓国語には助詞に敬語形が存在する点，そして同じ機能と意味を<u>表わすのにもかかわらず</u>，前に来る語によって助詞の形態が異なる点に気をつけなければならない。→「表わすにもかかわらず」が自然な表現

以下では出現頻度の高いものを用例と共に挙げておく。

**～するには（目的・場合・譲歩）**
（ⅰ）動詞語幹＋기에는
（ⅱ）動詞語幹＋는 데는
（ⅲ）動詞語幹＋기 위해서는
（ⅳ）動詞語幹＋(으)려면
（ⅴ）用言語幹＋기는＋～지만

24) いいアイデアに思えたが，<u>実行するには</u>，難があった。
　　좋은 아이디어였으나 <u>실행하기에는</u> 어려움이 있었다.
25) 可笑しな言い方だが，自分の位置が京都駅から少しずつ遠ざかり移動してゆくという，この信じられぬ思いを<u>保証するには</u>，そうとしか言いようがない。
　　우스운 표현이지만 자기의 위치가 교토 역으로부터 조금씩 멀어져 가고 있다고 하는 이 믿을 수 없는 생각을 <u>보증하는 데는</u> 그렇게밖에 표현할 길이 없다.
26) 「若くして作家に<u>なるには</u>，感性ということが大切なんです」

"젊어서 작가가 되기 위해서는 감성이라고 하는 것이 중요합니다."

27) クラス担任の話では，ある程度おぼえこませるには，その程度の持続が必要，ということであった。

담임 선생님 말로는 어느 정도 외우게 하려면 그 정도의 지속성이 필요하다는 것이었다.

28) それ以外の作家の本もあるにはあったが，今の徳永にはそれらの作家の名はほとんど眼にとびこんでこない。

그 이외의 작가의 책도 있기는 있었지만, 지금 도쿠나가에게는 그들 작가의 이름은 거의 눈에 들어오지 않았다.

# 間違いやすい表現 71 ～ 80

### ㉛ 蓼食う虫も好き好き 【基本 8-4】

蓼（たで）というのは苦い葉っぱらしく，そんな苦いものでも好んで食べる虫がいるように，人の好みは様々だという意味で用いられる。英語では There is no accounting for tastes（趣味は説明できない）に相当する。韓国の諺としては 십인십색（十人十色），제 눈에 안경（自分の目にメガネ），갓 쓰고 박치기해도 제 멋（笠をかぶって頭突きをしても自分の好み），도포를 입고 논을 갈아도 제 멋（礼服を着て田を耕しても自分の勝手）などがあるが，あまりピンとこない。별의별 사람이 있다（変わった人もいるものだ）や 사람의 취향이 제각각（人の好みはそれぞれ）などの説明的な表現の方が分かりやすい。

### ㉜ 友人にも会う 【基本 8-1】

「～にもなる」については【基本作文 8-1】で解説したが，それと同じことが「友人にも会う」にあてはまる。日本語の与格「に」が韓国語の対格「를／을」に対応する「会う 만나다」のような場合にも対応関係がずれる。

1) 先週末に田舎に行って両親にも会い，友人にも会った。
    a. 지난 주말에 고향에 가서 부모님도 만나고 친구들도 만났다.
    b. *지난 주말에 고향에 가서 부모님에게도 만나고 친구들에게도 만났다.

### ㉝ ～せずに，～しないで 【基本 8-7】

本書の読者であれば「～せずに，～しないで」は後に依頼・命令・勧誘が続けば「動詞語幹＋지 말고」あるいは「動作性名詞 말고」であることは先刻ご承知のことと思う。

2) そんなことおっしゃらずにもう少しゆっくりなさってください。
    그러지 마시고 조금만 더 노시다 / 계시다 가세요.
3) つべこべ言わずにさっさと片付けろ。
    잔말 / 두말 말고 빨리 치워라.

ところが話し言葉では，形容詞から派生した動詞が特殊な形態をとることは案外知られていないようである。

4） わからないことがあれば遠慮せずになんでも聞きなさい。

모르는 게 있으면 어려워 말고 뭐든지 물어 봐.

5） 受かったからって有頂天にならないでお母さんの仕事を手伝わなくちゃ。

붙었다고 너무 기뻐만 / 좋아만 말고 엄마 일을 도와 드려야지.

もちろん어려워하지 말고, 기뻐하지만 말고が正式の形であり，それと並行して上記の形式も存在するのである。

## 74 李下に冠を正さず 【発展8-3】

日本語は漢籍に基づく故事成語を読む場合に日本語の語順に変換して読むのが一般的であるが，韓国語では分かりやすくするために間に助詞や語尾を挟むことはあっても，そのままの語順で読む。いくつかの故事成語を紹介しておく。

6） 李下に冠を正さず　　　　이하부정관 (李下不整冠)
7） 百聞は一見にしかず　　　백문이 불여일견 (百聞不如一見)
8） 禍いを転じて福となす　　전화위복 (転禍為福)
9） 人事を尽くして天命を待つ　진인사대천명 (尽人事待天命)

## 75 ～だけに 【発展8-1】

中級編【表現31】で「～だけだ，～だけを」について解説したが，ここでは「～だけに」について述べておく。これには（i）2つの助詞が続いたものと，（ii）文語的な理由の表現，の2通りの意味がある。

10） お前だけに教えてやろう。

너한테만 가르쳐 줄게. (日本語と語順が逆になる点に注意)

11） 専門家だけに何でもよく知っている。

전문가인 만큼 뭐든지 잘 알고 있다.

12） 経験を多く積んだだけに処置が的確だ。

경험을 많이 쌓았으니만큼 처치가 / 대처가 빈틈없다.

# 間違いやすい表現 71～80

## 76 にも行く 【発展 8-1】

「～に行く」という表現に関して，「～」の部分が場所名詞か動作性名詞かによって「に」に相当する助詞が異なることは既に中級編で述べた。これにさらに「も」が加わると，韓国語では '를도 / 도를' という助詞の連続が許されないので以下のようになる。

13) 場所名詞＋에도 가다
    出張に行くついでに実家にも行くつもりなんだ
    출장 가는 김에 본가에도 / 고향집에도 갈 생각이야.

14) 動作性名詞＋도 가다
    出張に行くついでに墓参りにも行くつもりなんだ
    출장 가는 김에 성묘도 갈 생각이야.

※「リンゴを食べる」は 사과를 먹는다であるが，「リンゴをも食べる」は助詞「를 を」を落として a のように表現しなければならず，b や c のように言うことはできない。
　　{ a. 사과도 / b. *사과를도 / c. *사과도를 } 먹는다.


## 77 動作性名詞＋に加えて 【発展 8-2】

動作性名詞を動詞の連体形に変えて「데다가」を付け加えるとよい。데は依存名詞の「ところ・の」であり，다가は助詞の「に」である。その前にさらに「名詞の」がある場合は，「名詞が」に置き換える必要がある。

15) 人口の減少に加えて。
    인구가 준 / 감소한 데다가


## 78 急拡大する 【発展 8-2】

「急停車する 급정거하다，急上昇する 급상승하다」のように，韓国語でも用いられる漢字語の場合はそのまま置き換えればよいが，「急拡大」のように辞書にない漢字語の場合は「急速に拡大する」のように「程度の副詞＋動詞」に置き換える必要がある。

### ⑦⑨ 嫌な顔をする 【基本 8-6】

【基本作文 8-6】で「嫌味を言う 싫은 소리를 하다」が日本語から入った表現だと述べたが,「嫌な顔をする 싫은 얼굴을 하다」も日本語から入った表現であり,年配の人は「嫌な表情を作る 싫은 표정을 짓다」を使うべきだと主張する。ただし,現在では完全に定着しているようで,韓国人留学生に質問しても全く違和感がないそうである。

### ⑧⓪ 言わずもがな 【発展 8-4】

【発展作文 8-4】の解説で述べるように,「もがな」は古語が化石的に残ったもので,名詞・形容詞・否定の助動詞に付く希望の助詞である。

16) 言わずもがなの言葉（言わないでほしい言葉）안 했으면 하는 말
17) あらずもがなの手出し（ないことを望む手出し）안 했으면 싶은 참견

## 基本作文 8

1. 部長にもなれるかどうか分からないのに，社長なんて逆立ちしたって無理だよ。
   _____

2. いくらカーナビが良くできているといっても，方向音痴のわたしにとっては宝の持ち腐れだわ。
   _____

3. 老後に向けて少し足腰を鍛えておこうと思っていたところ，家の近所におあつらえ向きのスポーツセンターができた。
   _____

4. 「蓼食う虫も好き好き」って言うけれど，あの服装はちょっといただけないな。
   _____

5. よほど気がせいているらしく，部屋に入ってくるなり挨拶もそこそこにA氏に関して根掘り葉掘り尋ね始めた。
   _____

6. たまにはうがったことも言うんだが，一言嫌味を言わないと気がすまないのがミヒョン(미현)の悪い癖だ。
   _____

7. そんな世迷いごとを並べ立ててないで，さっさと自分の割り当てをこなしていかないと置いてきぼりを食らうよ。
   _____

8. ヨンス(연수)の食欲には恐れ入るよ。皿に大盛りの焼きソバをあっという間にぺろりと平らげてしまった。
   _____

9. 私はあなたの死水を取って見送ってからでないと死ねないわ。
   _____

10. いつもは縦の物を横にもしないのに，母親が病気になると甲斐甲斐しく家事をやりだした。
    _____

## 発展作文 8

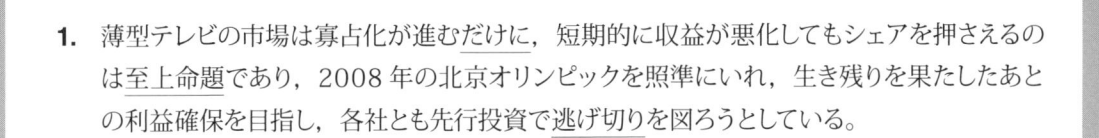

1. 薄型テレビの市場は寡占化が進むだけに，短期的に収益が悪化してもシェアを押さえるのは至上命題であり，2008年の北京オリンピックを照準にいれ，生き残りを果たしたあとの利益確保を目指し，各社とも先行投資で逃げ切りを図ろうとしている。

2. 健康志向の高まりに加えてBSE（海綿状脳症）や鳥インフルエンザの発生など，食肉に対する不安が出てきているために欧米でも魚の需要が急拡大している。

3. 今回の贈収賄疑惑に対してある検察首脳は，「数十年前ならいざ知らず企業コンプライアンスが叫ばれている今日では『李下に冠を正さず』ということに尽きる」と不快感をあらわにした。

4. 特殊法人時代には官僚体質がはびこり，技術水準は高いものの価格が高くて売れず，出さずもがなの赤字を垂れ流すという惨憺たる状況が続いた。

5. 大相撲名古屋場所3日目は，座布団が乱れ飛ぶ番狂わせが相次いだ。

6. 筋金入りの保護貿易主義者の引退によって，割高な国内製品を無理に使い続ける必要がなくなり，会社の発展にとって大きな転機が訪れた。

7. 「勝って兜の緒を締めよ」という諺のとおり，少々の成功に有頂天にならず，気持ちを引き締めよう。

8. この先自分で家を建てる甲斐性もないし，定年を機に実家に帰りたいのは山々なんだけど，家内が両親と折り合いが悪いもんだから，なかなか言い出せないでいるんだ。

9. 調理場から漂ってくる美味しそうな匂いに思わず生唾を飲み込んだ。

10. 綿のように疲れた体を引きずるようにして家にたどり着いた途端，靴も脱がずに上り框（あがりかまち）で寝てしまった。

# LESSON 09 하고と해서

## 1 問題の所在

　文と文が結合する際には，逆接（〜するが，-지만）・仮定（〜すれば，-면）・並行動作（〜しながら，-면서）などさまざまな関係が成立し，それぞれの関係に応じて適切な接続形式が日本語と韓国語の間にほぼ並行する形で存在する[1]。

　ところが順接でつながる場合は日本語が「〜して」しかないのに対して韓国語には「-고，-아서/어서，-며，-다가」など何通りかの形式が存在する。このために日本語母語話者は上級者ですら作文に際して接続形式の選択を誤ることがときおり見受けられるほどである。

　この課では日本語母語話者が特に間違いやすい -고と-아서/어서[2] の使い分けについて解説する。

　説明を分かりやすくするために，2つの用言をつないでできた文を「用言1＋用言2」という構造で示すことにしよう。

1) 映画を見て本も読んだ。
　　　　↓　　　↓
　　　【用言1】【用言2】

　韓国語でも同様に，以下のように示すことができる。

---

[1] もちろん一対一の対応関係が常に成立するとは限らないことは，本書で繰り返し指摘してきた通りである。
[2] 以下では하다を使って하고と해서と書き，日本語の対応形を「〜して」と書くことにする。

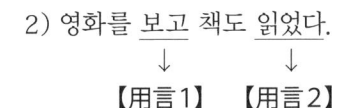

2) 영화를 보고 책도 읽었다.
　　　　　↓　　　　↓
　　　　【用言1】【用言2】

　「用言1＋用言2」の構造の文において，用言1の位置に現れる日本語の「～して」が表す主要な意味を分類してみると，次のように整理することができる。

　　①掃除をして夕飯の支度を始めた。（先行）
　　②昨日は友達と映画を見て食事もした。（並列）
　　③予想以上に客が沢山来て料理が足りなくなった。（原因）
　　④写真を撮って証拠を残した。（手段・方法）
　　⑤図書館に行って勉強した。（準備動作）
　　⑥大型書店では床に座って本を読む人がいる。（様態）
　　⑦映画を見て泣いた。（結果）
　　⑧投票所に行かずにインターネットで投票をする。（意図的除外）

　これらの文における「～して」の意味に関して，もう少し詳しく考察してみることにしよう。

　①**先行**：「掃除をする」動作が「夕飯の支度を始める」動作より先に行われたことを表している。時間的な前後関係を表しているだけで，両者に論理的な因果関係は存在しない。「掃除をしてから，掃除をした後に」と言い換えることができる。
　②**並列**：①と違って，「映画を見る」動作と「食事をする」動作のうち，どちらを先に行なったかについては何も述べていない。単に，動作を二つ行なったことを表しているだけである。①の「して」の前後を入れ替えて「夕飯の支度を始めて掃除をした」と言うと動作の順序が逆になるのに対して，②では「して」の前後を入れ替えて「友達と食事をして映画も見た」といっても全体の内容は変わらない。前後を入れ替えても意味が変わらないのはこれだけである。

③**原因**：「たくさん来る」ことが「料理が足りない」ことの原因となっている。「たくさん来たので」と言い換えることができる。

④**手段・方法**：「写真を撮る」動作は「証拠を残す」動作より先に行われているだけではなく，証拠を残すための手段・方法でもある。「写真を撮ることによって」と言い換えることができる。

⑤**準備動作**：「図書館に行く」動作は「勉強する」動作より先に行われているだけではなく，勉強するための準備動作でもある。つまり，図書館に行ってそこで勉強するわけである。「図書館に行ってから勉強した」と言い換えると，「図書館から帰って家で勉強した」という元の文とは異なるニュアンスが生じる点で①と区別できる。

⑥**様態**：座った状態で次の動作「本を読む」を行なうことを表している。「座ったまま，座りながら，座った状態で」などと言い換えることができる。

⑦**結果**：「映画を見た」ことに影響されて，結果的に「泣いた」ことを表している。③の原因が客観的であるのに対して，同じ映画を見ても泣かない人もいることから，⑦は主観的であるということができる。③とは異なり，「映画を見たので泣いた」と言い換えることはできない。

⑧**意図的除外**：通常は投票所に行って投票をするのだが，意図的に「投票所に行かないで」投票したことを表している。

## 2 使い分けの基準

### (1) 先行を示す「して」：하고を用いる

하고 나서 (してから)，한 뒤 (した後) などに言い換えが可能である。

3) 밥을 먹고 나갔다.

　　ご飯を食べて出かけた。

4) 열쇠 좀 맡기고 올게요.

　　鍵をちょっと預けてきます。

5) 오래 생각하고 말을 꺼내는 자 특유의 가라앉은 목소리였다.
   長く考えてから話し始める者特有の落ち着いた声だった。

## (2) 並列を示す「して」：하고を用いる

6) 문예영화란 희곡인 경우도 있고 간혹 시나 수필인 경우도 있다.
   文芸映画とは戯曲の場合もあるし，時には詩や随筆の場合もある。
7) 감자에 많이 들어 있는 비타민C는 암세포의 증식을 둔하게 하고 발암물질의 발생도 억제한다고 한다.
   ジャガイモにたくさん含まれているビタミンCはガン細胞の増殖を鈍らせ，発ガン物質の発生も抑制するそうだ。

## (3) 原因・理由を示す「して」：해서を用いる

「理由」は「原因」よりも主観的であるが，ここでは両者を特に区別せずに解説する。用言1の特徴としては，(ⅰ) 話し手の意志により制御できない動作であることが多い，(ⅱ) 形容詞・存在詞・指定詞であることが多い[3]，という点を挙げることができる。なお，過去の出来事であっても해서を用いる点に注意すること。さらに補足すると，形容詞，存在詞，指定詞の해서の形は必ず原因・理由を示すと言える。

8) 눈이 많이 내려서[4] 교통이 두절됐다.
   雪がたくさん降って交通がマヒした。(降ったので)
9) 어머니가 빨리 돌아오셔서 아주 기뻤다.
   母が早く帰って来てとても嬉しかった。(帰って来たので)

---

[3] 用例8, 9にように動詞が現れることもある。
[4] 英語の時制の一致現象，あるいは日本語の「降ったので」に影響されて，내렸어서と書いてしまう学習者をたまに見かけるが，文法的に誤った形式なので注意されたい。

# LESSON 09

   10) 머리가 아파서 못 일어났다.
      頭が痛くて起きられなかった。(痛いので)

   11) 시간이 없어서 그냥 돌아왔다.
      時間がなくて，そのまま帰ってきた。(ないので)

   12) 답장이 오지 않아서 매우 슬펐다.
      返事が来なくて，とても悲しかった。(来ないので)

   13) "격렬한 키스 신이 아니라서 아쉬웠다."며 너스레를 떨었다.
      「激しいキスシーンでなくて残念だった」と冗談めかして言った。

## (4) 手段・方法：해서を用いる

   14) 불에 태워서 섬유를 식별한다. (燃やすことによって)
      火で燃やして繊維を識別する。

   15) 열심히 공부해서 합격했다. (勉強することによって)
      一生懸命勉強して合格した。

   16) 사람을 때려서 짐을 빼앗았다. (殴ることによって)
      人を殴って荷物を奪った。

## (5) 準備動作：해서を用いる

用言1の特徴としては，(i) 具体的な動作を示す動作動詞，特に가다, 오다などの移動動詞であることが多い，という点を挙げることができる。

   17) 가까운 박물관에 가서 석기시대의 유물을 살펴보거나, 석기의 그림이나 사진을 모아 보자.
      近くの博物館に行って石器時代の遺物を調べたり，石器の絵や写真を集めてみよう。

さらに，用言1と用言2が共通の目的語を持つ他動詞である場合も準備動作になる。

18) 편지를 써서 보냈다.
　　　手紙を書いて送った。(手紙を書く・手紙を送る)
19) 밥을 국에 말아서 먹는다.
　　　ご飯をスープに混ぜて食べる。(ご飯を混ぜる・ご飯を食べる)

準備動作では必ず해서を用いるのだが，間違って하고を用いると，意味が異なってしまうので注意が必要である。

20) 샌드위치에서 오이를 { a. 빼서 / b. 빼고 } 먹었다.
　　　サンドイッチからキュウリを抜き出して食べた。

日本語訳を見ただけでは両者の違いが現れないが，a は準備動作の用法であり，「抜き出したキュウリを食べた」ことを意味するのに対して，b は先行行為であって「キュウリを抜き出した後に，残ったサンドイッチを食べた（キュウリは食べなかった）」ことを意味している。

## (6) 様態を示す「して」：하고または해서を用いる

　用言1の特徴によって以下のように使い分ける。
　（i）握る (잡다)，持つ (들다, 가지다) などのように，「～をしている」において「状態」を表す他動詞である場合は하고を用いる。

21) 우산을 들고 역까지 아버지를 마중 나갔다.
　　　傘を持って駅まで父を迎えに出かけた。(持った状態で)
22) 고모가 수갑 찬 윤수의 손을 잡고 잠시 눈을 감았다.
　　　叔母さんが手錠をはめたユンスの手を握ってしばらく目を閉じた。
23) 그렇다면 드라마에서처럼 과거를 잊고 다른 사람으로 사는 '기억상실증'은 극작

가들이 지어낸 가공의 병일까?
だとすれば，ドラマのように過去を忘れて他の人間として生きる「記憶喪失症」は劇作家達が作り出した，架空の病なのだろうか。

（ⅱ）「立つ，座る，横になる」といった立ち居振る舞いを表す自動詞である場合は해서を用いる。

24) 버스가 만원이라서 종점까지 서서 갔다.
バスが満員だったので終点まで立って行った。（立った状態で）
25) 앉아서 발표하겠습니다.
座って発表いたします。（座った状態で[5]）

## （7）結果：하고を用いる

用言1が듣다, 알다, 보다などの知覚動詞である場合は，この用法になる。

26) 영화를 보고 울어 버렸다.
映画を見て泣いてしまった。
27) 무사히 돌아왔다는 소식을 듣고 안심했다.
無事に帰って来たという知らせを聞いて安心した。

## （8）意図的除外：지 않고を用いる

用言1は必ず意図的に行うことができる動詞でなければならない。以下の例では，「通常は流行やブランドを気にする」「通常の人物であれば景色に興味を示す」という前提が背景にある点に気づいてもらいたい。

---

[5] 앉은 상태로と言い換えることはできるが，앉으면서と言い換えると不自然になる点に注意。

28) 이곳에 가면 유행이나 브랜드에 일일이 신경 쓰지 않고, 패션 코디들이 준비한 카탈로그를 보고 고르기만 하면 된다.

ここに行くと，流行やブランドに一々気にせず，ファッションコーディ（coodinatorの略語）たちが用意したカタログを見て選ぶだけでよい。

29) 사사가미는 그런 풍경에는 아무런 흥미도 보이지 않고 이야기를 계속했다.

笹上は，その景色にはなんの興味も示さず，話を続けた。

# 間違いやすい表現 81～90

## ㉛ スポーツジム 【基本 9-5】

外来語に関しては中級編の LESSON 10 で取り上げたが，日韓でずれのあるものについて，もう少し紹介しておく。

| | |
|---|---|
| ウィルス | 바이러스 |
| 発泡スチロール | 스티로폼 |
| ヘリコプター | 헬기 |
| レントゲン | 엑스레이 |
| ワクチン | 백신 |
| シャーベット | 셔벗 / 샤벳 |
| スポーツジム | 스포츠 센터 / 헬스 클럽 |
| ガムテープ | 고무테이프 / 박스테이프 |

## ㉜ 好みだ

助詞の有無と助詞の種類とで構造が異なる。

| 形式 | 意味 | 用例 |
|---|---|---|
| AはB好みだ | AがBを好む | 彼は色好みだ<br>그는 호색한이다. |
| | AをBが好む | この味は日本人好みだ<br>이건 일본인이 좋아하는 맛이다. |
| AはBが好みだ | AがBを好む | 私は肉より魚が好みだ<br>난 고기보다 생선을 좋아한다. |
| AはBの好みだ | AをBが好む | あの子は僕の好みだ<br>저 여자는 내가 좋아하는 타입이다. |

## ㉝ 高度な技術 【基本 9-6, 発展 9-7, 9-9, 9-10】

「～な」は状態性名詞の連体形なので한となるのが一般的であるが，中には「名詞＋의」に対応するものがある。さらに副詞しか対応するものが存在しない場合は動詞を補う必要がある。

1) 高度な技術　　　　　　{ a. 고도의 기술 / b. *고도한 기술 }
2) 強引な勧誘をした。　　억지로 권유하려고 했다.

## ㉘ 「上」を意味する接頭辞の 웃, 위, 윗の書き分けについて

「標準語規定」第12項は，[「웃」及び「윗」は名詞「위」に合わせて「윗-」に統一する。]と規定しているので「上方，上半身，上唇」は 윗녘, 윗도리, 윗입술が標準語である。しかし，「但書1」で［濃音や激音の前では「위-」とする。］としているので「対の上の方，上層，上顎」は 위짝, 위층, 위턱が標準語となる。また，「但書2」では［「上下」の対立の無い単語は「웃-」と発音される形を標準語とする。］と規定しているので「上澄み，差額，上荷」は 웃국, 웃돈, 웃짐等が正しい綴り字となる。

しかしながら，「上回る」は「下回る」という上下の対立がある語であるにもかかわらず，웃돌다という。

## ㉕ 思ってたより　【基本 9-10，発展 10-6】

日本語の直訳としては 생각했던 것보다 程度になるのであろうが，韓国語としては単に 생각보다 としても充分成立する。また，「～というより」は 다고 하기 보다の縮約形の 다기보다を用いるのが基本である。

3) うわっ，このビル思ってたよりずっと高いや。
　　우와아, 이 빌딩 생각보다 훨씬 높은데.

## ㉖ 可もなく不可もなし

そのまま直訳したのでは意味が明確にならないと思われる。「良くも悪くもない，可でもなく不可でもない」と考える。

4) ヨンスの報告書は可もなく不可もなしだった。
　　a. 연수의 보고서는 좋지도 나쁘지도 않았다.
　　b. *연수의 보고서는 가도 없고 불가도 없었다.
　　c. 연수의 보고서는 가도 아니고 불가도 아니었다.

# 間違いやすい表現 81～90

### ⑧⑦ 劣等比較 【基本 9-10】

日本語には英語の more に相当する「もっと，より」という副詞はあるが，less に相当する副詞は存在しない。韓国語にはそれぞれ더および덜という副詞が存在する。덜がうまく使いこなせるようになると表現の幅が広がる。

5) 감이 덜 익었다.
　　柿が十分熟していない。
6) 빨래가 덜 말랐다.
　　洗濯物が生乾きだ。

### ⑧⑧ 夏は 【発展 9-5】

初級編で「主語でない限り，時の名詞には에を付けるのが原則である」と述べておいたが，間違いやすいので再度述べておく。

7) 日本の夏は高温多湿である。
　　일본의 여름은 덥고 습도가 높다.
　　(「夏は」は主語なので에を付けない)
8) 来年の夏はアメリカに遊びに行くつもりだ。
　　내년 여름에는 미국에 놀러 갈 예정이다.
　　(「夏は」は主語ではないので에が必要)

### ⑧⑨ なるべく 【発展 9-5】

되다 (なる) に接続語尾の도록 (ように・まで) を付けた되도록という言い方があるが，最近は若年層が가능한を副詞として「なるべく」の意味で用いる例を時折目にすることがある。가능하다は本来形容詞なので，가능한 한 (可能な限り) と書くのが文法的に正しいが，新聞記事にも現れるほど間違った形式が広がっている。

9) 비는 "결혼을 가능한 빨리 하고 싶다"고 밝혔다. (스포츠한국, 2007.3.4)
　　ピは「結婚はなるべく早くしたい。」と述べた。

## 90 選ぶ 【基本 9-8】

韓国語では，選び方によって고르다と뽑다を区別している。
**고르다**：ある条件に合致するものをより分ける。
**뽑다**：何らかの資格を与えるために抜き出す。

10) 쌀에서 뉘를 { a. 고른다 / b. *뽑는다 }.
　　米から籾米をより分ける。
11) 국회의원을 { a. *고른다 / b. 뽑는다 }.
　　国会議員を選ぶ。
12) 시험을 쳐서 적격자를 { a. 고른다 / b. 뽑는다 }.
　　試験をして適格者を選ぶ。
13) 신랑감을 { a. 고른다 / b. ?*뽑는다 }.
　　花婿候補を選ぶ。

10)は「籾米」という条件に合致するものをより分けるのでbは使えない。11)はある人に国会議員という資格を与えるために抜き出すのでaは使えない。もしもaを使ったとすると，ある集団の中に現職の国会議員が混じっていて，その人を探し出すという意味になる。12)は適格者の条件に合う人を抜き出すとも考えられるし，試験によって適格者の資格を与えるとも考えられるのでaとbの両方が使える。13)は微妙で，花婿候補の条件に合致する人を選ぶのだからaは，問題なく使える。bは花婿候補の資格を与えると考えると使えるかも知れないが，母語話者の反応はほとんどが不可である。基本問題8の「選べ」はどちらを使えばよいか，自ずから明らかであろう。

# 基本作文 9

1. 私は父が倒れたとの知らせに病院に駆けつけて様子を見届けると，家に戻って父が普段使っていた枕とパジャマを持って病院に引き返した。

2. 韓石峰の母は息子の慢心を戒めるために明かりを消して文字を書かせ，自らは暗闇の中で餅を切って修業の大切さを教えたと伝えられる。

3. 私は事故の知らせを聞いて大慌てで病院に駆けつけた母の「痛まないか」との問いかけに答えもせず，オートバイはどうなったかと尋ねた。

4. 諸物価の値上りは天井知らずで，おせち料理に松茸や数の子を買うというのはサラリーマンの家庭では大変な贅沢である。

5. この先何十年も研究生活を持続させる鍵は，土曜日の午後にはどんな誘いも断って，スポーツジムへ出かけて思い切り汗を流すことだ，と承範は信じていた。

6. キムチチゲはまず始めに豚肉を調味料と一緒に炒め，水を加えた後に適当な大きさに切ったキムチを入れて煮立てる。

7. チョンミン（정민）は鉄棒から落ちて足の骨を折り，しばらく入院していた。

8. 以下の文章を読んで400字以内に要約し，最も適切なタイトルをA〜Eの中から一つ選べ。

9. 携帯電話会社は旧機種をタダ同然で売って通話料で稼ぐという手法をとってきたが，政府の方針転換により各社とも新しい収益モデルの構築を余儀なくされている。

10. 安全や環境といった社会的問題に前向きに取り組む方が，問題が起きてから後処理に追われるよりも安くつくし，企業としての競争力も高まる。

## 発展作文 9

1. こんな時間にケーキを食べたら太るにきまっているが，そう言ってとめようものなら意地になって一箱全部食べかねない性格だということは，妻と結婚して二十年の間に身にしみて知っていたから，見て見ぬ振りをしていた。

2. 課長はさっと社長の傍に寄って行って何事かささやき，返事に肯いて戻ってくると，部長と相談して控え室の方へ行ってしまった。

3. 「入試の数学は公式を丸暗記したって受かりません。公式が導き出される過程をきちんと理解して応用問題が解けて初めて合格点がもらえると思っておいてください。」

4. 「どこかが具合悪くてというんじゃないんだけど，何となく体がだるいので掛かりつけの病院で診察してもらったら，更年期障害だから何かスポーツでもして気を紛らわすのが一番だって言われたの。もうそんな年になったのかと思うとショックだわあ。」

5. 夏は一度に食べ物をたくさん作って保存するのではなく，なるべく1回で食べきるだけの量を調理するのがよい。

6. 日本の水着とスピード社の水着の最大の相違点は，前者が編んで作るのに対して後者は織って作る点にある。織ることによって浮力と推進力が得られるのだそうだ。

7. 名も無き街工場で開発された萌芽的技術が偏食や栄養の過剰な摂取による生活習慣病の蔓延を断ち切るための鍵を握っているらしいと聞いてテレビ各局が一斉に色めきたった。

8. 高校球界における西の雄と呼ばれたS高校も，監督が交代してからは地区予選すら突破できず，昔日の栄光は見る影もない。

9. かがみっぱなしの収穫作業はつらく，農作業でも体験してみようかという安易な気持ちでやってきた学生アルバイトは1日も持たずに畑を去ることもざらだ。

10. 急速な高齢化を受け，2006年4月施行の改正高年齢者雇用安定法では，定年を段階的に65歳まで引き上げることを企業に要請しているが，中にはやる気のない人が残って周囲の人が迷惑している職場もあるそうだ。

# LESSON 10 端折り文と話し言葉

## 1 端折り文とは

　日本語の対話文においては、「もし来なかったら…」や「だろうね」などのように、文としては不完全に見えてもコミュニケーションが成立し意思疎通が行われる場合がある。このような現象は韓国語にも見られるが、具体的な中身は日本語とかなり異なっている。本課ではこれらを「中断文」や「端折り文」と名づけ、主に韓国語と大きな違いが見られる「端折り文」について解説する。

　本題に入る前に、「中断文」と「端折り文」の違いを確認しておこう。以下の1）が中断文の例である。

1) a. 何と申し上げればよいのやら……
   b. 뭐라 말씀 드리면 좋을지……

　中断文というのは文字通り途中で中断された文を言う。中断文が用いられるのは、（ⅰ）主題を述べたものの、それに対する判断を迷っている場合、（ⅱ）自分の判断や要請を面と向かって言うのがためらわれる場合、（ⅲ）判断を相手に委ねたい場合、（ⅳ）後続部分を言わなくても了解可能な場合、などである。

　これに対して端折り文というのは、発話者にとっては文を中断したという意識がなく、完結した発話と見なしうるものを言う。例えば次のような例を挙げることができる。

2) { a. かもね / b. *ㄹ지도 }

3) {a. そうかもしれないね。/ b. 그럴지도 몰라}

「かもね」という発話は，3a) とほぼ等価であろうと思われるが，発話者自身には 3a) を短くしたという意識は全く持たないはずである。2a) に逐語的に対応する表現は 2b) であろうが，そのような韓国語は文として成立しえず，3b) のように表現しなければならない。

中断文は基本的に日本語と韓国語とで一致するが，端折り文は日本語に特有のものであり，韓国語においては端折り文の形式を取りえないというのが著者の現時点での考えである。また，中断文は先行文脈に応じて中断部分以降をいかようにも復元することが可能であるのに対して，端折り文は通常，一定の要素が予想されているという点，さらに，中断文と端折り文とではしばしば抑揚が異なることがあるという点で区別される。例えば，次の 4) の「この薬飲んでみれば」が中断文であれば「みれば」の部分は下降調で発話されるが，端折り文では「みれば」の部分が上昇調で発話される。

4) a. 咳が止まらないんだったら，<u>この薬飲んでみれば</u>？
   b. *이 약 먹어 보면?
5) 이 약 먹어 보면 어때?

端折り文の場合，「この薬飲んでみれば？」という発話は，「この薬を飲めば良いんじゃない？」あるいは「この薬を飲んでみたらどう？」という発話に置き換えられるように思われるが，発話者の意図としては「この薬を飲むことを聞き手に勧めたい」という点にあり，「〜みれば？」で発話が完結していると考えられる。これに逐語的に対応する韓国語は 4b) であろうが，そのような韓国語は文として成立しえず，5) のように表現しなければならない[1]。

以下でさまざまな端折り文とそれに対応する韓国語表現を見ていく。

---

[1] ここで非文であるという意味は，発話者の提案を示す「この薬飲んでみれば？」と等価の文として「이 약 먹어 보면?」が成立しないということであって，相手の発話に対する聞き返しあるいは中断文としてであれば成立しうることまで排除しているわけではない。

# LESSON 10

## 2 文頭の端折り文

ごく大まかに整理しておくと，文頭においては，

（i） 先行文脈を引用形式で受ける場合，日本語は引用標識である「と」を残しておけば被引用部分が出現しなくても適格な文として成立しうるが，韓国語では被引用部分あるいはその代用形（그렇게など）がなければ非文になる。

（ii） 日本語は先行する指示詞を省いて助動詞や助詞を残しておくだけでも適格な文として成立しうるが，韓国語では指示詞がなければ非文になる。

ということが言えるだろう。

韓国語が文頭で端折り文の形式を取りえない理由を考えてみよう。日本語においては，本来付属語であり単独では文節の構成要素になりえないとされている助詞や助動詞の独立性が高いために，用言の支えなしでも助詞や助動詞が発話中に出現しうるのに対し，韓国語では用言の支えなしに助詞や語尾が単独で出現することはありえないからである，ということが言えよう。以下の用例では日本語の文頭の端折り文に対して，韓国語訳は全て指示詞や用言を補っていることがわかる。

6） A：「故郷からご両親が出てきちゃって，大変だったのよ。」
　　　　"고향에서 부모님이 올라오셔서 여러 가지로 아주 고생했어."
　　B：「だろうなあ。」
　　　　"그랬겠다 / 그랬겠네 / 그랬겠군."

7） A：「やっぱり自分の父親を老人ホームなんかに入れたくないのよね。」
　　　　"역시, 자기 아버지를 양로원 같은 데 보내고 싶지 않은 것 같아."
　　B：「かもしれないね。」
　　　　"응, 그럴지도 몰라."

8） A：「思い違いの可能性はありませんか。」
　　B：「は，ないなぁ。」
　　　　"그럴 리는 없어." (lit:＊는, 없어)

## 3 文末の端折り文

文末における端折り文の特徴は，ほぼ以下のように要約することができる。

（ⅰ） 中断文とは異なり完結した文であり，発話者には要素を省略したという意識はない。
（ⅱ） 中断文は先行文脈に応じて中断部分以降をいかようにも復元することが可能であるのに対して，端折り文は常に一定の要素が予想されており，提案・依頼など特定の発話意図に特化している。
（ⅲ） 中断文とは異なる抑揚を持つことがある。

### （1）提案を示す端折り文：「〜れば，たら」

「この薬飲んでみれば」が中断文であれば，その後には「治るかも知れないよ。」「これまで飲んでた薬がいかにインチキだったかということがよく分かるよ。」など，後続要素は様々なものがありうるし，韓国語でも「이 약 먹어 보면…」で中断することは可能である。9) の「短く切ってしまったら?」が中断文でなく端折り文であると判断する理由は，聞き手に対する話者の提案を示すという点に特化されていてそれ以外に解釈の余地が存在しないという点にある。

9) A：「ねえ，髪がうまくまとまらないのよ。」
　　　"야, 머리가 예쁘게 잘 안 돼."
　　B：「思い切って，短く切ってしまったら?」
　　　"눈 딱 감고 짧게 잘라 보지 그래."

さらに日本語において条件を示す形式にはこれ以外に「〜すると」も存在するがこれは端折り文にはなりえない。

10) B'：「思い切って，短く切ってしまえば?」【提案の端折り文になりうる】

11) B″:「思い切って，短く切ってしまうと？」【提案の端折り文になりえない】


### （2）義務を示す端折り文：「～なければ，なくちゃ，なくては，ないと」

　意味的には －아야지／어야지がこれに該当しそうであるが，韓国語のそれを端折り文と呼んでも良いかどうか，検討を要する。


12)「いや，出かけて行って街の空気にふれる，つまり，こちらから向かって行く場合は，ストレスにはならんのだそうですよ。街の方から，押しかけてくる感じにならなくちゃ」
"밖에 나가서 거리의 공기를 접하는 것, 그러니까 이쪽에서／자진해서 나가는 경우에는 스트레스가 안 생긴대요. 내 의사와는 달리 거리에서 밀려오는 느낌이어야지." (lit：*느낌이 안 되면)

　面白いことに，条件を示す形式という点では 5.3.1. と共通点を持つが，提案の端折り文では「～すると」が排除されたのに対して義務の端折り文では「～ないと」が含まれ，逆に提案の端折り文に含まれた「～たら」が義務の端折り文から排除される。

13) 感じにならないと。　　【義務の端折り文になりうる】
14) 感じにならなかったら。【義務の端折り文になりえない】


### （3）控えめな主張を示す端折り文：「～のでは，んじゃ」

　形式的には否定の後半部分が出現しないものである。否定の後半部分「ないでしょうか 않아요？」が省略された中断文であるとしても，韓国語では非文である。これを中断文と見なさない理由は，常に「ないか？」という特定の要素を補って控えめな主張を示すという点と，中断文であれば下降調になるはずであるが，これは上昇調で発話されるという点に基づく。

15)「同人誌は修練の場なんだし，未熟な者を道場に出すということだってあっていいのでは」
"동인지는 수련의 장이기도 하니까, 미숙한 사람을 도장으로 내보내는 것도 오히려 좋을 수 있지 않아요?"（lit：* 좋지는?）
16)「それは少し考えが甘いのでは」
"그건 너무 안이하게 생각하시는 거 아니에요?"（lit：* 안이하지는?）

ところで，控えめな主張を示す形式として「～ですが」というものがあり，韓国語にも「ㄴ데요／는데요」というこれに対応する形式が存在する。次の例を見よう。

17)「こんなことをなさると困るんですが。」
이러시면 좀 곤란한데요.
18)「あすは来れそうにないんですが。」
내일은 좀 오기 힘들 것 같은데요.

しかしながらこの形式においては，後続部分を補う場合にはさまざまな要素を補いうるという理由で著者はこれを端折り文とは見なさない。18)であれば「困ります」と終止形にして断言することもできるが，「困るんですが」はそのような断言を避けるための方策であるといえよう。また，後続要素を補う場合には,「お止めいただけないでしょうか」「折角ですから今回だけは頂いておきます」とまるで正反対の要素を補うことができる。つまり自分の判断や要請を面と向かって断言するのをためらっているだけであり，中断文であると考えられる。

## (4) 抗議の気持ちを示す端折り文：「～な」

この端折り文には顕著な特徴が見受けられる。

（ⅰ）活用形式は連体形に限られ，品詞は形容動詞に限られるようである。品詞が形容動詞に限られる理由は，現代日本語の用言では，形容動詞のみが終止形と連

体形の区別が存在するからであろうと思われる。
(ii) 形容動詞に先行するのは「そんな」に限られるようである。「こんな無茶なことするなよ。」,「あんな無茶な奴見たことないよ。」が成立するにもかかわらず、「こんな無茶な。」や「あんな無茶な。」は成立しない。
(iii) 形容動詞は否定的な意味を持つものに限られるようである。「そんな馬鹿な」は成り立つが,「そんな幸福な」や「そんな立派な」は成り立たない。
(iv) 通常の抑揚とは異なることがある。

19)「そんなあなた,なんでもするって言ったって。そんな無茶な」
"아니 이것 봐요. 뭐든지 다 하겠다니, 그게 무슨 소리예요?"
(lit:* 그런 무모한)

## (5) その他日本語に特有の表現
### 〈1〉要請を示す表現

どうか / どうぞ ＋
- ①ご＋動作性名詞＋を
- ②お＋動詞の名詞形＋を
- ③ご＋形容動詞連用形［に］
- ④お＋形容動詞連用形［に］
- ⑤お＋形容動詞連用形［で］

20) どうぞご自由に
자유롭게 하세요.
21) どうぞお楽に
편히 앉으세요.
22) どうかお護りを
부디 저를 지켜 주십시오.

〈2〉形容動詞語幹のみで文を終える場合がある

23) a. あー，幸せ幸せ。
　　 b. *아, 행복 행복.
　　 c. 정말 행복해!

この課における作文は，上級編の締めくくりとしてふさわしい問題ばかりである。

# 間違いやすい表現 91 ～ 100

## ㉑ 開けてみなければわからない

何通りかの表現が可能である。

1) 否定＋仮定＋否定：日本語と同じ構文である
   열어 보지 않으면 알 수 없다.
2) 肯定＋기 전에는＋否定：～する前には～ない
   열어 보기 전에는 알 수 없다.
3) 肯定＋ㄹ 때까지는＋否定：～する時までは～ない
   열어 볼 때까지는 알 수 없다.
4) 肯定＋아/어 봐야＋肯定：～して初めて～する
   열어 봐야 알 수 있다.

なお，選挙などで「開けてみなければわからない」は결과를 봐야 알지が適当であろう。

## ㉒ 3日ぐらい 【基本 10-1】

【基本作文 10-1】の文脈では정도と쯤が共に可能であるが，用法に多少の違いがあるように思える。

|  | 時刻・時期 | 期間 |
| --- | --- | --- |
| 정도 | × 지금 / 사월 정도 되면 | ○ 3일 정도 해 봤다 / 됐다 |
| 쯤 | ○ 지금쯤 / 사월쯤 되면 | △ 3일쯤 해 봤다 / 됐다 |

『標準国語大辞典』で쯤を調べると(일부 명사 또는 명사구 뒤에 붙어) '정도'의 뜻을 더하는 접미사. と書かれていて，用法に違いがあるという認識はないようである。ただ，Googleで3일쯤を検索してみると9월 3일쯤のような時期の用法が半数以上を占めているので，期間には정도を用いる方が自然であると思われる。

## ㉓ 命じる

基本的な意味は「命令する」であるが，「任命する」という意味で用いられることもあるので，前後関係を正確に把握する必要がある。

5) この度私は部長に命じられました。
   a. 이번에 저는 부장으로 임명되었습니다.
   b. ?이번에 저는 부장님께 명령받았습니다.

## 94 時代物 【発展 10-7】

単独で使うと「時代劇, 歴史ドラマ」であり, 사극と訳せばよいだろう。「時代物の」となると,「時代劇の」という意味もあるが,「かなり古い」という意味で使うことの方が多いだろう。そのまま訳せば, 아주 오래된 / 낡은になるだろうが, 옛날 드라마에서나 나올 만한 (昔のドラマに出てくるような) のように訳してもよいだろう。

## 95 一人二役

そのまま音読みをした 일인이역 は意外なことに辞書に載っているし, インターネットで検索しても非常に多くの用例がヒットする。辞書の説明として 혼자서 두 사람의 구실을 함 が載っているので, 日本語での用法と同じだということがわかる。中級編で紹介した八方美人のように, 日本語と正反対の褒め言葉として使われるものもあるので, 漢字が同じだからといって安心できないことは十分頭に入れておく必要がある。ところで, 북 치고 장구 친다 という表現がある。一人二役を通り越して, 一人で台本を書いて演じるといったニュアンスで使われる。

## 96 割に 【発展 10-10】

構文によって以下の 3 通りに分けることができる。

(ⅰ) 副詞: 비교적 (比較的), 의외로 (意外と) などでよいだろう。
6) このお酒, 割に行けるよ。
   이 술 의외로 괜찮은데.

(ⅱ) (名詞) の割に: 에 비해 (에 비해서) / 連体形 데 비해 / 名詞 치고는
7) 年の割に敏捷だ。
   나이에 비해 민첩하다.
8) 重労働の割に賃金が安い。

# 間違いやすい表現 91～100

　　　{중노동인 데 비해 / 중노동치고는} 임금이 싸다.

（ⅲ）連体形＋割に：連体形 것치고는 / 連体形 데 비해 /
9) 注目された割にパッとしなかった。
　　주목받은 것치고는 좋은 결과를 남기지 못했다.

## ⑨⑦ ぶち抜く

「ぶち抜く」は一般に「꿰뚫다 貫通する」に置き換えられるが，以下の文例 11) での「ぶち抜く」は「境界を取り払う」という意味で用いられている。

10) 弾丸が壁をぶち抜いた。
　　총알이 벽을 꿰뚫었다.
11) 襖を外して二部屋をぶち抜いた。
　　a. 맹장지를 떼어서 / 터서 두 방을 하나로 썼다 / 만들었다.
　　b. *맹장지를 빗나가 두 방을 꿰뚫었다.

## ⑨⑧ 勝手に 【発展 10-6】

通常は「他人の意向は無視して自分の思い通りに」という意味で使われることが多いが，「独りでに」という意味で使われることもある。

12) 勝手にすれば？
　　네 멋대로 / 마음대로 하지 그래.
13) 勝手に入ってきてはいけません。
　　허락 없이 함부로 들어오면 안 됩니다.
14) 風もないのにドアが勝手に開いた。
　　바람도 없는데 / {안 부는데} 문이 저절로 열렸다.

## ⑨⑨ プレッシャー

文字通りの意味は「圧力」であるが，日常的には「緊張感」程度の意味で用いられている。

15) 幸一はプレッシャーに弱い。
    a. 고이치는 긴장을 잘한다.
    b. *고이치는 압력에 약하다.
16) 幸一はプレッシャーに負けた。
    a. 고이치는 {너무 긴장해서}/{긴장한 나머지} 졌다.
    b. *고이치는 압력에 졌다.

## ⑩ つかえる

| 日本語 | 韓国語 | 用例 | |
|---|---|---|---|
| ことば | 막히다 | 말이 막혔다. | 言葉に詰まった |
| 仕事 | 밀리다 | 바빠서 일이 밀렸다. | 忙しくて仕事が支えている |
| 頭 | 닿다 | 머리가 천장에 닿다. | 頭が天井につかえる |
| 胸 | 답답하다 | 가슴이 답답하다/메다. | 胸がつかえる |

# 基本作文 10

1. A：これって，1日で修理できる？
   B：かなあ。中を開けてみないとなんとも言えないけど，3日ぐらい掛かるかもね。
   A：そこんとこなんとか急ぎでお願いできない？　近頃はパソコンがないと仕事にならないのよ。

2. {秘書と社長の会話}
   A：お失くしになったという書類ケースはどこを探しても見当たらないんですが思い違いの可能性はありませんか。
   B：は……，ないとおもうんだけどなあ。
   A：その日の行動を朝から一つずつ辿ってご覧になったらいかがですか。
   B：うーん。あの日はいつもより早く目が覚めたのでもう一度書類をチェックしようと思って……。あ！思い出した！

3. A：何もかも忘れて温泉に浸かってる時ってほんと幸せそのものよね。
   B：よねえ。ホント，無理して来た甲斐があったってもんだわ。あー，極楽極楽。

4. A：折角仲良くなれたのに転勤なさるなんてお名残り惜しいですわ。
   B：でも実家がこちらにありますので時々はお目にかかる機会もあると思いますわ。どうかいつまでもお元気で。

5. A：あなたまだそんなところにいたんですか。いくら粘っても社長はお会いになりませんよ。どうぞお引取りを。
   B：そこをなんとか。

6. A：明日の講演会さぼっちゃおうかな。
   B：だろう？　あんな講演聞いても聞かなくても同じことだよ。どうせ僕たちにはチンプンカンプンなんだから。

7. A：おや，お珍しい。今日はまたどういう風の吹きまわしで？
   B：いえね。先日頂戴したお菓子があまりに結構なお味だったものですから，どこでお求めになったのかふと気になりだしましてね。そうなると矢も盾もたまらず飛んで来たようなわけでして。

8. A：組合の書記長を断ったんだって？
   B：何かといえば僕の所に来るんだから。そうそういつも良い顔ばかりしてられないよ。

9. A：サンギのやつ，大船に乗った積りでいてくれなんて大層な御託並べてたけど任せといて大丈夫かな。
   B：サンギは風呂屋の財産でユウだけだからなあ……。（※ダジャレになっている）

10. 誰も来ないうちにこっそり携帯で写してやれと思ったら学芸員に見つかって，撮影禁止の掲示が見えないのかとこってり油を絞られた。

## 発展作文 10

1. A：ここの部屋，来月からウチのチームが使うことになったから。
   B：はあ？　なったからって，そんなこと誰が決めたの？
   A：あんたんとこの大下課長。
   B：そんな馬鹿な。明日課長に掛け合ってみるからその話ちょっと待って。
   A：無理無理。上のほうでとっくに話がついてんだから。

2. 순애：ヒョノ（현호）ったらどうしたのかしら。不幸を絵に描いたような顔して。
   미화：またスネの心配性が始まった。そんなに気になるんだったらどうしたのって本人に尋ねてみたら？

3. A：あの人どっかで見たような気がするんだけど。
   B：ホラ，この前ヒョノが紹介してくれたじゃない。外務省に勤めてるとかいう。
   A：ああ，あの時の。まあ，親しげにこっち見て頭下げたわ。あんたに気があったりして。
   B：とんでもない！　あんな堅物（かたぶつ）願い下げだわ。

4. A：この度はうちの社員が飛んだ不始末をしでかしまして…。
   B：ま，どうぞお楽に。
   A：いえ，私はこのままで。それで…，こんなことをお尋ねするのも何なんですが…，来期も我が社とお取引願えますでしょうか？
   B：それは少しお考えが甘いのでは？

5. A：なんかさあ。ビョンホン（병헌）のやつっていつも物欲しげだよなあ。
   B：言えてる。僕，彼女いない歴2年なんです，みたいな。

6. 北部の山岳地帯にはいくつかの部族が昔ながらの生活様式を守って暮らしており，その生活圏は国境を越えて隣国にまで及んでいる。と言うより，部属の生活圏の真ん中にかつての宗主国が勝手に国境を引いたというのが正しい。

7. A：ウワー，時代物の柱時計が掛かってるねえ。これってまだ動くの？
   B：この前ネジを巻いてみたけどウンともスンとも言わなかったわ。

8. A：洗面所の使い勝手が良くないのでリフォームしようかって家内と相談してるんだけど，どこか信用のおける業者知らない？
   B：耐震偽装事件以来よく聞かれるんだけどことも帯に短し襷に長しでね。

9. あそこは夫婦揃って人当たりが良かったから皆さん何の疑いもなしにお金を預けたんだろうけど，まさかこんな詐欺事件を引き起こすなんてねえ！

10. A：お宅のご主人，歳の割にはスラッとしてらっしゃるわね。
    B：何言ってんのよ。着やせするたちだから目立たないけど下着姿になったらビール腹ですごいんだから。
    【注】Bの子供の名前は영희であるとしておく。

## 《 間違いやすい韓国語表現 100 リスト 》

【1】 持つ ………………………………………………【基本 1-4, 発展 1-5】
【2】 うるさい ………………………………………………………【基本 1-2】
【3】 口にする
【4】 食べ方, やり方 ……………………………………【基本 1-6, 発展 1-6】
【5】 情けない負け方をした ……………………………【基本 1-6, 発展 1-6】
【6】 のに ……………………………………………【発展 1-9, 基本 5-7】
【7】 来るまで ………………………………………………………【発展 1-8】
【8】 部長をしていた ………………………………………………【発展 1-7】
【9】 つい ……………………………………………………………【発展 1-6】
【10】 声を掛ける ……………………………………………………【発展 1-4】
【11】 注文の品 ……………………………………………【基本 3-1, 基本 3-9】
【12】 トイレが近い
【13】 切る ……………………………………【発展 2-9, 基本 9-2, 9-6】
【14】 「書きなおす」と「送りなおす」 …………………………【発展 1-2】
【15】 テレビで見る …………………………………………………【基本 2-6】
【16】 今日に限って ………………………………………【基本 2-5, 発展 5-3】
【17】 つくづく ………………………………………………………【発展 2-2】
【18】 耐えかねて ……………………………………………………【基本 2-4】
【19】 ～に決まっている ……………………………………【基本 2-5, 発展 4-4】
【20】 「さすが / さすがに」と「さすがの」…【発展 2-7, 基本 3-8, 発展 3-6, 発展 5-10】
【21】 ～には…ことです
【22】 二人だけで
【23】 本末転倒 ……………………………………………………【基本 3-1】
【24】 塩で揉む ……………………………………………………【発展 3-3】
【25】 お開きになる
【26】 具合が悪い ……………………………………………【基本 3-6, 発展 9-4】
【27】 未来への挑戦 …………………………………………【基本 3-3, 基本 9-10】
【28】 決められた以外の場所で ……………………………………【発展 3-10】
【29】 食べかけのパン ………………………………………………【発展 3-8】

【30】なかなか ……………………………………………………………【基本 3-8】

【31】今から

【32】〜するものではない …………………………………………【発展 4-4】

【33】つけ

【34】よく混ぜてお召し上がりください

【35】結婚式で着るドレス

【36】帽子のサイズが合わない ……………………………………【発展 4-9】

【37】ご丹誠の菊 …………………………………………【基本 4-2, 基本 7-1】

【38】乗りが良い ………………………………………………………【基本 4-3】

【39】メガネの方 ………………………………………………………【基本 4-6】

【40】持てる

【41】抱く ………………………………………………………………【発展 5-9】

【42】してくる …………………………………………………………【発展 5-4】

【43】尻が重い …………………………………………………………【基本 5-3】

【44】〜しただけで／するだけで …………………………………【発展 5-2】

【45】お手洗いをお借りしてもいいかしら

【46】는데か는 데か ……………………………………【基本 5-7, 発展 9-6】

【47】きく

【48】「貸す」と「借りる」 ………………………………………【基本 5-6】

【49】都合 ………………………………………………………………【発展 5-3】

【50】知ったかぶりをする …………………………………………【発展 5-2】

【51】「知られている」と「知れている」

【52】〜しかない ……………………………………………【発展 6-5, 6-6】

【53】目に見える，蓋を開ける

【54】水に流す …………………………………………………………【基本 6-2】

【55】안되다と안 되다 ……………………………………………【基本 6-8】

【56】밖에は続けて書くか離して書くか ………………【発展 6-5, 6-6】

【57】お茶汲み仕事 …………………………………………………【発展 6-2】

【58】いつもの店 ………………………………………………………【基本 6-3】

【59】あと5分待って来なければ出かけよう ………………………… 【基本 6-3】

【60】「腹立ちまぎれに」と「怒りにまかせて」 ……………………… 【基本 6-8】

【61】〜でよい

【62】何から何まで

【63】発車3分前です

【64】むき出しのままで失礼ですが

【65】落成（漢字語について）……………………………………… 【発展 7-4】

【66】いたしますので（謙譲の表現）……………… 【発展 7-4, 7-5, 7-6】

【67】お電話ありがとうございます …………………………………… 【発展 7-6】

【68】諸事ご多忙の …………………………………………………… 【発展 7-10】

【69】失礼かと存じ ……………………………………………………… 【発展 7-10】

【70】わかりました

【71】蓼食う虫も好き好き ……………………………………………… 【基本 8-4】

【72】友人にも会う ……………………………………………………… 【基本 8-1】

【73】〜せずに，〜しないで ……………………………………………… 【基本 8-7】

【74】李下に冠を正さず ………………………………………………… 【発展 8-3】

【75】〜だけに ……………………………………………………………… 【発展 8-1】

【76】にも行く ……………………………………………………………… 【発展 8-1】

【77】動作性名詞＋に加えて …………………………………………… 【発展 8-2】

【78】急拡大する ………………………………………………………… 【発展 8-2】

【79】嫌な顔をする ……………………………………………………… 【基本 8-6】

【80】言わずもがな ……………………………………………………… 【発展 8-4】

【81】スポーツジム ……………………………………………………… 【基本 9-5】

【82】好みだ

【83】高度な技術 ……………………………… 【基本 9-6, 発展 9-7, 9-9, 9-10】

【84】「上」を意味する接頭辞の𠆢, 𠆢, 𠆢の書き分けについて

【85】思ってたより ……………………………………… 【基本 9-10, 発展 10-6】

【86】可もなく不可もなし

【87】劣等比較 …………………………………………………………… 【基本 9-10】

【88】夏は …………………………………………………………………【発展 9-5】

【89】なるべく ………………………………………………………………【発展 9-5】

【90】選ぶ …………………………………………………………………【基本 9-8】

【91】開けてみなければわからない

【92】3日ぐらい ……………………………………………………………【基本 10-1】

【93】命じる

【94】時代物 …………………………………………………………………【発展 10-7】

【95】一人二役

【96】割に …………………………………………………………………【発展 10-10】

【97】ぶち抜く

【98】勝手に ………………………………………………………………【発展 10-6】

【99】プレッシャー

【100】つかえる

索引

## 《 文法項目索引 》

ここで示した数字は，該当する項目が出現するページではなく出現する課と節の番号を示しているので注意していただきたい。例えば「1-1」および「表現10」とは第1課の第1節および「間違いやすい表現10」に，該当する項目が出現することを示す。

### 【あ】

| | |
|---|---|
| 開けてみなければわからない …… | 表現91 |
| あと5分待って ……………… | 表現59 |
| 怒りにまかせて ……………… | 表現60 |
| いたしますので（謙譲の表現）…… | 表現66 |
| 位置名詞 ……………………… | 3-3 (1) |
| いつもの店 …………………… | 表現58 |
| 今から ………………………… | 表現31 |
| 嫌な顔をする ………………… | 表現79 |
| いらっしゃる ………………… | 7-3 |
| 言わずもがな ………………… | 表現80 |
| 引用文の派生形 ……………… | 5-1 |
| 引用文の文法化 ……………… | 5-2 |
| 「上」を意味する接頭辞 ………… | 表現84 |
| 受身文 ………………………… | 6-2 |
| 「美しい」と「美しさ」………… | 2-1 |
| うるさい ……………………… | 表現2 |
| 選ぶ …………………………… | 表現90 |
| おいでになる ………………… | 7-3 |
| お開きになる ………………… | 表現25 |
| 送りなおす …………………… | 表現14 |
| お手洗いをお借りしてもいいかしら | 表現45 |
| お電話ありがとうございます …… | 表現67 |
| お茶汲み仕事 ………………… | 表現57 |
| 音がする ……………………… | 1-3 |
| 思ってたより ………………… | 表現85 |

### 【か】

| | |
|---|---|
| 書きなおす …………………… | 表現14 |
| 貸す …………………………… | 表現48 |
| 勝手に ………………………… | 表現98 |
| 我慢する ……………………… | 1-3 |
| 可もなく不可もなし ………… | 表現86 |
| 借りる ………………………… | 表現48 |
| 韓国語の客体待遇法 ………… | 7-4 |
| 韓国語の主体待遇法 ………… | 7-3 |
| 韓国語の対者待遇法 ………… | 7-2 |
| 漢字語について ……………… | 表現65 |
| 慣用句 ………………………… | 8-1 |
| きく …………………………… | 表現47 |
| 義務を示す端折り文 ………… | 10-3 (2) |
| 決められた以外の場所で …… | 表現28 |
| 客体待遇法 …………………… | 7-4 |
| 急拡大する …………………… | 表現78 |
| 今日に限って ………………… | 表現16 |
| 切る …………………………… | 表現10 |
| きれいな目をしている ……… | 1-5 |
| 具合が悪い …………………… | 表現26 |

# 文法項目索引

| | |
|---|---|
| 口にする | 表現3 |
| 来るまで | 表現7 |
| 形容動詞連用形 | 8-2.(1)④ |
| 結婚式で着るドレス | 表現35 |
| 抗議の気持ちを示す端折り文 | 10-3 (4) |
| 合成語の受身形 | 6-2 (2) |
| 合成語の使役形 | 6-1 (2) |
| 高度な技術 | 表現83 |
| 声を掛ける | 表現13 |
| 子育てする | 1-4 |
| ご丹誠の菊 | 表現37 |
| 好みだ | 表現82 |

## 【さ】

| | |
|---|---|
| ～さ | 2-2, 2-3 |
| さすが | 表現20 |
| さすがの | 表現20 |
| 使役文 | 6-1 |
| 塩で揉む | 表現24 |
| ～しかない | 表現52 |
| 時代物 | 表現94 |
| ～しただけで | 表現44 |
| 知ったかぶりをする | 表現50 |
| 失礼かと存じ | 表現69 |
| ～してください | 5-3 (2) |
| ～してくる | 表現42 |
| ～してくれる | 5-3 (1) |
| ～してもらう | 5-3 (3) |
| ～してやる | 5-3 (1) |

| | |
|---|---|
| ～しないで | 表現73 |
| 「修飾語＋名詞」述語文 | 4-3 |
| 授受表現 | 5-3 |
| 主体待遇法 | 7-3 |
| 述語として使われる名詞 | 4-2 |
| 種類を示す「の」 | 3-3 (4) |
| 諸事ご多忙の | 表現68 |
| 所属や親族関係「の」 | 3-3 (7) |
| 所有を示す「の」 | 3-3 (6) |
| 知られている | 表現51 |
| 尻が重い | 表現43 |
| 知れている | 表現51 |
| スポーツジム | 表現81 |
| するだけで | 表現44 |
| 「する」と하다 | 1-1 |
| ～するには | 8-2 (3) |
| ～するものではない | 表現32 |
| ～せずに | 表現73 |
| 接続形式 | 8-2 |

## 【た】

| | |
|---|---|
| 待遇表現 | 7-1 |
| 対者待遇法 | 7-2 |
| 耐えかねて | 表現18 |
| 高さ | 2-4 |
| 抱く | 表現41 |
| ～だけに | 表現75 |
| 蓼食う虫も好き好き | 表現71 |
| 食べかけのパン | 表現29 |

| | | | | |
|---|---|---|---|---|
| 食べ方 | 表現 4 | | にも行く | 表現 76 |
| 中断文 | 10-1 | | 「の」=「의」 | 3-2 |
| 注文の品 | 表現 11 | | ～のに | 表現 6 |
| つい | 表現 9 | | 「の」の不使用 | 3-3 |
| つかえる | 表現 100 | | 乗りが良い | 表現 38 |
| つけ | 表現 33 | | | |
| 都合 | 表現 49 | | **【は】** | |
| つくづく | 表現 17 | | | |
| 提案を示す端折り文 | 10-3 (1) | | 端折り文 | 10-1 |
| ～てくれる | 5-3 (1) | | 発車 3 分前です | 表現 63 |
| ～てもらう | 5-3 (3) | | 腹立ちまぎれに | 表現 60 |
| ～てやる | 5-3 (1) | | 控え目な主張を示す端折り文 | 10-3 (3) |
| ～でよい | 表現 61 | | 美化語 | 7-5 |
| テレビで見る | 表現 15 | | 一人二役 | 表現 95 |
| トイレが近い | 表現 12 | | 二人だけで | 表現 22 |
| 動作性名詞＋に加えて | 表現 77 | | 蓋を開ける | 表現 53 |
| 動作性名詞＋の＋名詞 | 3-4 (2) | | ぶち抜く | 表現 97 |
| 動詞志向構造 | 4-1 | | 部長をしていた | 表現 8 |
| 時の名詞の連続 | 3-3 (2) | | プレッシャー | 表現 99 |
| | | | 文頭の端折り文 | 10-2 |
| **【な】** | | | 文末の端折り文 | 10-3 |
| | | | 減りが早い | 4-5 |
| なかなか | 表現 30 | | 帽子のサイズが合わない | 表現 36 |
| 情けない負け方をした | 表現 5 | | 本末転倒 | 表現 23 |
| 夏は | 表現 88 | | | |
| 何から何まで | 表現 62 | | **【ま】** | |
| なるべく | 表現 89 | | | |
| ～に決まっている | 表現 19 | | 水に流す | 表現 54 |
| ～に加えて | 表現 77 | | 3 日ぐらい | 表現 92 |
| ～には…ことです | 表現 21 | | 未来への挑戦 | 表現 27 |
| | | | むき出しのままで失礼ですが | 表現 64 |

| | | | |
|---|---|---|---|
| 名詞+する | 1-2 | 【ㄴ】 | |
| 名詞志向構造 | 4-1 | 는 데 | 表現 46 |
| 命じる | 表現 93 | 는데 | 表現 46 |
| メガネの方 | 表現 39 | | |
| 目に見える | 表現 53 | 【ㄷ】 | |
| 持つ | 表現 1 | 당하다による受身形 | 6-2 (3) |
| 持てる | 表現 40 | 되다と自動詞 | 6-2 (6) |

### 【や】

| | | | |
|---|---|---|---|
| やり方 | 表現 4 | 【ㅁ】 | |
| 友人にも会う | 表現 72 | ㅁ | 2-2 |
| 用言+の | 3-5 | 맞다による受身形 | 6-2 (3) |
| 用言の基本形+助詞 | 8-2.3 | | |
| よく混ぜてお召し上がりください | 表現 34 | 【ㅂ】 | |
| | | 밖에は続けて書くか離して書くか | 表現 56 |
| | | 받다による受身形 | 6-2 (3) |

### 【ら】

| | | | |
|---|---|---|---|
| 落成（漢字語について） | 表現 65 | 【ㅅ】 | |
| 李下に冠を正さず | 表現 74 | 시키다 | 5-1 |
| 劣等比較 | 表現 87 | | |
| 連体形との対応 | 8-2 (2) | 【ㅇ】 | |
| 連用形+助詞 | 8-2. (1) ③ | 아는 체하다 | 表現 50 |
| 連用形+名詞 | 8-2. (1) ① | 아 보이다 | 6-2 (5) |
| 連用形+用言 | 8-2. (1) ② | 아 주다による受身形 | 6-2 (4) |
| | | 아지다による受身文 | 6-2 |

### 【わ】

| | | | |
|---|---|---|---|
| わかりました | 表現 70 | 안 되다 | 表現 55 |
| 割に | 表現 96 | 안되다 | 表現 55 |
| | | 알은체하다 | 表現 50 |
| | | 어 보이다 | 6-2 (5) |
| | | 어 주다による受身形 | 6-2 (4) |

어지다による受身文 …………………… 6-2
옷- ……………………………… 表現 84
위- ……………………………… 表現 84
윗- ……………………………… 表現 84
음 ………………………………… 2-2

## 【ㅎ】

하고と해서 ……………………………… 9
하고と해서の使い分け ………………… 9.2

韓国語実力養成講座 ❸

# 間違いやすい韓国語表現100
## 上級編

練習問題解答

2023年12月15日
4刷発行

白帝社

# 練習問題解答

　本書では，単に正解や別解を提示するだけではなく，間違いの例やそれがなぜ間違いであるのかという理由を豊富に示すことを心がけた。「はじめに」に示したように，各課で提示した練習問題は日韓対照言語学の最新の研究成果に基づいて綿密に計算された問題ばかりであるが，必ずしも万人に納得していただける解答を提示できていないかも知れない。しかしそのことはとりもなおさず，類書では扱いきれていない挑戦的な課題を提供しているということを意味している。頻度の高い表現があれば，可能な限り別解を豊富に示すことを心がけた。また，別解はなるべく最初に示されている解答の方がより使用頻度の高いものになるように心がけた。間違いやすい表現１００を参照する場合には「【表現6】を参照」のように示した。なお，別解を示す際にはスペースを節約するために省略記号を用いた。以下に省略記号の意味を説明しておく。

| 記号 | 記号の説明 | 例の番号 |
| --- | --- | --- |
| / | 1つの分かち書きの単位同士での別解を示す | 《例1》,《例2》 |
| /{ } | 別解の一方が2つ以上の分かち書きを有する場合に用いる | 《例3》 |
| { }/{ } | 別解がそれぞれ2つ以上の分かち書きを有する場合に用いる | 《例4》 |
| [ ] | 別解の一方が中に{}を含む場合に用いる | 《例5》 |
| \|\| | 記号が連続するために境界が分かりにくい場合に用いる | 《例6》 |
| ( ) | あってもなくても構わない要素につける。<br>または，言葉を説明するときにつける。 | 《例7》<br>《例8》 |
| * | 文法的に間違っている文の前に付ける。 | 《例9》 |
| ？？ | 文法的には間違っていないが，不自然な文の前に付ける。 | 《例10》 |

## 省略記号の例

《例1》　과장님이 물으시는데 / 그러시는데는 과장님이 물으시는데 또는 과장님이 그러시는데のいずれもが可能であることを示している。

《例2》　구두를 신은 채 들어가셔도 / 들어오셔도 된답니다 / 된대요 / 괜찮답니다 / 괜찮대요. は
　　　　①구두를 신은 채 들어가셔도 된답니다.　　②구두를 신은 채 들어가셔도 된대요.
　　　　③구두를 신은 채 들어가셔도 괜찮답니다.　④구두를 신은 채 들어가셔도 괜찮대요.
　　　　⑤구두를 신은 채 들어오셔도 된답니다.　　⑥구두를 신은 채 들어오셔도 된대요.
　　　　⑦구두를 신은 채 들어오셔도 괜찮답니다.　⑧구두를 신은 채 들어오셔도 괜찮대요.
　　　　の8通りの解答のいずれもが可能であることを示している。

《例3》　얼마나 /｛얼마 정도｝は 얼마나 または 얼마 정도 のいずれもが可能であることを示している。

《例4》　｛지쳐 버렸다｝/｛녹초가 되었다｝は 지쳐 버렸다 または 녹초가 되었다 のいずれもが使用可能であることを示している。

《例5》　[매상고를 ｛두 배로 / 갑절로｝ 올리려고 했지만 ] / [ 매상고 배증을 노렸지만 ] は，前半部分が 매상고를 두 배로 올리려고 했지만 または 매상고를 갑절로 올리려고 했지만 のいずれもが使用可能であり，それ全体が 매상고 배증을 노렸지만 と置き換え可能であることを示している。

《例6》　｛어쩐지 / 어딘지 모르게｝/｛왠지｝||｛마음이 불편하다｝/｛마음에 걸린다｝.
　　　　これは，前半部分は「어쩐지」「어딘지 모르게」「왠지」のいずれかであり，後半部は「마음이 불편하다」または「마음에 걸린다」のいずれかを用いることを示している。すなわち，全体では3×2＝6通りの解答が可能であることを示している。

《例7》　달려(들어)온は 달려온 または 달려 들어온 のいずれもが使用可能であることを示している。

《例8》　'나가우타(일본식 시조)'は「長唄」という日本文化を説明するために「長唄（日本式時調）」という説明を加えている。

《例9》　*바지를 신다.（신다は靴や靴下を履く場合に用いる動詞なので 바지를 신다 は文法的に誤りで，바지를 입다 と言わなければならない。）

《例10》　?? 부모님께 효도하고 싶다고 생각합니다. は文法的には正しいが，韓国語としては不自然な表現である。

# 練習問題解答

# LESSON 01

【基本作文1】

> **1.** あの人がレジを担当するといつも計算が合わないそうだ。
> 그 / 저 사람이 계산대를 / 계산을 맡으면 언제나 / 늘 / 항상 계산이 안 맞는다고 한다.

①レジ：레지스터という外来語はコンピュータ用語（CPUの一時記憶）以外に用いることはほとんどないので，「計算台」に相当する漢字語계산대を用いないと通じない。あるいは発想を変えて「계산을 계산을」のような表現も可能である。②合わない：「一致しない」という意味だから，맞다の否定形を用いるのが最も自然である。③〜そうだ：引用形である。안 맞는 것 같다は「合わないようだ」と話し手自身が主観的に推測しているので，課題文の趣旨とは少しずれる。

> **2.** 今度の課長は何かにつけてああしろこうしろとうるさい。
> 이번 / { 이번에 / 새로 온 / 오신 } 과장은 / 과장님은 뭐든지 / 걸핏하면 / { 무슨 일이 있기만 / 생기기만 하면 } 이래라 저래라 말이 많다.

①今度の：単に이번とだけ書いても良いが，動詞的に考えて{새로 온 / 오신}のように書くのも韓国語らしい文章を書く一つの方法である。②何かにつけて：そのまま訳そうとすると難しくなる。「何でも，どんなことでも」と考えると訳しやすくなる。③ああしろこうしろと：이래라 저래라という決まった言い方を用いるのが良い。指示詞の語順が日本語とは逆になる点に注目してほしい。④「うるさい」は「騒がしい」という意味ではなくて「わずらわしい」という比喩的な意味で用いられているので，시끄럽다を使うのは不可。

> **3.**「普段厚着ばかりしていると風邪を引きやすくなるよ。」
> "평소에 옷을 (너무) { 두껍게만 / 두텁게만 / 따뜻하게만 입으면 } / { 두껍게 / 두텁게 / 따뜻하게 입기만 하다가는 } 감기 들기 / 걸리기 쉬워 / { 쉬울 거야 } / 쉬울걸."

①厚着：そのまま名詞で表現できないので「옷을 많이 / 두껍게 / 따뜻하게 입다 服をたくさん / 厚く着る / 暖かく」のように動詞的に表現する必要がある。特に따뜻하게のような発想は盲点であろう。②ばかりすると：これは難しい。①で述べたように「厚着」を名詞として表現できないので「副詞＋動詞」に置き換えたが，これにさらに「ばかり」に相当する만を追加する場合，どこに入れるかが問題になる。第一段階として「と」を省いて考えると，日本語の語順に合わせれば「입＋기＋만＋하다 着る＋こと＋だけ＋する」のようになる。ところが，これに仮定の면を追加した場合，「A만 B면」が「Aしさえすれば」という意味になってしまうので，全体として「厚着さえすれば」という解釈が前面に出て課題文とずれてしまう。中級編でも述べたように，入門段階では日本語を一語ずつ韓国語に置き換えていきさえすれば作文ができてしまうが，初級・中級と進むにつれて発想そのものを転換しなければならない場面が増えてくるので心してほしい。면が使えないとなると，次に考えられるのは「〜したのでは」に相当する다가는を用いる方法である。두껍게 입기만 하다가는なら自然な表現になる。さらに韓国語らしい表現を追求すると，日本語的発想から離れて만を副詞に付け，「두껍게만 / 따뜻하게만 입으면」と書くのが最も自然である。あるいは課題文の訳からは離れるが，「조금 춥다고 늘 (그렇게：目の前に厚着の人がいる場合) 껴입으면」はこのような場面でよく使われる表現である。③〜よ：ひとまずタメ口で書いておけばよい。なお，この文脈では쉬울 거야や쉬울걸も可能である。

**4.** この食品は添加物を使ってないからよく持ったところで3日で，いくらなんでも5日も持たないよ。
이 음식은 / 식품은 방부제를 / 첨가물을 안 썼으니까 /｛썼기 때문에｝/｛쓴 거라서｝오래 가야 3일이고 / 3일이지,｛아무리 길어도 5일까지는 안 갈 거야｝/｛오래 가 봤자 / 봐야 5일 정돌 거야｝.

①添加物：辞書通りには첨가물であるが，かつては，방부제が日常的に使用されていた。②使ってないから：「てない」のニュアンスに注意。単なる現在形では不十分である。「から」は明確に理由表現で書く方がよい。③よく持ったところで：さまざまな表現がありうるので工夫の必要なところである。課題文の「持つ」は「手で持つ」という意味ではなく，「長持ちする」という意味であり，가지다と訳すのは間違いである。【表現1】を参照のこと。また，この場合の「ところで」は「〜しても」という譲歩を表している点に注意すること。④いくらなんでも：この場合の「いくら」は値段を尋ねているわけではない点に注意。⑤5日も：この場合の「も」は添加の意味ではなくて限度を示している点に注意。

# 練習問題解答

> **5.** うっそうと茂る竹林を<u>通り抜け</u>，工場に<u>足を踏み入れる</u>と，そこでは褐色，白，黄色 などの<u>肌をした</u>従業員が溶接の<u>出来映え</u>について<u>身振り手振り</u>で<u>議論を戦わして</u>いた。
>
> 우거진 대나무 숲을 빠져 나가(서) 공장에 들어서니 거기서는 흑인종, 백인종, 황인종 등 {세계 각국에서}/{여러 나라에서} 온 종업원(들)이 용접이 잘 됐는지에 대해 {손짓 발짓을 해 가며}/{손짓 발짓으로} 논의하고 /{논쟁을 하고} 있었다.

①通り抜け：빠져 나가(서)とするのが良い。通り抜けたところに工場があるので，빠져 나가고とするとその関係が断ち切れてしまう。②「足を踏み入れる」は들어서다が一番良い。들어가다もひとまずは許容範囲である。③肌をした：人種の話ではなく，一般的な話であれば「皮膚を持った，皮膚の」{피부를 가진}/피부의などに置き換えれば良いだろう。④出来映え：溶接の結果の良し悪しと考えればよい。⑤身振り手振りで：{손짓 발짓을 하며}/{손짓 발짓으로}という決まった言い方があるのでそれを用いれば良い。⑥議論：漢字をそのまま音読みした의논は間違いである。「議論」の意味を表わす漢字語は「논의 論議」であるが，ここでは「戦わしていた」ということばを反映して「논쟁 論戦」の方が良いだろう。

> **6.** そんな包丁の<u>使い方</u>をしていたら指を<u>切る</u><u>よ</u>。
>
> 그런 식으로 (식)칼을 쓰면 / 쓰다가는 손가락을 벤다 / 다친다.

①そんな包丁の使い方：これをどのように表現するかがこの問題の一つのポイントである。ここは「그런 식으로 (식)칼을 쓰면」とするのが良い。また，日本語にあわせて쓰고 있으면としないほうが自然な韓国語になる。後に好ましくない事が続くことを予測させる다가는を使って「그런 식으로 칼을 쓰다가는 そんな風に包丁を使ったりしたら」もこなれた表現である。②切る：자르다を使うと指を切り落とすことになるので不適切である。베다または다치다を用いなければならない。③よ：ニュアンスを表現するのは難しい。벤다/다친다は単なる現在終止形ということではなく，眼前に展開している状況を述べるときに用いる表現である。これに対して벨 거야は予言しているような感じで緊迫感に欠ける。場合によると相手が気を悪くするかもしれない。

## LESSON 01

> **7.** 引越しの片付けができたらあなたのご両親をお招きしなくちゃね。いつにする？
> { 이삿짐이 다 정리되면 } / { 이삿짐 정리가 다 되면 / 끝나면 } ‖ { 어머님과 아버님을 } / { 당신 부모님을 } 초대해야지 / 모셔야지. { 언제로 할까 } / { 언제가 좋을까 }？

①「引越しの片付け」は，訳す前にこの会話がどこで行なわれているのかを考える必要がある。ひとまず引っ越した後の新しい家での会話の可能性が高いので，「引越し荷物の整理」と考えると良い。②「あなたのご両親」を당신 부모님을と表現すると，文法的には正しいが多少水臭い感じがする。③「お招きしなくちゃね」は초대해야지で良いが, 모셔야죠＝모셔야지요, 모셔야 될 텐데などの表現も可能。④「いつにする」は언제로 할까요? が基本。「決定を示す로」が付いていない언제 할까? は「いつしようか」だから論理的には意味が合わないが，話し言葉であればありうるだろう。「いつが良い？」に相当する表現も可能。

> **8.** 運動競技では，相手が初心者だからといって<u>油断している</u>と，<u>思わぬ</u>　<u>不覚を取る</u>こともある。
> 운동 경기에서는 / { 경기에 있어서는 } 상대방이 초보자라고 / 초심자라고 { 얕잡아 보면 } / 안심했다가는 / 방심하다가는 { 예상 외로 / 밖으로 질 } / { 예상치도 않았던 창피를 당할 } 수도 있다.

①油断していると：「軽く見ると」と考えても良い。弱いと해서는「弱い」であり，弱くても初心者であるとは限らないので意味的にずれる。②思わぬ：「予想していなかった」と考えると良い。解答例以外にも 뜻밖으로 など様々な表現が可能。③不覚を取る：「負ける」が基本の訳であると思われるが，「恥をかく，失敗する」と考えても良いだろう。

> **9.** 新しいソフトを<u>インストールしたら</u>これまできちんと動いていたワープロソフトが使えなくなってしまった。
> 새로운 소프트웨어를 설치했더니 / 깔았더니 지금까지 / 여태 {(아무런 / 아무 / 별) 문제없이} / 제대로 움직이던 / 작동하던 워드를 / 워드가 못 쓰게 됐다.

## 練習問題解答

①インストールする:인스톨という外来語を用いても良いが, 韓国におけるコンピュータ用語としては「설치하다 設置する」が用いられ, また日常用語としては「깔다 敷く」がよく用いられる。②したら:中級編で解説したように確定条件なので -면を用いることはできない。-았더니が良い。③きちんと:(아무런) 문제없이 / 제대로 / 정상적으로などが良い。④ワープロソフト:워드 프로세서 소프트(웨어)が型通りの言い方であるが日常的には普通名詞として워드がよく使われる。

> **10.** 残業をしての帰り道に誰かに呼ばれたような気がして振り向いてみると, 2年前に死んだはずの友人が物言いたげな顔をして立っていた。
> 잔업을 하고/마치고 돌아가는 길에 누군가가 나를 부른/부르는 것 같아서 (뒤) 돌아보니/돌아봤더니, 2년 전에 {죽은 것이 확실한}/{틀림없이/분명히 죽은} 친구가 뭔가 말하고 {싶은 듯이}/{싶어하는 얼굴로} 서 있었다.

①残業をしての帰り道:課題文は「残業をして」が助詞「の」を介して「帰り道」を修飾しているが, 逐語訳をしての「잔업을 해서의 돌아가는 길」ように書いてしまうと韓国語としては不自然な表現になる。作文の方針としては「残業を終えてから帰る途中で」と考えれば良いだろう。「帰り道」は「帰ってくる道, 帰ってくる途中」と考える。②誰かに呼ばれた気がして:無理に受身形にせずに「誰かが私を呼んだ」と書く方が簡単である。また, 「呼んでいるような」と現在で書いても良い。③死んだはずの:「はずの」のニュアンスが難しい。「間違いなく死んだ」と考えると書きやすくなる。「분명히 2년 전에 죽은 친구가」などなどいろんな言い方が可能。④物言いたげな顔をして:「顔をして」を直訳しても良いが, 「말하고 싶은 듯이 말하고 싶은 듯이 말했다」と訳しても十分である。「뭔가 할 말이 있는 듯한 얼굴로」も可能。

## 【発展作文1】

> **1.** 女優の迫真の演技に思わずもらい泣きする観客がここかしこに見受けられた。
> 배우의 / 여배우의 혼신의 연기에 자기도 / *나도 모르게 따라 우는 { 관객들이 여기저기에 있었다 } / { 관객들을 여기저기에 / 여기저기서 볼 수 있었다 }.

①迫真の演技:「真に迫っている」という意味で핍진하다(逼眞—)という単語があるが, おもに文章や絵画

に用いられ，演技には用いないようである。日常的によく用いられる表現としては渾身の（渾身の）演技があり，元の日本語とはややずれるが「もらい泣き」というイメージにはこの方がぴったり合う。②もらい泣きをする：따라(서) 우는 / 따라서 울어 버리는が最も良い。「그만 울고 마는」なども可能。눈물을 흘리는 / 우는 / 울고 있는は物足りない。따라 울기 하는は따라 울다を名詞化して하다を付けたものだが，不自然。③ここかしこに見受けられた：「あちこちにいた」または「あちこちに見ることができた」と考える。

> **2.**「ちゃんと蓋をして元通り包みなおしたら，使ったことがバレないように棚の上にそっと戻しておくんだぞ。」
> 제대로 뚜껑을 덮어(서) 원상태로 다시 싸면 / { 싼 다음에 }, 쓴 / 썼다는 것이 / 일이 / 사실이‖ 탄로나지 / 드러나지 / 들키지 않도록 선반 위에 살짝 도로 놓아 둬야 돼.

①ちゃんと：제대로が一番良い。제대로を思いつかなければ잘でも十分。ただし，잘の位置はそれが修飾する動詞덮어서の直前に置くのがもっとも自然である。꽉は「ぎゅっと，しっかり」であるがひとまず許容範囲。②蓋をして：後に続く「包む」と密接に関連している。뚜껑을 덮고 / 뚜껑을 닫고と書くとその間の関連性が切れてしまうので不可。뚜껑을 덮어(서)にする必要がある。③包みなおす：【表現14】を参照のこと。④バレないように：들키지 않도록が最も良い。발각되지 않도록 / 탄로나지 않도록も可。

> **3.**「ほーら，ちっとも痛くないでしょう？ いい子にしてたら今度ディズニーランドに連れてってあげるわよ。」＜場面は病院を想定している＞
> 거 봐. 전혀 / 하나도 안 아프지? 너 (착하게) 말 잘 듣고 있으면 다음에 디즈니랜드 데려가 줄게.

①ほーら：거 봐.（「そらみろ」というニュアンス）が最も良い。이봐요 / 이봐は「こちらを見なさい」が直訳であることから分かると思うが話し手に注意を向けるための呼びかけの言葉なので方向がずれる。자は「さあ」という動作をはじめる際の掛け声なので不可。②いい子にしてたら：「いい子だ」の最も一般的な表現は착하다であるが，工夫が必要。엄마 말 잘 들으면 / 내 말 잘 들으면 / 착하게 가만히 있으면（おとなしくじっとしていれば）は良いが착하게 지내면は少しずれる。착하게 아픔을 참으면は言いたいことは

9

## 練習問題解答

通じるが不自然。韓国語としては単に「よい子だ」と言うより具体的な表現を用いるのが自然である。③連れてってあげるわよ：데려가 줄게が最も良いが，데리고 가 줄게(요)も可。데려다 줄게とすると話し手は子供をディズニーランドに連れて行くだけで子供と一緒にディズニーランドにとどまらないことになる。

---

**4.** 皆を笑わすのが得意な内藤君が，いつもとはうって変わって真剣な表情をしているので，声を掛けるのがためらわれた。

{ 주위 사람들을 } / 사람들을 / 남들을 { 잘 웃기는 } / { 웃기는 것을 잘 하는 } 나이토 군이 평상시와는 판이하게 / { 전혀 / 영 딴판으로 } 진지한 표정을 { 짓고 있으니까 } / 하니까, [{ 말을 거는 것이 } / { 말 걸기가 } 망설여졌다 ]] / [ 말을 거는 것을 망설였다 ].

---

①皆：この場合は全員という意味で用いられているわけではないので，모두를 / 다들을 / 다를では不自然であり，「人々，周囲の人々」という意味を表わす { 주위 사람들을 } / { 주위에 있는 사람들을 } / 남들을 / 주위를用いるのが良い。②得意な：잘 하는が良い。「得意」を音読みした득의は「得意満面」という熟語での用法，すなわち「目的を達して満足すること」という意味しか持たないので使うことはできない。③真剣な：진지한が良い。성실한（誠実な）や심각한（深刻な）は不自然である。④表情をする：표정을 짓다（作る）/ 표정을 하다 / 표정을 보이다（見せる）を用いれば良い。ただし，「顔をしている」を直訳した얼굴을 하고 있다は通じるが少し不自然である。⑤声を掛ける：【表現10】を参照のこと。

---

**5.**「中食（なかしょく）」とは，内食（食材を購入して家庭内で調理する食スタイル）と外食の中間に位置付けられ，市販の惣菜や弁当などの調理・加熱をしなくてもそのまま食べられる日持ちのしない食品あるいは食スタイルを言う。

'나카쇼쿠' 란 '나이쇼쿠'（반찬거리를 / 식재료를 구입해서 / 사들여서 / 사와서 집에서 조리하는 식생활)과 외식 { 중간에 자리매김되며 } / { 중간 형태로 정의되며 }, 시판의 / 시판되는 반찬이나 도시락 등 조리하거나 가열을 하지 { 않아도 그대로 먹을 수 있고 } / { 않고 그대로 먹을 수 있으며 } || { 오래 보존할 수 없는 } / { 하루 이틀 사이에 먹어야 하는 } 식품 또는 그러한 음식으로 식사를 하는 식생활을 말한다.

①「中食（なかしょく）」とは：まず，（なかしょく）と読み方が添えられているということはこれまで知られていなかった言葉を説明することを意味するので，そのまま日本語のハングル表記をするのが良い。'나카쇼쿠'라는 것은 / '나카쇼쿠'란이 文法的に最も整った表現であるが，単に主題を示す助詞を用いて'나카쇼쿠'는と言っても十分通用する。②内食：これも言葉の説明なので日本語の発音をそのまま나이쇼쿠とハングル表記しておくのが良い。「外食（がいしょく）」と対になる言葉だから「ないしょく」と読むのであろうが，「内職」との誤解を避けるために「うちしょく」と読むのが正しいとする意見もあるようである。なお，「内食（……）と」の「と」を와にするか과にするかに関しては（　）の最後に語にあわせるのではなくて（　）の前の語にあわせて決めるので注意されたい。③中間に位置付けられ：日本語は連用形の中止用法になっているがこれは論説文の一つの特徴である。「机の前に座り本を読む」は話し言葉としては「机の前に座って本を読む」となる。韓国語の論説文においては，このような長い文をつなぐときは －며あるいは「連体形 것으로」を用いるのが基本であることは知っておくと良い。중간에 위치하며 / 중간에 위치하는 것으로 / 중간에 자리잡고 있으며 / 중간이며などが良い。④日持ちのしない食品：「長期間保存できない」という方向と「早く食べるほうが良い」という方向の２通りの考え方がありうる。

**6.**（慶子と友子は大学の同級生という設定である）
慶子：「あら，友子ダイエット中じゃなかったの?」
友子：「友子も一瞬'ヤバッ'て思ったんだけど，慶子があんまりおいしそうな食べ方をするもんだから，ついつられちゃったのよ。」
게이코 : 어머, 도모코 다이어트 중(이) 아니었어 / 아니었나?
도모코 : 나도 순간적으로 {'아차' 하고 생각했는데 } / {'아차' 했는데 / 싶었는데 } 네가 / 니가 하도 / 너무(나) 맛있게 먹으니까 / {먹는 걸 보니까 } ‖ {나도 모르게 } / { 그만 (따라서) } [먹어 버렸어 / {버린 거야 } ] / [자꾸 먹게 돼].

①あら，友子：어머, 도모코가 最も基本的な表現であるが，어머, 유코 너のように 너が入ると非常に自然な韓国語になり，上級者であると言えよう。ただし，도모코야 / 유코야, 너のように 야が入ったり 어머, 넌のように 는が入ってしまうと不自然になるので気をつけたい。②友子も：一人称代名詞の代わりに自分の名前を用いるのは日本人女性によくみられるが，韓国語にはそのような習慣がないので，一人称代名詞を用いなければならない。後に続く「慶子が」も二人称代名詞を使うのが普通である。③ヤバッ：失敗したことに気付いた時に発する感嘆詞である。아차が良いだろう。④おいしそうな食べ方をするもんだから：

## 練習問題解答

맛있게 { 먹고 있으니까 } / 먹으니까 / 먹길래는 全て可。⑤つられちゃったのよ：{ 따라(서) 먹어 버렸어 } / { 너 따라 먹어 버린 거야 } / { 따라 먹게 됐어 } とすると「つられて」という意味がより明確になるが，単に { 먹고 말았어 } / { 먹어 버렸어 } と書くだけでも充分である。

---

**7.** 田中先生はあまり<u>先生先生していない</u>から話しやすいらしく，<u>昼休みともなれば</u>たいてい<u>誰かしら</u>相談に訪れている。

다나카 선생님은 별로 / 그다지 소위 선생님 하는 딱딱한 느낌이 / 분위기가 없어서 { 말을 걸기 } / 말하기 / 이야기하기 { 쉬운 것 같아 } / 쉬운지, 점심 시간만 되면 대개 누군가가 의논하러 찾아간다 / { ? 찾아가 / *찾아가고 있다 }.

---

①あまり先生先生していないから：「子供子供している」「女女している」などのように同じ名詞を重ねてそれに「する」をつけるのは日本語独特の表現である。-답다はプラスイメージを持つので，それを打ち消した場合，たとえば 남자답지 않다というとプラスイメージの否定つまり「卑怯」というニュアンスを帯びることになる。そこで 별로 선생님답지 않기 때문에と書くと「何だ先生の癖に」という非難めいたニュアンスを含むことがあるので文意に合わないと考えられる。{ 그다지 거리감이 없어서 } / { 그다지 까다롭지 않은 편이라서 } / { 그다지 엄격하지 않으니까 } なども許容範囲であろう。②昼休みともなれば：「とも」のニュアンスをどのように示すかが難しいが，점심 시간만 되면が自然な表現である。③たいてい誰かしら：「たいてい」の確率は80～90%程度であろうか。従って 항상 / 언제나 누가は「常に」なのでややずれる。대개 누군가가 / 누군지が良い。

---

**8.** 「一体<u>何軒ハシゴ</u>したらこんなに<u>ベロンベロンになる</u>まで酔っ払うわけ？」

도대체 { 몇 군데 술 마시러 다니면 / 가면 } / { 술을 몇 차까지 마셔야 / 마시면 } / { 몇 차까지 가야 / 가면 } 이렇게 { 곤드레만드레가 되도록 } / { 코가 삐뚤어지게 } 취해？

---

①何軒ハシゴしたら：慣用的な表現であり「何軒も飲み歩く，何次会まで付き合う」などと考えれば良い。몇 차까지 갔길래は会話文らしいこなれた表現である。「軒」に相当する助数詞は 채であり，それを用いた 몇 채 술집에 들르면はひとまず正解。②ベロンベロンになるまで酔っ払う：취하다は「酔っ払う」であ

るが, 주정하다は酒癖が悪く悪態をついたりからんだりする状態をも含む。휘청휘청は足元がふらつく様子を示す。③わけ？：ひとまず略式非丁寧体（パンマル）にしておけば十分であろう。「理由」に相当する単語を用いない方が良い。취해？で充分であるが, 냐고야 단 말이야？のように相手に問いかける表現を用いるのも一つの方法であろう。

**9.**「せっかく重い思いまでしてここまで運んできたのに気が変わったからもういらないなんて, そんな言い草は無いだろう。」
애써 무거운 짐을 여기까지 { 가져다 줬는데 } / 가져왔는데 마음이 바뀌었으니까 / { 변했기 때문에 } 이제 / 이젠 필요 없다니 그게 말이나 돼?

①せっかく：일부러 / 애써 / 기껏が良い。모처럼 / 억지로は不自然である。「せっかく」自体には일부러と모처럼の二通りの意味があるが, 前者には「わざわざ」というニュアンスが入り, 後者には歓迎する意味が入る。②重い思いまでして：日本語に特有の表現である。무거운 짐をとするのも一つの方法であろう。③気が変わったから：마음이 변했다고 / 변했으니 / 변했으니까 / { 변했기 때문에 } / 바뀌었다고が良い。마음(이) 바뀌어서 / 변해서は可。④そんな言い草は無いだろ：그게 말이나 돼?が韓国語らしい表現である。{ 그게 무슨 소리야? } / { 그게 도대체 말이 되냐? } / { 그런 말이 어디 있어? } / { 그런 말이 어디 있니? }は全て可。

**10.** 虚礼廃止の掛け声に励まされて, 今年は上司へのお歳暮をしなかったが, 何となく気分が落ち着かない。
허례허식을 폐지하자는 구호에 힘입어 올해는 상사에게 연말 (인사) 선물을 { 보내지 않았는데 } / { 안 보냈더니 }, 어쩐지 / { 어딘지 모르게 } / 왠지 ‖ { 마음이 불편하다 } / { 마음에 걸린다 } / { 신경이 쓰인다 }.

①掛け声に：구호에が最も良い。「声を掛ける 소리를 걸다」は日本語と同じ構造をもつが, これを連体形にした걸소리は日本語の「掛け声」に相当する意味として用いることはない。「掛け声」はスローガンに相当する「口号」の音読みを用いる。슬로건에 / 구호에 / 구호로 / 구호를は全て可。구령は「号令」という意味なのでずれる。호소も「訴え」なのでややずれる。②励まされて：「격려받아서 / 격려받고 / 격려되어서

# 練習問題解答

（激励されて）」とするのは，意味は通じるが日本語の直訳調で不自然であり，良い文とはいえない。「力を得て」に相当する힘(을) 입어 / 힘을 얻어が最も良い。③お歳暮：漢字語の音読みをそのまま使えないので工夫が必要である。세모は「三角形」という意味で用いられる頻度が最も高いようである。세모が「歳暮」の音読みとして用いられた場合には「年末」の意味しかないので，「お歳暮」は「연말 (인사) 선물 年末の (挨拶の) 贈り物」程度に意訳する必要がある。

# LESSON 02

## 【基本作文2】

> **1.** ライバルチームは憎らしいほどの強さで勝ち進んだ。
> 라이벌 팀은 (정말) { 얄미울 정도로 / 만큼 } / { 미워질 만큼 } ‖ { 잘 싸워서 } / 강하게 연전연승했다 / { 계속 이겨 나갔다 } / { 계속 올라갔다 }.

①ライバルチーム：外来語の라이벌 팀を使っておけば良いだろう。②憎らしいほどの：日本語のままの構文を用いてもよいが，「憎らしいほどに強く」のように表現してもよい。「憎らしい」は単に밉다を用いるよりも얄밉다のほうがよいだろう。정도は必ず未来連体形で修飾する点に注意。만큼は現在連体形で修飾することもあるが，課題文の訳としては未来連体形がよい。また，「ほどに」という副詞的な意味を表わす場合，만큼はそのままでよいが정도は必ず助詞の로が必要である。③強さで：訳しにくい。강하다を名詞化して강함으로とするのは不自然で，힘으로 (力で) / 기세로 (気勢で) などに置き換える必要がある。それよりもむしろ잘 싸워서 (よく戦って) のように表現するほうが書きやすいし自然な韓国語になる。

> **2.** 結婚式の参列者たちは異口同音に花嫁の美しさを褒め称えた。
> 결혼식 참석자들은 이구동성으로 { 신부의 아름다움을 } / { 신부가 아름답다고 } 칭찬했다.

①参列者：참석자 (参席者) というのが普通である。참석자들은 / { 참석한 사람들은 } / 출석자들은 / { 온

사람들은 }는 全て可能ではあるが，韓国語では「결혼식에 참석하다」の形でよく使われるので，참석자가 最も自然な表現である。②異口同音：日本語の熟語と少し異なるので注意。이구동성（異口同声）を用いる。また，助詞は에ではなく으로を用いる点にも注意して欲しい。四字熟語を使わずに입을 모아서とするのはこなれた表現である。③花嫁の美しさを：신부의 아름다움을という名詞表現と，신부가 아름답다고という動詞表現が可能である。

> **3.** 一糸乱れぬ演技の正確さに，観客は惜しみなく拍手を送った。
> 일사불란한 / { 일사불란하게 행해진 / 움직이는 } 정확한 연기에 관객들은 아낌없는 / 아낌없이 박수를 보냈다.

①一糸乱れぬ：「完璧に揃った，全体の秩序が整っていて少しも乱れない」という意味である。決まった表現があるのでそれを用いればよい。일사불란한が決まった言い方。次の「演技の正確さ」を「정확한 연기 正確な演技」とすると連体形が連続することになるので，それを嫌った表現が일사불란하고 정확한 연기 / 일사 불란하게 정확한 연기である。ただし後者は「一糸乱れぬ」と「正確な」が並列につながっているが，불란하게はそれに続く「正確な」を修飾しているわけではないので不自然になる。また，同じように連体形が続いても，일사불란하게 행해진とするとややましになるだけでなく불란하게가 행해지다という動詞を修飾する形になるので上述の不自然さが解消される。その点で，일사불란하며は自然な表現になっている。②演技の正確さに：연기의 정확함에は原文どおりの訳でひとまず正解であるが，形容詞＋名詞に置き換えて정확한 연기에「正確な演技に」とするほうが韓国語として自然になる。また，動詞的に表現した정확한 연기를 보고も正解である。ただし봐서ではなく보고を用いる点に注意。

> **4.** 喜美子ッたら，独り暮らしの淋しさに耐えかねて今の夫と結婚したなんて言ってるけど，ホントかどうか怪しいものね。
> 기미코 말야 / 말인데, [쓸쓸한 / 외로운 마음을 견디지 / { 견뎌 내지 } / 이기지 / 참지 못해서] 지금 남편하고 결혼했다는데, 진짠지 / 정말인지 어떤지 의심스러워 / *의심스럽네.

①喜美子ッたら：기미코 말인데 / 말이야 / 말야 / 말이지は全て可。기미코가は後に何が続くかによって

# 練習問題解答

判断が分かれるが,「喜美子ッたら」の韓国語としてはひとまずこれでよい。기미코는도 기미코가と同様に日本語の「ったら」のニュアンスを出し切れていないもどかしさは残るが, 韓国語の文脈では自然な表現である。②淋しさに耐えかねて:쓸쓸한 마음을 견디지／{ 견뎌 내지 }／이기지／참지 못해서などは正解。やや意訳になるが, 쓸쓸하고 혼자 있는 게 너무 싫어서という答えもありうる。③怪しい:「疑わしい」という意味なので의심스럽다を用いる。수상하다／수상스럽다 (行動が不審だ) や이상하다 (変だ) は元の意味からずれる。

**5.** A: <u>真面目さだけがとりえの</u>大西が痴漢の容疑で捕まったそうだけど濡れ衣に決まってるよ。
B: あら, 川田君。<u>今日に限って</u>大西君の<u>肩を持つ</u>なんてどうしたの。
A:｛성실성만이 (유일한) 장점인 ｝／｛성실한 것(거) 빼면 남는 게 없는 ｝고이치가 치한 혐의로 잡혔다는데｛틀림없이 누명일 거야 ｝／｛누명이 확실해 ｝.
B: 어머, 신지. [오늘따라 고이치 ｛편을 들다니 ｝／｛편에 서다니 ｝ 웬일이야?]／[오늘은 웬일이야? 고이치 ｛편을 들다니 ｝／｛편에 서다니 ｝.]

①真面目さだけがとりえの:文字通りに解釈すれば｛성실한 것(거) 빼면 남는 게 없는 ｝／｛성실성만이 (유일한) 장점인 ｝と否定的になろう。ただし, 성실성 이외에는 쓸모가 없는は「誠実さ以外には使い道がない」という表現になるが, 論理的に考えて不自然である (日本語で考えても成り立たない)。ただ, 本当に言いたいことは「あんなにまじめな大西が」ということなので, 그렇게 성실한 오니시가という肯定的な表現もありうるだろう。話し言葉では「성실함 빼면 시체 誠実さを除けば死体」もよく用いられる。②容疑:容疑という漢字を音読みした용의も用いられるが, 혐의 (嫌疑) のほうが使用頻度としては遥かに高い。③濡れ衣に決まってるよ:누명 (陋名) を用いるのが一般的。원죄 (冤罪) の使用頻度が極めて低いのはキリスト教用語の원죄 (原罪) との混同を避けるためではないかと推測される。【表現 19】も参照。

**6.** ニュースで事件が報道されるや, <u>怖いもの見たさに</u>大勢の野次馬が現場に押しかけた。
뉴스에서／뉴스로 보도되자 (마자)／｛보도되기가 무섭게 ｝무서운 걸 보고｛싶은 마음에／심정에 ｝／싶어서 많은 구경꾼들이 현장으로 몰려들었다.

LESSON 02

①報道されるや:보도되기가 무섭게라는 표현도 있을 수 있다. 보도되자마자 / 보도가 되자 / 보도되자는 全て正解。②怖いもの見たさに:韓国人にはこのような感覚はないようで，単に호기심에서と書いておくのがもっとも自然な表現になるというのが母語話者の見解である。③野次馬が:구경꾼들이 / 사람들이는 どちらも可。구경꾼이 / 사람이는 들이 있는 편이 자연스럽게 느껴진다. ④現場に押しかけた:현장에と현장으로を比べると，으로のほうが動きが感じられる。

> **7.** 自分の鑑賞眼の<u>至らなさ</u>を嘆く前に，もっと優れた作品に触れて<u>本物</u>の持つ味わいを感じ取る努力を重ねるべきだ。
> 자신의 심미안이 모자란 / 부족한 것을 탓하기 / 한탄하기 / 개탄하기 전에, 훌륭한 작품을 더 많이 접해서 진품이 / {최고의 작품이} 가진 / 지니는 맛을 / 멋을 / 정취를 느낄 {수 있도록} / {줄 알도록} ‖ [노력을 거듭해야 / {해 가야} 한다] / [계속 노력해야 한다].

①鑑賞眼:そのまま漢字語を用いた감상안はインターネット上で3%に過ぎず, 감상력(鑑賞力) ですら18%である。심미안(審美眼, 79%)を用いるのが良さそうである。②至らなさ:「足りないこと」と考える。名詞的な表現:미숙함을 / 미흡함을 / 부족함을は正解。動詞的な表現:자신의 부족한 심미안을 / 미흡한 자기 심미안을 / 부족한 것을 / 미흡한 자기 안목을 / 잘 못 보는 것을 / 없는 것을 / 부족하다고 / 없다고 / 미흡하다고は全て正解。③嘆く前に:「悔しい」または「残念に思う」のであって悲しむわけではないので注意したい。④触れる:「さわる」と言う意味で訳すのは不可。「接する, 見る」と考えるのが良い。⑤本物の持つ:「本物」をどのように訳すか, 工夫が必要である。실물(実物) は不自然。むしろ진품(真品) / 명품(名品) の方が良い。

> **8.** そんなに叱ってやらないでよ。あの子はまだ幼くて<u>事の重大さ</u>が分かってないのよ。
> 그렇게 꾸짖지 마요 / {말아 줘요} / 말아요. 걔는 / 쟤는 아직 어려서 / {어리기 때문에} [이것이 / {이 일이} 얼마나 중요한가를 / 중요한지를] / [얼마나 큰일을 저질렀는지] 이해 못하는 거예요.

①叱ってやらないでよ:꾸짖지 마요が文法的な形式。※国立国語研究院の見解では, 禁止の表現に関し

17

# 練習問題解答

ては －지 마십시오 / 마요 / 마 / 마라が文法的に正しく，－지 말아요 / 말아 / 말아라は間違いとされている。ただし，実際には지 마요よりも지 말아요の方が遥かによく用いられるので，その形式も正解とせざるを得ない。혼내 주지 마も可。②事の重大さ：중대성と중요성では意味が異なる点に注意してもらいたい。중대성や심각성のような名詞を用いる方法と形容詞＋間接疑問を用いる方法がある。얼마나 큰 일을 저질렀는지が最も適切。③分かってないのよ：「のよ」のニュアンスをどうするかもポイントになるが，単に모르다とするだけでも良い。

> **9.** 論理の明晰さを欠いていたのではいくら声高に言い募っても多数の賛同を得ることは難しい。
> 
> ｛논리가 명석하지 못하면｝/｛논리에 명석성이 없으면｝ 아무리 큰 소리로 우겨 봐도 / 봤자 많은 ｛사람들의 찬성을｝/｛사람들이 찬성해 주는 것을｝ 기대하기는 / ｛얻는 것은｝ 어렵다.

①明晰さを欠いていたのでは：「欠く」という日本語が「ない」という意味と「足りない」という意味の2通りの意味を持つので，ここでも「明晰でない，明晰さがない，明晰さが足りない」と考えうる。（ⅰ）論理の明晰さ：명석함이 ｛결여된 논리라면｝/｛결여되어 있어서는｝/｛결여되어 있으면｝/｛결여돼서는｝/｛결여 되어 있다면｝は全て可。（ⅱ）明晰な＋論理：[명석한 논리가 ｛결여되어 있으면｝/ 결여되면 / 부족하면 / 부족하다면] / [명석함이 결여된 논리를 가지고] も全て可。②言い募る：「強く主張する」「激しく言う」に相当する表現を用いる。

> **10.** 水面（みなも）を渡ってくる風の爽やかさが，この数日間の昼夜を分かたぬ作業による疲れを癒してくれるようであった。
> 
> 수면을 （스쳐 / 타고） 불어 오는 ｛산뜻한 바람이｝/｛바람의 산뜻함이｝ 이 ｛며칠 사이의 / 동안의｝/ 며칠간의 밤낮없는 작업으로 인한 피로를 달래 주는 것（만） 같았다.

①渡ってくる：主語は風なので「吹いてくる」とするのがよい。文字通り「건너오다 渡ってくる」と書くのは不自然になる。②風の爽やかさが：바람 상쾌함이のように直訳すると不自然になる。（ⅰ）「爽やかな風が」

または（ⅱ）「風が爽やかなので」と考えるのがよい。（ⅲ）「爽やかな風のおかげで」も可。③昼夜を分かたぬ：｛밤낮을 가리지 않는｝/｛밤낮없이 계속해서 해낸｝/｛주야 구별없이｝/｛밤낮없이 계속하던｝/｛밤낮으로 계속된｝/｛밤낮을 가리지 않고｝/｛주야 구별없이 한｝は全て正解であるが，連体形の時制としては現在連体形が最も自然である。

## 【発展作文2】

> **1.** この店の経営者は学生アルバイトの対応の悪さに気がついていないのだろうか。この調子だといずれ店を閉じる羽目になるだろう。
> 이 가게의 경영자는 / 주인은 아르바이트 학생의 대응이 /｛접객 태도가｝얼마나 나쁜지 모르고 있는 것일까. 이대로 가면 / 가다가는 조만간에 문을｛닫게 될｝/｛닫아야 할｝것이다.

①アルバイト：正式には아르바이트であるが，最近若者の間では알바と言われることが多い。もちろん俗語なので目上の人の前で使うのははばかられる。なお，学生アルバイトと聞くと「学生がするアルバイト」という意味が真っ先に浮かぶようである。つまり「仕事」を指していて「人」指すとはなかなか考えにくいので，아르바이트생か아르바이트 학생とするのがよいだろう。②対応の悪さ：名詞形にするよりも「対応がどれほど悪いか」と考えると訳しやすくなる。（ⅰ）対応・態度が悪いこと：대응이 나쁘다는 걸.（ⅱ）如何に悪いか：얼마나 나쁜 대응을 하는지를.（ⅲ）悪い接客態度：나쁜 접객 태도. ③羽目になる：ひとまずは -게 되다でよい。

> **2.** 私はね，近頃自分の決断力のなさがつくづく嫌になって，条件さえ良ければ早期退職に応募してみようかって考えてるんだよ。
> ｛나 말이지｝/｛나 말야｝/｛나는요｝, 요즘 [내가 / 스스로가 얼마나 결단력이 없는가를 깨달아 나 자신이 / 스스로가 너무 싫어져서] / [나의 / 내 결단력 부족에 아주｛실증이 나서｝/ 질려서], 조건만 좋으면 조기 퇴직에 응모해 볼까 (하고) 생각하는 중이야 / 중이거든.

# 練習問題解答

①私はね：나 말이야 / 나는 말이야 / 나 말이지 / 저는요 / 나는 있잖아…などはすべて可。난も一先ず許容範囲。②決断力のなさ：결단력 없음이のように無理に名詞にしようとすると不自然になる。「決断力不足，決断力の欠如」などであれば可能。（ⅰ）決断力がないこと：결단력이 없는 것이。（ⅱ）決断力のない自分：결단력이 없는 나 자신。（ⅲ）どれほど決断力がないか：내가 얼마나 결단력이 없는가를 깨달아서という答えもありうる。③つくづく嫌になって：나 자신이 너무 싫어져서が最も良い。한심해서（寒心―）は「（自分が）情けなくなって」という意味であり，このような場合によく用いられる表現である。

> **3.** うちの先生は組合活動のようなしんどい仕事は他人に押し付けておいてその果実だけを<u>ちゃっかり</u>いただこうというような<u>さもしさ</u>とは縁がなかったから，いつも山のような仕事を<u>抱えていらした</u>。
>
> 우리 선생님은 조합활동 같은 힘드는 / 함든 일은 남에게 다 맡겨 놓고 그 성과만 / 결과만 / 과실만 약삭빠르게 / 얌체같이 얻으려는 비열한 { 부분이 / 점이 없었기 } /{ 성격이 아니셨기 } 때문에, 언제나 / 항상 산더미 같은 /{ 같이 많은 } 일을 가지고 / 떠맡아 { 계시곤 했지 }.

①押し付けておいて：ここは押し付けた後で成果だけ得るというように文が一度途切れるので接続語尾としては고を用いる必要がある。②ちゃっかり：약삭빠르게が最もよい。얌체같이 / 뻔뻔스럽게 / 뻔뻔히（図々しく）/ 잽싸게なども可。③さもしさ：名詞形のㅁ / 음を用いるよりは비열한 부분 / 점 / 성격などの具体的な名詞を用いるほうがより自然な韓国語になる。また，名詞の部分は行為で表現する方法と人として表現する方法が考えられる。（ⅰ）人間：그런 한심한 사람。（ⅱ）行為・考え：비열한 짓。（ⅲ）名詞化：비열함 / 야비함 / 천박함。④縁がなかった：{ 점이 없다 } / { 성격이 아니다 } / { 분이 아니시다 }でよい。⑤仕事を抱えていらした：思い出話をしている部分である。더を用いると自分がまさに現場でその姿を目撃したというニュアンスなので思い出話という設定とはあわない。また，-구나や-군요は「今気づいた」という意味合いが感じられるので，課題文とは合わない。ここでは過去の習慣を示す-곤 하다と지を組み合わせるのが最も良い。

> **4.** あいつの<u>陰険さ</u>にはあきれ返るよ。会議の席では一言も反対意見を述べなかったくせに，すっかり<u>お膳立て</u>ができたあとで直属の上司に自分は協力できないって<u>直訴し</u>

## LESSON 02

たんだぜ。
그놈의 / { 그 자식의 } 음흉한 성격은 정말 { 어이가 없어 } / 질렸어. 회의 때는 한 마디도 반대 의견을 말하지 않았는데 / 않았으면서, 모든 준비가 다 된 후에야 직속 상사에게 자신은 협력할 수 없다고 직접 { 호소했단 말이야 } / { 얘기했다니까 }.

①陰険さ：名詞形にするよりは具体的な名詞を用いるほうが良い。語彙的には，음험하다はあまり使わないようであり，ここでは음흉하다が最もよい。②席では：直訳するよりは，「会議の時には」のように書くほうが自然。③すっかりお膳立てができたあとで：「準備が整った後で」と置き換え可能である。ただし，준비가 된 후에では意味が曖昧になるので，된 후에야または되고서야と書く必要がある。④直訴したんだぜ：직접 { 호소했단 말이야 } / { 호소했지 뭐야 } / { 문제 제기를 했다니까 }などがよい。直訴は江戸時代に農民が直接領主に訴えたことをさす用語であり，現代日本語でも日常的に用いられるが，漢字語の직소は用いないようである。ちなみに韓国の歴史ドラマでは상소（上訴）が用いられている。

**5.** A：新しいプロジェクトに加わったんだって？ 休日返上で大変だってもっぱらの噂だぜ。
B：ウン。あまりにも急な話だからよっぽど断ろうかと思ったんだけど，部長の真剣さに打たれたって言うか，何となく断りづらくなっちゃってね。
A：새로운 { 프로젝트에 들어갔다면서 / 끼었다면서 } / { 프로젝트의 멤버가 / 일원이 됐다면서 }? { 휴일도 없이 } / { 휴일(에)도 못 쉬고 } 일해야 하니까 아주 힘들 거라고 { 다(들) 그러더라고 } / { 회사에서는 / 주위에서는 온통 그런 소문이야 } / { 그런 소문이 회사 안에 퍼져 있어 }.
B：응 / { 글쎄 말이야 }. 너무(나) 갑작스러운 말이라서 / 이야기라서 웬만하면 거절할까 했는데, 부장님이 / 부장님의 진지한 태도에 감격했다 / 감동했다 할까 어쩐지 / { 왠지 모르게 } 거절하기 어려웠거든 / { 어려웠단 말이야 }.

①休日返上で：漢字をそのまま音読みした휴일반상으로は不可。「休日もなしに」と考えればよい。②よっぽど：웬만하면が最もよいが「実を言うと」というニュアンスで정말 / 사실은なども可。③真剣さに：形容詞＋名詞または形容詞だけにすると訳しやすい。④打たれたっていうか：課題文は受身形だが，能動文で書くほうがよい。

21

**6.** A：ヒトミのセンスのなさにはあきれちゃうわ。どう考えたってあのスカートにあの靴は合わないわよ。
B：あの子の素っ頓狂は今に始まったことじゃないから私は別に驚かないけど。
A：히토미가 얼마나 센스가 /{미적 감각이} 없는지 {어이가 없어}/{정말 웃긴다니까}. 아무리 생각해 봐도 그/저 치마에 그/저 구두는 어울리지가 않아.
B：[걔가 {엉뚱한 것은}/{엉뚱한 짓을 하는 것은}]/[걔의 엉뚱한 행동은]{이제 처음(으로) 시작된 일이 아니니까}/{어제 오늘 일이 아니니까}/{새삼스러운 일이 아니라서} 난 별로 {안 놀라}/{놀라지도 않아}.

①センスのなさ：「センスがないこと」と名詞化するよりは，「いかにセンスがないか」あるいは「あまりにもセンスがなくて」と動詞的に考えるほうが作文しやすい。（ⅰ）名詞化：(너무나) 센스가 없는 것。（ⅱ）理由：센스가 없어서。（ⅲ）感嘆：얼마나 센스가 없는지。②あのスカートにあの靴：目の前で見ているのか話題に登場しているのかによって「あの」は 저と 그 の 2通りが可能であることはすでに何度か指摘している。「に」は 에と 와(과) の 2通りが可能である。③合わない：まず 맞다と 어울리다の基本的な用法について解説しておく。맞다：「要求や基準に合う」服装の場合でいえばサイズが中心。会話では用法が広がる。어울리다：互いに調和すること。本来的な用法としてはこちらがふさわしい。④素っ頓狂：名詞化して表現するか具体的な名詞を形容詞で修飾する表現，述語としての表現の3通りがありうる。

**7.** 展示室の絵はA氏の手になるレプリカであるが，さすがに模写の大家と称されるだけあって，原画の持つ自由奔放さを非の打ち所のない忠実さで再現していた。
전시실의 그림은 A씨가 그린 복제품인데/레플리칸데, 역시/과연 모사의 대가로/대가라고 불리는/일컬어지는 만큼 원화가 가진/지닌 자유분방함을/{자유분방한 분위기를/특징을} ‖ (전혀){나무랄 데 없이 충실하게}/{나무랄 데가 없는 충실함으로}/ 완벽하게 재현하고 있었다.

①A氏の手になる：「A氏が描いた」と考える。A씨 손에 되는は日本語の直訳であるが不自然である。A씨가 손댄は「着手する，手を触れる」の意味なのでずれる。②自由奔放さ：（ⅰ）派生名詞：자유분방함。（ⅱ）形容詞＋名詞：자유분방한 분위기。③非の打ち所のない忠実さで：(전혀){나무랄 데 없이 충실하

게}/{나무랄 데가 없는 충실함으로}가 正解。비난할 점이 없는 충실함으로는「非難する」が善悪の
ニュアンスを帯びるために課題文とずれる。副詞的に表現してもよい。

---

**8.** 優勢な時は<u>嵩にかかって攻め立てる</u>んだが，ひとたび形勢が悪くなると途端に<u>投げ
やりになる</u>という<u>諦めの良さ</u>が，あのチームがいつまで経っても下位で<u>低迷</u>している
最大の理由だ。

우세할 때에는 { 그걸 타서 } / { 우세함을 이용해서 } 위압적으로 공격하지만 / 공격
하는데, 일단 / 한번 형세가 / 정세가 / 형편이 나빠지면 / 악화되면 { 의욕이 없어지
고 } / { 집중력이 떨어지고 } / { 될 대로 되라고 } 빨리 체념하는 / { 경기를 포기하는 }
태도가 / 자세가 언제까지나 / { 아무리 경험을 쌓아도 } 하위에서 / 하위권에서 { 머
무르고 있는 } / { 벗어나지 못하는 } 가장 큰 이유다.

---

①嵩にかかって攻め立てるんだが:「激しく」「勢いを利用して」「引き続き」という3つの要素がある。3
つとも含まれているのが理想であるが2つ含まれていればひとまず正解と考えてよい。②投げやりになる
という: 必ずしも繋ぎの部分を原文に忠実に連体形にしなくとも良い。{ 될 대로 되라는 } / { 될 대로 되라
고 } / { 될 대로 되라는 태도로 바뀌고 } / { 될 대로 되라는 식으로 } は全て可。팽개쳐서 / { 자포자기에 빠져 }
も可。팽개치고も可能。팽개치고にした場合は, 깨끗이 단념하다の間にポーズが感じられ, 팽개치다と
깨끗이 단념하다が並列的な感じがする。③諦めの良さ:「良さ」もそのまま訳しにくい。「態度, 点, 姿
勢」などにする方が分かりやすい。なお,「諦めの良さ」の類義語は「潔さ・往生際の良さ」であり、対義
語は「諦めの悪さ・往生際の悪さ」である。

---

**9.** A: 旦那，下手人の目星はつきましょうか。
B: ウム，<u>切り口の鮮やかさ</u>から見て相当<u>腕の立つ</u>者の仕業（しわざ）のようじゃ。
A: 나으리 / 나리, 범인이 어떤 놈인지 / 녀석인지 / 사람인지 짐작이 가십니까?
B: 음 / 흠. { 베인 상처가 } / 절단면이 / { 벤 자리가 } / { 칼 자국이 } 아주 뚜렷한 /
깨끗한 { 걸 보니 } / { 것으로 판단해서 } 꽤 / 상당히 { 솜씨가 좋은 } / { 기술이
있는 } 사람의 / 자의 짓인 것 같다.

## 練習問題解答

【出題意図】「旦那，下手人，ようじゃ」という言葉から時代劇の台詞という設定であり，Ａが部下あるいは目明し，Ｂが上司あるいは同心ということを感じ取ってもらえれば幸いである。①旦那：時代劇という設定から，나으리が最もよい。서방／선배／선생님は時代劇という設定から考えて不自然。저기요も現代的な感じがするので合わないが，저…のようにすると時代劇でもありうる。혹시もこのような出だしの言葉を述べる場面でよく使われる。②下手人の目星：下手人とは犯人のことである。つまり「犯人がどのような人物か」と考えると書きやすくなる。③切り口の鮮やかさから見て：切断面・断面という漢字語を用いるのも一つの方法であろうが，これだと切り落とされたというニュアンスになる。動詞に関しても，베다／베이다は切り裂かれたというニュアンス，자르다／잘리다は切り落とされたというニュアンスになる。④仕業のようじゃ：年配男性の発言である。{짓または행위または소행}인 것 같다とするのがよいが，人間を正面に立てて자인 것 같다（者のようだ）とするのも一つの方法であろう。

**10.** この作品は一見稚拙なようでいて，表現の斬新さと発想の豊かさとが相俟って一種独特の雰囲気を醸しだしている。

이 작품은 얼핏 보면 좀 {실력이／수준이 낮은 것 같지만／같으면서도}／{서툴러 보이지만}／{유치해 보이지만} 표현의 참신함과 발상력의 풍부함이 어울려(서)／어우러져／겹쳐서 일종의／어떤／{이 작품 고유의} 독특한 분위기를 자아내고／조성하고／{만들어 내고} 있다.

①一見：「一見」をそのまま音読みした일견は使わないので注意して欲しい。②稚拙なようでいて：連体形것 같지만／같은데／같으면서(도)のように逆接の意味で訳せていれば良い。「稚拙だ」は「実力が低い」または「表現力が未熟だ」と考える。②表現の斬新さと発想の豊かさ：「さ」が羅列されるときは －ㅁ과 －ㅁ이と使っても良い。（ⅰ）名詞表現：표현의 참신함과 발상의 풍부함。（ⅱ）形容詞＋名詞：참신한 표현과 풍부한 발상。③ＡとＢとが：日本語では「と」を繰り返して使っても良いが，韓国語では「А와／과 В와／과」のように表現することはできない。ただし하고は繰り返して使うことができる。④相俟って：「合わさって，重なって」と考える。⑤醸し出している：풍기고 있다は匂いを連想させるので不自然。

# LESSON 03

【基本作文3】

> **1.** 同じテールスープを作るのでも，冷凍のテールを使うのと解体して日の浅いテールを使うのとでは雲泥の差だ。
> 똑같이 / 같은 꼬리곰탕을 { 만드는 데도 / 경우에도 / 경우라도 } / { 만든다 ( 고 ) 해도 } 냉동한 꼬리를 쓰는 것하고 잡은 지 얼마 { 안 되는 } { 안 된 } / { 지나지 않은 } 꼬리를 쓰는 것하고는 그 맛이 [ { 하늘과 땅 } / 천지 차이다 ] / [ 천양지차다 ].

①「同じ」はそのまま直訳して 같은 としても通じるし日常的にもよく使われるが，ここでは「同様に，同じように作ったとしても」という意味なので, 똑같이 とするほうが望ましい。②「作るのでも」は「作る場合でも，作るとしても」と考えればよい。③冷凍のテール：名詞を並べる場合と動詞の連体形を用いる場合とがある。④使うのと：抽象名詞 것 または 경우 を使う。「と」は 와 / 과 と 하고 が可能。⑤解体して日の浅い：日本語は食肉に対して「解体する」という語を使うが，韓国語では 해체하다 や 해체되다 は自動車や家屋などを連想させるので不適当である。韓国語では 잡다（屠る）を用いる。「日の浅い」は「日数があまり経っていない」という意味である。⑥使うのとでは：2回目に現れる「と」は必ずしも表現しなくてもよい。⑦雲泥の差だ：「운니지차」という形で辞書に載ってはいるが，日常的には「하늘과 땅 차이다 天と地の違いだ」または漢文調の「천양지차다 天壤之差」という言葉がよく用いられる。

> **2.** 定年間近の父にとっては，会社の帰りに近くの居酒屋に寄って一杯引っ掛けて帰るのが何よりの楽しみだそうだ。
> 정년 ( 퇴직 ) 을 { 눈 / 코 앞에 } / 가까이에 둔 아버지한테는 회사에서 / { 회사를 마치고 } 돌아오는 길에 가까운 / 근처 / { 근처에 있는 } 선술집에 들러서 한잔 하고 오는 것이 { 둘도 없는 } / { 무엇과도 바꿀 수 없는 } / { 가장 / 무엇보다 큰 } 즐거움이라고 / 낙이라고 한다.

①定年間近の：「定年を目の前にした / 直前に控えた」のように表現すると自然な韓国語になる。単純に「정년이 가까운 定年が近い」と書いても可。②父にとっては：日本語のまま訳す方法と，「父」を主語に

# 練習問題解答

して訳す方法がある。③会社の帰りに：「の」をそのまま助詞 의で訳したのでは自然な韓国語にならない。퇴근길에는 正解。회사에서 돌아오는 길에도 可。④寄って：直後の「一杯引っ掛ける」に続くので 아서 / 어서を用いる。⑤一杯引っ掛けて帰るのが：「酒を飲む」というニュアンスが伝わればよい。「て」は完了の 고にする。⑥何よりの楽しみだそうだ：「何よりの」は｛둘도 없는｝/｛무엇과도 바꿀 수 없는｝/｛무엇보다 큰｝など，いくつかの表現が可能。「楽しみ」は 즐거움がよいが，この文脈では 낙も可能。

**3.** ミヒョンにとって，<u>庭続きの家に住んでいる</u>舅たち<u>への気兼ね</u>などは結婚当初から毛頭なかった。
　　미현이한테(는) / 미현이에게(는) 한 마당을 쓰고 / 쓰며 / 쓰면서 사는 [ 시부모에 / 시어른에 대한 거북함 / 스스럼 / 어려움 / { 거북한 느낌 } 같은 ] / [ 시부모를 / 시어른을 특별히 어려워한다거나 하는 ] 것은 { 결혼 당초부터 } / { 갓 결혼했을 때부터 } 티끌만큼도 / 털끝만큼도 / 전혀 / 조금도 / 추호도 없었다.

①ミヒョンにとって：助詞 にするのが最も簡単である。②庭続きの家に住んでいる：同じ敷地内に離れがあるのか庭が接している隣家なのかによって表現が異なる。離れであれば 한 마당을 쓰고 사는になる。③舅たちへの気兼ねなどは：友好的か否かで多少語彙が異なるが，어려워하다をよく使う。名詞的表現：시어른들에 대한 배려 같은 건。動詞的表現：시부모님을 어려워할 생각 따위는。④結婚当初から：「庭続きの家に住んでいる」のは最近なのか結婚当初からなのか不明なので，位置が問題になる。原文通りの位置がよいだろう。名詞的表現：결혼 당초부터。動詞的表現：결혼했을 때부터。

**4.** <u>人通りの少ない</u>夜道を<u>怖い思いをして</u>一人で歩いて帰るくらいなら，ホテルに泊まる方が遥かにましだわ。
　　{ 사람들의 왕래가 별로 없는 } / { 인적이 드문 } 밤길을 무서워하면서 / { 무서움을 / 공포를 느끼면서 } 혼자 걸어서 돌아가느니 / { 돌아갈 바에야 } 차라리 호텔에서 묵는 게 훨씬 나아(요).

①人通りの少ない：文字通りに「人があまり通らない」と訳しておけば充分であろう。②夜道は 밤길と続け書きし，[밤낄]と発音する。밤거리は「夜の街，夜の巷」なのでずれる。③怖い思いをして：「怖がりな

がら，恐怖を感じながら」と訳せれば充分である。④帰るくらいなら：比較の語尾 -느니を用いるか連体形 바에야を用いる。⑤泊まる方が：必ずしも「方」にこだわらなくとも良い。쪽や편ではなく것を用いるほうが自然な韓国語になる場合が多いことは知っておくとよいだろう。⑥ましだわ：女性による話し言葉であることが分かるが，韓国語には必ずしも反映する必要はない。

---

**5.** 朝夕の布団のあげおろしが面倒なので，引越しを機にベッドに変えたが，その分掃除は面倒になった。
아침저녁으로 이불을 { 깔고 개는 }/{ 올렸다 내렸다 하는 } 것이 귀찮아서 [{ 이사 온 }/{ 집을 옮긴 } ‖ { 것을 계기로 (해서) }/ 김에 ]/[ 이사를 계기로 ] 침대로 바꿨는데, { 그 대신(에) } 청소는 (오히려) 귀찮아졌다.

①朝夕の：「の」にこだわらないほうが自然な韓国語になると思われる。아침저녁으로が最も自然である。②布団のあげおろし：「布団を上げたり下ろしたりすること」と書ければひとまず正解であるが，「布団を敷いたり畳んだりする」と書くのが上級であろう。③面倒なので：귀찮아서で十分であるが, 성가셔서 / 힘들어서も可能。④引越しを機に：「引越ししたのを契機として」と考えると書きやすくなる。⑤ベッドに変えたが：外来語 베드を使うのは「ベッドシーン」ぐらいで通常は寝台の音読みの침대を用いる。⑥その分：「その代わり」と考えると書きやすい。あるいは「むしろ」と考えてもよい。

---

**6.** この歳になってようやく，歯の具合の悪さに癇を立てていた父親の気持ちが察しがつくようになった。
{ 이 나이가 돼서(야) }/{ 지금에 와서(야) }/{ 나이가 들어서(야) } 겨우 / 비로소 / 드디어 이가 { 나쁜 것에 대해 }/ 나쁘다고 { 신경질을 부리던 }/{ 짜증을 내던 } 아버지(의) { 심정이 이해가 됐다 / 된다 }/{ 마음을 알게 됐다 }/{ 알 것 같다 }.

①この歳になって：日本語の直訳でもひとまず正解である。②ようやく：副詞で表現する方法と，連用形＋強調の助詞야を用いる方法がある。③歯の具合の悪さに：「悪いことに」という表現と，引用形式の「悪いと」という表現，あるいは「悪くて」という 아서を使った表現が考えられる。④癇を立てていた：「癇を立てる」とは人間や出来事に対して腹を立てるのとは異なり，歯の痛みのような生理的な原因に基

27

づくものであり，解答例のように신경질을 부리다や짜증을 내다が訳語としてはふさわしいと思えるが，適当な言葉を思いつかなければ「腹を立てていた」と訳してもひとまずは正解である。⑤父の気持ちが察しがつく：「父の」は아버지의よりも아버지のほうがよい。「気持ち」は마음または심정でよいだろう。기분は一時的な状態を示す語なのでやや不自然である。「が」は後続の動詞によって가/이にするか를/을にするかを考えねばならない。「察しがつく」は「分かる，理解できる，想像できる」と考えればよい。

---

**7.** ヒョンホは市会議員選挙が告示されるや，同窓会名簿のページを繰りながらめぼしい相手に電話を掛け始めた。
현호는 시의회 의원 선거가 고시되자, 동창회 명단을 / 명부를 넘기면서 { 투표해 줄 만한 } / { 가능성이 있는 } / { 도와 줄 만한 } 사람들한테 전화를 걸기 시작했다.

①告示されるや：-자, -자마자, -기가 무섭게などを用いればよい。②名簿のページを繰りながら：ページは明示的に書かないほうが訳しやすいだろう。③めぼしい相手：「これといった人，投票してくれそうな人物，助けてくれそうな人」などと考えればよいだろう。「相手」は直接相手をしている訳ではないので상대 / 상대방としないほうがよい。

---

**8.** 出世競争は世の習いとはいえ，かつての上司が部下にいるというのはどうにもやりにくいものだ。
출세 경쟁은 [ { 세상에 흔히 있는 일 } / 예삿일 / { 흔한 일 } 이라고는 ] / [ 언제나 있게 마련이라고는 ] 하지만 전에 상사였던 사람이 부하로 있다는 것은 아무래도 거북하다 / { 신경이 쓰인다 }.

①出世競争：そのまま漢字に置き換えれば출세 경쟁である。韓国語では従来ほとんど使われてこなかった表現であるが，最近は日本語の影響なのか時折見かけることもあり，また聞けば理解できるのでひとまずそのままにしておく。②世の習い：「世間によくあること」と考えればよい。③とはいえ：必ずしも引用形にしなくてもよい。④かつての上司：「以前上司だった人」と考えればよい。⑤部下にいるというのは：「いる」にこだわらない方がよい。「働く」としてもよい。⑥どうにもやりにくいものだ：「何となく気詰まりだ」程度に書いておけばよいだろう。また，「ものだ」という課題文に影響されて것이다と書くと不自然になる。

LESSON 03

> **9.** ご招待のお客様がたは，ご指定の席にお着きください。
> 초대 받으신 내빈 여러분께서는 지정된 자리에 / 좌석에 / 장소에 앉아 / 착석해 주시기 / 주시길 바랍니다.

【背景説明】何かの式典で司会者が呼びかけている場面を想定した問題である。
①ご招待の:「招待」という名詞の敬語形は存在しないので「招待された」の敬語形と考えればよい。②お客様がた:「ご招待」と同様に名詞の敬語形がないので工夫が必要であるが，「ご招待」とは違って用言の敬語形を用いることができないのでその分難しくなる。③ご指定の席:これも「ご指定」という尊敬の意味を含む名詞が存在しないので,「指定された席」と考える。この場合尊敬の意味を含ませることは困難であろう。④お着きください:基本的には「お座りください」と考えればよいが，公的な席での発話であることを勘案して−기 바랍니다を用いる方がよいであろう。앉으세요は入り口でお客さんに対して案内している人の言葉としては可能だが，司会者席からマイクで呼びかける言葉としては不適切であろう。

> **10.** 首相の公約である財政再建の実現に赤信号がともった。
> 수상의 공약인 { 재정 재건이 실현될 가능성이 낮아졌다 } / { 재정 재건(의) 실현이 어려워졌다 }. 【比喩的表現】적신호가 켜졌다도 가능

①首相の公約である:そのまま指定詞の連体形を用いて訳してもよいし，「首相が公約した」のように動詞を使って訳してもよい。②財政再建の実現:そのまま名詞を連ねてもよいし，「財政再建が実現される可能性」のように考えてもよい。③赤信号がともった:日本語と同じ比喩的表現を用いるか,「難しくなった」あるいは「(可能性が) 低くなった」と考える。

## 【発展作文3】

> **1.** ディーリングルームでは数秒間の判断の遅れが，何億かの損失を招くことになりかねない。
> 딜링 룸에서는 [ (단) 수초만 / { 몇 초만 } 판단이 늦어도 ] / [ 단 수초의 판단의 지

# 練習問題解答

> 연이)] / [단 몇 초(간) 판단이 늦어지는 것(만)으로(도)] {몇 억} / 수억 엔의 / {엔이나 되는} 손해를 {초래할 수(도)} / {초래하는 경우도} 있다.

①ディーリングルーム：金融機関などで為替取引や債券の売買を行うために特別に作られた部屋を指す。ひとまず外来語を使っておけばよいだろう。②判断の遅れが：「遅れ」を名詞で書こうとすると「遅延」という漢字語を使わざるをえないので，「判断が遅れても，判断が遅れれば」や「遅い判断が」のような動詞的表現に書き換えるとよい。③何億かの：「か」は無理に書こうとしない方がよい。単位は円でもウォンでもよいし課題文に合わせて書かなくてもよい。몇は必ず分かち書きをする点にも注意を払ってほしい。④招く：人間を招待するわけではないので，「招来する，もたらす」を用いる必要がある。⑤ことになりかねない：危惧を示しているので「憂慮がある」と置き換えるか，可能性を示す構文である「未来連体形 수(도) 있다」を用いる。

**2.** あいつは中学時代にはいつも俺が描いた絵の真似をしては提出していたのに，美術の成績は俺より良かったんだぜ。まったくやってられんよ。

> 그 녀석은 {중학생 시절에는} / {중학교 때는} / {중학교 다닐 때는} 늘 / 언제나 / 항상 내가 그린 그림을 흉내내서는 / 베껴서 제출했는데 / 냈는데(도) 미술 성적은 / 성적이 나보다 {좋았다구} / {좋았단 말이야}. 정말 어이없더라고 / 짜증나더라고.

①中学時代：歴史の話をしているわけではないので，시대ではなく시절 / 때を用いる。②絵の真似をする：「絵を真似る，絵を写す」と考える。③ては：「は」は必ずしも反映する必要はないが，아서 / 어서と고の選択が重要。④良かったんだぜ：좋았다니까 / 좋았다고が悔しさの니까や고を含み課題文のニュアンスに最も近い。⑤やってられんよ：韓国語では，ここの時制を現在にすると今の気持ちを，過去にすると当時悔しかったことを表す。ここは더라고を用いるのが自然。

**3.** ガスに鍋をかけ，湯が煮たつまでの間にキュウリを手早く刻んで塩で揉み，下ごしらえを済ませておく。

> 가스 불에 / 레인지에 냄비를 올려 / 얹어 놓고 물이 {끓을 때까지} / {끓는 사이

에／동안에} 오이를 재빨리 썰어 소금으로 버무려서, {요리／사전／미리 준비를}／ 밑준비를 {해 둔다／놓는다}／{끝내 둔다}.

①ガスに：「ガスの火に，ガス台に，ガスレンジに」のように訳すほうがよい。②かけ：ガス台に鍋を載せるのだから걸다は間違い。올리다か얹다を用いる。また，「かけておいて」のような表現にする方が良い。③煮立つまでの間に：「煮立つ前に，煮立つときまで」と書く方法と，「煮立つ間に」と書く方法とがある。사이에と동안에はほとんど同じように用いられるが，사이は比較的短い間であり，동안は사이と比べると少し長い間という程度のニュアンスの違いが感じられるようである。この文脈ではどちらも可能である。④塩で揉み：道具・手段の로／으로か，場所の에かで迷うところであるが，前者は塩をまぶす程度であるのに対して後者は塩の入った容器にキュウリを浸けるという感じがする。「手早く刻んで塩で揉み」で아서／어서が連続して現れるのが気になるが，一方を아／어，他方を아서／어서にして切り抜けるのも一つの方法であろう。⑤下ごしらえ：「事前準備，料理の準備」と考えればよい。

**4.** 週休二日制度が発足した当初は，本来は休みのはずだと思いつつも，土曜日に職場に出てこないのは何となく仕事を怠けているように思われないかと不安に感じて出勤してくる社員が多かったそうだ。
{주 5일제가}／{주 5일 근무제도가} 시작된／시행된／발족된 당시는／당초에는, 본래는／당연히 쉬는 날이라고 생각하면서도／{생각하는 한편}, 토요일에 직장에 {안 나가는 것은}／{나가지 않는 것이} 어쩐지 {일을／근무를 게을리하고 있는}／{게으름을 부리는} 것처럼 보이지／{남들이 생각하지}／{오해 받지} 않을까 {불안하게 여겨}／불안해서 출근하는 사원(들)이 많았다고 한다.

①週休二日制度：韓国語の発想では「週5日制」である。②当初は：時を示す名詞は，主語でない限りは助詞の에を付けるほうが良い。③本来は休みのはずだと：「本来は」は副詞で書いてもよいし形容詞の述語（～が当然だ）でも表現可能である。④思いつつも：逆接の면서を用いるのが最も書きやすい。⑤怠けているように思われないかと：受け身にするよりは「他人が思う，見える，誤解を受ける」のように考えると書きやすくなる。⑥不安に感じて：「感じる」にこだわらず，単に「不安だ」という形容詞だけでもよい。あるいは「心配して」と書いてもよい。

# 練習問題解答

> **5.** 末っ子は父親似の端正な顔立ちをしているが，病気知らずの健康な体質は母親から受け継いでいた。
>
> 막내는 아버지를 닮아(서) { 단정하게 생겼고 } / { 단정하게 / 반듯하게 생긴 한편 } / 잘생겼는데, 병을 모르는 건강한 체질은 어머니한테 / 어머니한테서 물려받았다.

①父親似の：「父親に似ていて」と考えるのが最も書きやすい。連体形にしてもよい。아버지를 닮았고としてしまうと「似ていたし」のように並列関係を示すことになり後続の「端正な顔立ち」との関係が途切れてしまうので不可。②端正な顔立ちをしているが：端正な顔立ちと病気知らずとは論理的な関係がないので，逆接の지만でつながない方がよい。並列のユまたは「連体形 한편」を用いるのがよいが，対比と考えて前置きの는데でも可。③病気知らずの：「病気を知らない，病気に罹らない」と考えればよい。④受け継いでいた：単に받다では不十分だが，받았다とすると末っ子が今は死んでいるというニュアンスになるので注意すること。


> **6.** やはり本番の発表ともなると練習のようにはいかないなと思いながらノートパソコンを操作しているところへ突然の質問が飛んできたから，しどろもどろになってしまった。
>
> (Ⅰ) 역시 { 실제 발표에서는 } / { 실제로 발표하는 자리에서는 } / { 실제로 발표할 때에는 } 연습하고는 / 연습과는 전혀 다르다고 생각하면서 { 노트북으로 발표하고 } / { 노트북을 움직이고 / 작동시키고 } 있는데(○) / 있었는데(○) / 있었더니(△) 갑자기 질문이 날아와 쩔쩔맸다 / 횡설수설했다○ / { 횡설수설한 대답을 했다△ }.
>
> (Ⅱ) 역시 실제로 발표하게 되면 연습(할) 때처럼은 안 된다고 생각하면서 노트북을 조작하고 있는데 갑자기 { 질문을 해 와서 } / { 질문이 날아와서 } 횡설수설했다.

①やはり：역시が正解。과연は「さすが」に近く「期待通り」というニュアンスを含むのでこの文脈では不可。②本番の発表：「実際の発表」と考えればよい。名詞的な表現と動詞的な表現が可能。名詞的な表現：정식 발표。動詞的な表現：실제로 발표하(다)。③〜ともなると：「も」や「なる」にこだわらない方が

LESSON 03

よい。「本番の発表」を名詞的に表現するか動詞的に表現するかによってこの部分も変わる。助詞と語尾による表現：는 / 라서 / 야 / 에서는。動詞的な表現：게 되면が最もよい。④練習のようにはいかない：「練習のようにはできない」が文字通りの訳であるが，「～とは異なる，～ほど簡単ではない」と訳すことも可能。⑤操作しているところへ：「操作していると」と考えると訳しやすい。この文脈での「ところ」は場所を表わしているわけではない。ただし，조작하다を用いるよりは，「パソコンで発表する」と書く方がよい。⑥突然の質問が飛んできたから：「突然質問されたので，突然質問が出たので」と書ければ十分である。⑦しどろもどろになる：「慌ててわけのわからない答えをする」と書けていれば可。文末の「てしまった」は必ずしも버렸다にしなくてもよい。

**7.** 昔は家族の見送りに車内に乗り込んでそのまま次の駅まで話しこんでしまったという嘘のような話があったそうだ。

（Ⅰ）옛날에는 가족을 전송하려고 차내에 /{ 열차 안(으로) 까지 } 들어가 / 올라탔다가 그대로 다음 역까지 이야기하면서 가 버렸다는 거짓말 같은 일이 있었다고 한다.

（Ⅱ）옛날에는 가족을 배웅하러 차내까지 올라타서 그대로 다음 역까지 이야기에 빠졌다는 / 열중했다는 거짓말 같은 이야기가 있었다고 한다.

【背景説明】「車内」という言葉が，現代社会のように数分おきに発着する電車ではなく到着してから発車するまで30分以上の余裕があり，のんびり車内に乗り込んで見送りができた時代の汽車を指すということが連想できることを期待している。①昔は：日本語には時を示す助詞の「に」がないが，韓国語では主語でない限り，時を示す名詞の後には에があるのが自然である（もちろん「今日，最近」のように例外はある）。従って옛날에는がよい。예전에는も可。옛날은は不自然。②家族の見送りに：「家族を見送るために，家族を見送ろうと」と書ければ十分である。③乗り込んで：아서 / 어서または完了の語尾았다가を用いるのがよい。고は不自然。④次の駅まで話しこんでしまった：単に「次の駅まで話に熱中した」と書いてもよいが，「話しながら次の駅まで行ってしまった」と書くとさらに明確になる。⑤嘘のような話：この場合の「話」は「出来事」と訳すことも可能である。

**8.** 大下氏の机の上には書きかけの書類が溜まる一方だったが，昇進の辞令を受けてか

## 練習問題解答

らの仕事振りは目を見張るものがあった。

(Ⅰ) 오시타 씨의 책상 위에는 쓰다 만 서류가 (계속) 쌓이기만 했는데 승진 발령을 { 받은 후 } / 받으면서부터 열심히 일하는 자세는 / 모습은 놀랄 만했다.

(Ⅱ) 오시타 씨 책상 위에는 쓰다 만 서류가 (계속) 쌓이기만 했는데, 승진 발령 / 사령장을 받고 나서 일하는 모습을 보면 정말 놀랄 만큼 달라졌다.

①書きかけの：中断の語尾다가を用いればよい。②溜まる一方だったが：기만 했지만を使うのが最も良い。③辞令を受ける：「辞令」の音読みの사령は辞書にはあるが「外交辞令」のように「応対の言葉」が主で人事異動の辞令という意味での使用頻度は低い。ただし，사령장は人事異動に関連する単語としてよく用いられる。사령をインターネットで検索する「司令」と「死霊」とが多かった。通常は「발령 発令」を用いる。④してからの：「の」にこだわると訳しにくくなる。連体形후または고 나서を使って，副詞的な表現にすると訳しやすくなる。同じ意味を表わす表現として면서부터（〜して以降）もある。⑤仕事振り：「仕事をしている姿，様子」または「彼が成し遂げた仕事」と考えればよい。⑥目を見張るものがあった：「驚くに値した，感動するに値した」などと訳せばよい。

**9.** 天下りの社長が何代か続いた後の，久々の生え抜きの社長の登場とあって社員の士気はいやがうえにも高まっている。

(Ⅰ) 낙하산 인사로 부임해 온 사장이 몇 대 계속된 / 이어진 후에 오래간만에 입사 때부터 계속 / 쭉 근무해 / 일해 온 사람이 사장이 되어서 사원들 / 직원들의 사기는 더욱더 올라갔다 / 높아졌다 / 충천됐다.

(Ⅱ) 낙하산으로 취임한 사장이 몇 대인가 계속된 후에 오랜만에 회사에서 계속 근무해 온 사장이 (회사 내부에서) 등장했다는 점도 있고 해서 사원들 / 직원들의 사기는 더욱더 올라갔다.

①天下りの社長：「天下り」は韓国語では「낙하산 인사 落下傘人事」という慣用句がある。②何代か続いた後の：「の」にこだわらないで「後に」と副詞的に訳すほうがよい。③久々の：「の」にこだわらず「久しぶりに」と書く方が簡単である。④生え抜きの社長の登場とあって：「入社時からの社員が昇進して社長になったので」という意味である。⑤社員の士気：「社員」は사원よりも사원들の方が韓国語としては自然である。「士気」は사기であるが의욕（意欲）と書いてもよい。사기が日常語として最もよく用いられる

のはスポーツであろう。기세는 ややずれるようである。⑥いやがうえにも：程度が甚だしいことが表現できればよい。⑦高まっている：進行中の動作ではない。結果を示す過去形が最も自然である。「충천되다/충천하다 (衝天) 天を突く」という表現も知っておくとよいだろう。

---

**10.** その薬局は市民病院から道路ひとつ<u>渡っただけのところ</u>にあったので処方箋を持った患者で終日にぎわっていた。

（Ⅰ）그 약국은 시민 병원에서 ｛도로 하나 건너면 되는｝/｛도로 바로 건너편의｝ 가까운 곳에 있었기 때문에 처방전을 가진 환자들로 하루 종일 ｛붐비고 있었다｝/ 붐볐다.

（Ⅱ）그 약국은 시민 병원에서 ｛길을 하나 건너 바로 근처에｝/｛바로 길 건너에｝ 있었기 때문에 처방전을 가진 / 받은 환자들로 하루 종일 ｛붐비고 있었다｝/ 붐볐다.

---

①道路ひとつ渡っただけのところにあったので：「ひとつ」を表現したい。「だけ」の位置にも注意したい。「ので」は論理的な因果関係が成り立つので기 때문에がよさそうだが, 아서 / 어서も可能であるし, 主観的な理由の「から」に相当する니까もこの文脈では可能。【表現 28】も参照のこと。②処方箋を持った患者で：환자よりも환자들の方がより自然になる点にも注意したい。③にぎわっていた：「混雑していた」と考えればよいだろう。

# LESSON 04

## 【基本作文4】

**1.** 腎臓が弱ってくると，濾過機能が低下して尿に蛋白質が混じるようになる。食欲不振や息切れなどの自覚症状が出る前に年に一度は人間ドックを受けるのが望ましい。

신장이 약해지면 여과기능이 낮아져서 / 저하돼서 뇨에 / 오줌에 단백질이 섞이게 된다. 식욕부진과 / 식욕저하와 / ｛식욕이 없어지고｝ 숨이 차는 등 ｛자각증상이

# 練習問題解答

> 나타나기 / 생기기 } / { 자각증상을 느끼기 } 전에 일 년에 한 번은 종합 검사를 / 검진을 받는 것이 바람직하다 / 좋다.

①弱ってくると：약해지면が基本。약하게 되면は許容範囲であるが，쇠약해지면は不自然である。②低下して：낮아져서 / 저하해서 / 저하되어서 / 떨어져서 (落ちて) / 나빠져서 (悪くなって) は可能だが，저하되고は語尾がおかしい。「低下した結果現象が現れる」という因果関係を示すことができない。③息切れなどの：動詞の連体形を用いて숨이 차는 등 (息が切れるなど) とするのが最も簡単で，かつ韓国語としても自然。無理に名詞にしようとすると不自然になる。④望ましい：바람직하다が基本だが，좋다 / 바람직스럽다でもよい。

> **2.** ご努力の甲斐あって受賞なさった<u>由</u>，誠におめでとうございます。
> 노력하신 보람이 있으셔서 / 있어서 수상하셨다니 / { 상을 받으셨다니 } / { 수상하셨다고 들었는데 } 진심으로 축하드리겠습니다 / 축하드립니다.

【背景説明】この日本語は「由」ということばがあるところから見て手紙文の文体を持っていることを考慮する必要がある。①ご努力の甲斐あって：【表現37】を参照のこと。②～した由：作文に取り掛かる前に，日本語の意味を確認しておく必要がある。これは，伝え聞いた内容を本人に確認する表現である。日本語では手紙文における決り文句が多く存在するが，韓国語では特に定まった表現がないことが多い。상받으셨다고 들었는데 (受賞なさったと聞きましたが) のような平易な表現でも十分である。수상하셨다니が最も自然な表現。

> **3.** ここんとこ毎日キムチを食べてるせいか<u>白粉（おしろい）の乗りが良くなった</u>って里子ずいぶん喜んでたわ。
> （Ⅰ）요즘 매일 김치를 먹어서 그런지 { 분이 잘 먹게 됐다고 } / { 화장이 잘 받는다고 } 사토코(가) 아주 좋아하던데 / 좋아하더라 / 기뻐하던데 / 기뻐하더라고.
> （Ⅱ）요즘 김치를 매일 먹어서 그런지 분이 잘 먹는다며 사토코가 되게 / 꽤나 좋아하더라 / 좋아했어.

LESSON 04

①ここんとこ:「最近」と書ければよい。②毎日:매일이 最も無難。맨날은 やや不自然。②食べているせいか:理由と疑問が合わさった形式を用いる必要がある。③白粉の乗りが良くなった:「乗り」という名詞表現を動詞に変えて「良く乗るようになった」と書くと良い。「白粉」は분でよいが, 화장 / 파운데이션なども可。④里子:文頭に「사토코가 말이야, 里子がね」と書く方法もある。

**4.** あの人は自分の身勝手さに気がついてないから余計に始末が悪いのよ。
　(Ⅰ) 그 사람은 자기가 염치없다는 / { 자기 멋대로라는 } 걸 { 알아채지 / 자각하지 못하고 } / 모르고 있으니까 / 있어서 [ 더욱 다루기 { 힘든 거야 } / 힘들거든 / 힘들어 ] / [ 더 문제야 ] / [ 문제가 더 심각해 ].
　(Ⅱ) 그 / 저 사람은 자기가 얼마나 제멋대로인지 모르니까 그게 더 문제야 / { 머리 / 골치 아파 } / { 곤란해 }.

①身勝手さ:名詞では表現しにくいので「身勝手であること, どれほど身勝手なのか」のように引用形式で表現するのがよい。②気がついていないから:日本語の感覚では깨닫다や알아차리다が良さそうに思えるが, 모르다を用いても構わない。ただし, 깨닫다を用いる場合は日本語とは異なり他動詞なので것에ではなく것을を用いる必要があるのと, 否定部分は않아서 /{알아 차리지 않았기 때문에}ではなく{못하고 있으니까} / 못하니까 / {못하기 때문에}のように話し手の意志が含まれない不可能の形式にする必要がある。③始末が悪い:「扱いにくい」または「問題だ」と考えればよい。곤란해も可能。

**5.** 嫌ねえ。思い出し笑いなんかして。
　(Ⅰ) 아이, 얘도 참. 또 혼자 웃고 있네. 무슨 생각이 난 거야?
　(Ⅱ) 뭐야? (또) 무슨 생각하고 (혼자) 웃는 거야?

短いけれども訳しにくい文である。会話文なので長く書くと説明調になるので, 解答例のように3つの短い文をつなぐというのも一つの方法であろう。
①嫌ねえ:本当に嫌だと思っているわけではない。からかいのニュアンスあるいは「一体どうしたの」「この子ったら」という気持ちであろう。②思い出し笑いなんかして:「何かのきっかけで忘れていたことをふと思い出してニヤニヤ笑う」という意味であろう。思い出した内容はさまざまであるが少なくとも楽しい思

い出であろうが，これに相当する語が韓国語にはないので説明的にならざるを得ない。ただ，「思い出す」というニュアンスは必ずしも含めなくても言いたいことは伝わるようである。「思い出す」にとらわれ過ぎるとかえって不自然になるので気をつけたい。

---

**6.** [メガネ店で] コンタクトのお客様こちらへどうぞ。
(Ⅰ) 콘택트렌즈 사러 오신 손님 이쪽으로 오세요.
(Ⅱ) 콘택트렌즈 / 렌즈 맞추러 / 사러 / 찾으러 오신 손님 / 고객님 / 분 이쪽으로 오세요.

①コンタクト：コンタクトレンズの意味である。韓国語では콘택트렌즈または単に렌즈と言う。②コンタクトのお客様：「コンタクトレンズを買いに来たお客様」と訳せれば充分である。「そこのメガネの学生」とは言えても，「コンタクトをした人」という意味でお客さんに「コンタクトのお客様」と呼びかけるのは失礼であろうし，外から見てコンタクトをしているか否かは分からない筈である。③こちらへどうぞ：「こちらの方へおいで下さい」と訳せれば正解である。

---

**7.** 僕は毎日寝る前に洗濯をしないと気が済まない性質(たち)なんです。
(Ⅰ) 나는 매일 자기 전에 빨래를 하지 않으면 직성이 안 풀리는 성격이에요 / 성격입니다.
(Ⅱ) 나는 매일 자기 전에 빨래를 해야 직성이 풀리는 성격입니다.

①洗濯をする：この文脈では빨래를 하다 (◎)，빨래하다 (○)，세탁을 하다 (△) となるようである。세탁はクリーニング店で行う感じを受ける。②AしないとBしない：日本語と同じ構文を取れば ( ⅰ ) A하지 않으면 B하지 않다であるが，( ⅱ ) A해야 B하다も韓国語らしい表現である。解答例を参照のこと。③気が済まない：직성이 안 풀리다という慣用句がある。④〜なんです：입니다が最も無難である。前の文脈があってその説明であれば거든요も可能。

---

**8.** ピストルの音を合図に我々は一斉にプールに飛び込んだ。

(Ⅰ) { 출발을 알리는 신호탄이 } / { 출발 신호탄이 } / { 총소리가 } / { 총성이 } 울리자 우리는 일제히 풀장으로 뛰어들었다.
(Ⅱ) { 출발을 알리는 신호탄을 } / { 출발 신호탄을 } / { 출발 총 소리를 } 신호로 우리는 일제히 수영장으로 뛰어들었다.

①ピストルの音:「ピストル」に対する感覚が日本語と異なる点に注意したい。韓国語では, 총소리, 총성は, 戦争, 事件などが連想されるので, 총소리や총성よりも, {출발을 알리는 신호탄}/{출발 신호탄}のほうがよさそうである。②音を合図に:助詞だけで済ます方法と動詞を用いて表現する方法がありうる。③プールに:풀장という外来語よりも수영장の方が頻度が高い。풀もひとまず『標準国語大辞典』の見出し語にはある。助詞は에よりも으로の方が動きが感じられるので, プールに飛び込む「動き感」を出すには, 으로のほうがよさそうである。

**9.** あいつの話はみな誰かの受け売りさ。
(Ⅰ) 그 녀석 / { 녀석이 하는 } 얘기는 다 { 누구한테 들은 } / { 누가 한 } 말이야 / 얘기라구 / { 말을 그대로 되풀이하고 있을 뿐이지 / 뿐이야 }.
(Ⅱ) 그 녀석이 하는 얘기는 어디서 다 주워들은 얘긴데 항상 아는 척하면서 말해 / 말한다구.

①の話:名詞だけでもよいし動詞的に表現してもよい。(하는) 이야기는 / 말은。②みな:「すべて」という名詞で表現すれば十分だが, 「常に」と副詞的にも表現できる。③誰かの受け売り:「誰かが言ったこと」または「誰かに聞いたこと」を「そのまま話している」と考えればよい。

**10.** そんな芝居がかりのせりふで私を口説いても無駄よ。
(Ⅰ) 그런 { 드라마에서나 들을 / 볼 수 있는 } / { 드라마 대사 같은 } / { 드라마에나 나오는 } 말로 날 꼬셔도 / { 꼬셔 봤자 } 소용없어(요).
(Ⅱ) 그런 연극 같은 대사로 절 / 저를 꼬시려 해도 소용없어(요).

①芝居がかりの:「芝居のような」と考えればよいだろう。②せりふで:この部分は話し方よりも内容を問

# 練習問題解答

題にしているので、「芝居のせりふ」ではなく「言葉」と考える方がよい。③口説いても：「口説く」は男女間のみならず交渉の際にも用いられる。ここでは文脈が明示されていないのでどちらの可能性もある。

## 【発展作文4】

> **1.** なんて長電話なんだ！　いいかげんに切れよ。
> 무슨 전화가 그렇게 길어? [{적당히 끊으면}/{그만 하면} 어때/{안 돼}?]/
> [{적당히 하고}/{대충(대충) 하고} 끊어].

①なんて＋形容詞連体形＋名詞＋感嘆形：この構文を感嘆文で訳すのは初級段階であり、上級段階では「무슨/웬 名詞 形容詞終止形」のような書き方が要求される。なお、指示詞はこんなにではなくそんなにが適切である。너 무슨 통화를 그렇게 오래 하는 거야!のように動詞的に表現してもよい。②いいかげんに：「適当に」という訳、「それくらいにして」という訳、「早く」という訳が考えられる。

> **2.** こういう客あしらいのそつのなさというのは京都ならではのものであろう。
> （Ⅰ）이렇게 {손님 대접을 실수 없이 해낼 수 있는 것은}/{실수(가) 없는 손님 대접은}/{손님 대접을 완벽하게 해내는 것은} 교토가 아니고서는/아니면 맛볼/기대할 수 없을 것이다.
> （Ⅱ）이렇게 손님을 기분좋게 하는 대접은 교토에서나 맛볼 수 있을 것이다.

①客あしらいのそつのなさ：ひとまず「お客のもてなしを失敗なくする」程度に考えればよいだろうが、前後関係によっては「完璧にこなす」と書くこともできる。または「客を気分よくさせるもてなし」のように置き換えてもよいだろう（訳例（Ⅱ）参照）。②京都ならではのものであろう：「京都でなければ味わえないだろう」と考えればよいだろう。

> **3.** 一人旅の気安さからふと立ち寄った骨董店で思いがけない掘り出し物を見つけたときの喜びは何物にも代えがたい。

# LESSON 04

> 혼자 여행하는 홀가분한 마음에 문득 들어선 골동품 가게에서 { 생각지도 / 예상 치도 못 한 } / 뜻밖의 싸고 희귀한 물건을 발견했을 / 찾아냈을 { 때는 정말 기쁘 다 } / { 때의 기쁨은 이루 말(로) 할 수 없다 }.

①一人旅の気安さから：혼자 여행という名詞は存在しないので，動詞的に表現しなければならない。②ふと立ち寄った：「立ち寄る」の綴り字に注意すること。들린は들렸다という誤った形から連想したものであろうが，両者共に話し言葉でたまに見かける形式であり，間違いとされている。들리다가も同様に間違い。原形は들르다である。들어서다を使ってもよい。③掘り出し物：「手に入りにくい珍しい品物」という訳と，「よい品物を安く見つけた」という訳あるいは両者を交えた訳が可能。

**4.** 母：悪いこと言わないから一度この人と会ってみなさいよ。
  娘：嫌よ。金持ちの坊ちゃんなんてどうせチャラチャラした人に決まってるわ。
  母：本人に会いもしないうちからそんな風に決め付けるもんじゃないわよ。
  어머니：{ 너를 위해 하는 말이야 } / { 다 널 위해서니까 } / { 엄마 말을 믿어 / 믿고 }.
   이 사람 한번 만나 보렴.
  딸：싫어. 부잣집 도련님이라니 { 보나 마나 } / { 안 봐도 } ‖ { 날라리가 분명해 } / 날라리일거야.
  어머니：본인을 만나기도 전에 그런 식으로 멋대로 { (미리) 정하면 안 돼 } / { 함부로 말하는 게 아냐 }.

①悪いこと言わないから：積極的に「あなたのためだから」と訳すのも一つの方法であろう。また，ここで一度文を切る方が書きやすくなるだろう。②会ってみなさいよ：반말で言えばよい。母の言葉として만나 보렴はありうる。③金持ちの坊ちゃんなんて：定義の表現にするか，軽蔑の表現にする。④どうせ：会わなくてもわかるというニュアンスが出せればよい。解答例では보나 마나 (会っても会わなくても) としてみた。⑤チャラチャラした (人)：「軽薄な，うわべは派手だが中身がない」という意味である。俗語ではあるが，「날라리 (하는 일은 없으면서 외모만 잘 차려 입으며 놀기 좋아하는 사람)」という単語が近いと思われる。⑥会いもしないうちから：基本的には「会う前に」と置き換えればよいが，できれば強調のニュアンスを追加したい。⑦もんじゃないわよ：「〜してはいけない」という意味である。

## 練習問題解答

**5.** 母の荒れた手を見ていると，我々三人の兄弟姉妹(きょうだい)を育てるための<u>苦労</u>が<u>偲ばれ</u>，思わず目頭が熱くなった。

어머님의 거칠어진 / 거친 손을 보니 /｛보고 있으니｝, 우리 세 남매를 ｛키우기 위한 고생이 얼마나 컸었던가를 / 컸는가를 알 수 있어서｝/｛키우느라고 얼마나 고생하셨을까라는 생각이 들어서｝ 나도 모르게 눈시울이 뜨거워졌다.

①三人の兄弟姉妹：異性の兄弟が混じっている場合は남매를 用いるのが基本である。자매(姉妹)は女だけのきょうだいにしか用いることができないが，형제(兄弟)は男だけ・女だけ・男女混合のいずれのきょうだいにも用いることができる。数詞は固有数詞の세と漢数詞の삼が共に可能である。②育てる：動物は키우다と共に使用可。植物は키우다のみ。키우다は크다との関連から「大きくする」というニュアンスなので会社にも使える。기르다は躾けや才能を伸ばすことなどと結びつく。髭は「伸ばす」のであって「大きくする」わけではないので기르다は使えるが키우다は使えない。③偲ばれ：「思い出す」と「思いを巡らす」の2通りの訳が可能。

**6.** 近頃は猫も杓子も「<u>環境に優しい</u>」ことを強調しているが，中には<u>眉唾物の商品</u>も混じっているようだ。

요즘은 / 최근에는 다들 /｛너나 할 것도 없이｝/｛너나 나나｝'친환경적'이라고 / '친환경적'인 상품이라고 /｛'환경 친화적'이라는 면을 / 점을｝/｛친환경 상품이라｝강조하고 있지만, 그 중에는 눈속임하는 / 의심스러운 상품들도 섞여 있는 것 같다.

①猫も杓子も：「全て」という意味であり，生産者の立場に立って「誰もが」と訳すのが基本であろう。「どの商品も」という解釈はやや不自然である。②「環境に優しい」ことを：韓国でよく使われる表現は'친환경적'または'환경 친화적'である。③眉唾物の商品：「疑わしい，偽者」という方向で訳せばよいだろう。

**7.** 株式市場は今期の赤字決算を既に<u>織り込み済み</u>の模様で，記者会見の後もさほど株価は下がらなかった。

주식시장은 당기 적자 결산을 이미 예상했던 / 반영한 모양으로, {기자 회견 후에도} / {기자 회견이 끝난 후에도} 그다지 주가는 내리지 / 떨어지지 않았다.

①今期：今期をそのまま音読みした금기は辞書にはあるが，実例としては폴리오 백신 금기 사항など禁止の意味で用いられる「금기 禁忌 (タブー)」の頻度が遥かに高いので避ける方が良いだろう。実際には当期に相当する당기がよく用いられる。また経済用語としては上半期 (かみはんき)，第二四半期などがあり올 상반기 / 2분기などの形で用いられる。②織り込み済み：「反映していた，予想していた」などと訳せばよいだろう。③模様で：この「で」は難しい。接続の로 / 로서を用いた모양으로 / 모양으로서が正解。

**8.** 夏は暑いのがあたりまえで，最近みたいに冷房の効き過ぎた部屋で仕事なんかしてたら却って夏ばてしちゃうよ。
여름은 {덥기 마련인데} / {당연히 더운 건데}, 요즘처럼 {지나친 냉방 때문에 (너무) 추운} / {에어컨을 너무 (세게) 틀어 놓은} 방에서 일을 하다가는 / {하고 있으면} 오히려 {더위를 많이 탈 걸 / 거야} / {지칠 거야} / {힘들 거야}.

①あたりまえで：「当然で」と訳せばよいが，고でつなぐとそこで切れてしまうので不自然である。더운 게 당연한데のようにㄴ데でつなぐのが良い。②仕事なんかしてたら：「なんか」にはこだわらず単に「仕事」と書く方が良い。③夏ばて：{더위가 들다} / {더위를 먹다} / {더위를 타다} / {여름을 타다}という慣用句を用いてもよい。なお，「しちゃう」にはこだわらなくてもよい。

**9.** あなたまた太ったの？去年高いお金を出して誂えたズボンが入らないなんて不経済な人ね。
{여보, (당신) 또 살이 쪘어(요)?} / {(여보,) 당신 또 살쪘어(요)?} 작년에 비싸게 (주고) 맞춘 바지가 안 들어가다니 정말 돈이 많이 드는 사람이네.

①また：文脈から判断すると毎年太り続けているようだから또がよい。다시を用いると一度痩せた夫が再び太り始めたというニュアンスになる。또と다시の違いについては『間違いやすい韓国語表現100―中

# 練習問題解答

級編一』(白帝社, pp.131-132)を参照のこと。②去年：日本語は「に」がないが韓国語は작년에と言わないと不自然になる。③ズボンが入らないなんて：論理的には「体がズボンに入らない」であるが，日韓両言語共に「ズボンが入らない」という表現が存在する。【表現36】を参照のこと。④不経済な人ね：「お金のかかる人」と考えればよい。

**10.** 最近は洗濯物の乾きが早いからいいようなものの，こう毎日泥んこで帰ってこられたんじゃたまったもんじゃないわ！
요즘은 빨래가 금방 마르니까 그나마 / 그런대로 괜찮지만 / 상관없지만, 이렇게 매일 {옷을 흙투성이로 만들어 오면} / {옷이 흙투성이가 돼서 돌아오면} ‖ {(정말) 신경질 / 짜증 나} / {못 견디겠어} / {(정말) 내가 못 살아} / {(정말) 미치겠어}.

①洗濯物：빨래が普通の表現である。세탁물はクリーニング店のような感じがする。②乾きが早い：「洗濯物が早く乾く」と動詞的に考えると訳しやすくなる。③いいようなものの：「百歩譲って」の話であり，好ましいと思っているわけではない。したがって괜찮다であって좋다では意味がずれる。④泥んこで：「泥んこにして / 泥んこになって」と考える。⑤帰ってこられたんじゃ：被害の受身をそのまま韓国語に置き換えるのは難しい。この文脈では単に「帰ってくれば」と訳しておけばよい。

# LESSON 05

## 【基本作文5】

**1.** 何度説明してもらっても内容が理解できない。僕の頭が悪いのか説明が下手なのかどっちだろう。
{몇 번}/아무리 설명을 들어도 내용을 이해할 수 없다. 내 머리가 나쁜 건지 설명이 서투른 건지 어느 쪽일까?

LESSON 05

①説明してもらう：韓国で出版された日本語の教科書を見ると時折 설명해 받다という例文を見かけることがあるが，日常使われることのない極めて不自然な韓国語である。話し手を主語にする点は変えなくてもよいが，動詞を「説明を聞く」に置き換える必要がある。②内容が理解できない：「が」を를/을に置き換える点に関しては問題ないであろう。不可能に関しては何らかの理由があって理解できないので 이해할 수 없다 がよく，이해하지 못해は不自然である。また技術の習得と結びついた 이해할 줄 모른다を用いることはできない。③〜か〜か：〜-ㄴ 건지 〜-ㄴ 건지を用いればよい。

**2.** 口を開けて「あー」と言ってみて下さい。喉の奥が赤いですね。薬を出しますから毎食後一袋ずつお飲みください。
입을 벌리고 '아' 해 보세요. 목 안쪽이 빨갛네요. 약을 드릴 테니까 매 식후 한 봉지씩 드세요 / 잡수세요.

①口を開ける：動詞によってニュアンスが異なるので注意が肝要である。すなわち，입을 열다は比喩的に「口を開く」すなわち「話を始める」という意味であり，입을 벌리다が「具体的に口を開くという物理的動作」である。②言ってみて下さい：聞き手が「あー」と言うことによって話し手が利益を受けないので -아/어 주세요は使わない (本文解説参照)。「〜てみる」は -아/어 보다なので，結局は 해 보세요と書けばよいことになる。③出しますから：後に命令文が続くので -아서/어서や -기 때문에を使うことはできず，必ず -(으)니까を用いる。さらに，未来の出来事に言及しているのであるが，-겠으니까と言うことはできないので -ㄹ 테니(까)を用いる。

**3.** 早く帰ろうって言うのに家内が一向に尻をあげようとしないので困ってしまった。
빨리 가자고 / 돌아가자고 하는데(도) / 해도 집사람이 전혀 / 좀처럼 일어서려고 하지 않아서 / {앉았기 때문에} 난처했다.

①帰ろうって言うのに：勧誘文の引用形である。「帰る」は学習用語としては 돌아가다かもしれないが日常的には 가다をよく用いる。②尻をあげようとしない：「立とうとしない」と考えればよい。「尻が重い」を比喩的に使ってもよい。

45

## 練習問題解答

> **4.** おじいさんがお茶を<u>くれって</u>。
> 할아버지가 차를 /{ 차 좀 }{ 달라고 하셔 / 달라셔 / 달래 }.

【背景説明】この課題文では「くれって」をいかに表現するかがポイントである。日本語としては簡単であるが，依頼・命令を表す引用文であるという点で難しい問題である。さらに，話し手と聞き手の関係も事前に考えておく必要がある。すなわち聞き手が自分の兄弟なのか母親なのかで日本語では変わらないが韓国語では文末の丁寧さが달래と달래요の間で変わりうる。さらに，おじいさんに対する尊敬の念を表現する場合には달라셔＜달라고 하셔のようになる。このように考えると，할아버님께서 달래と書いたのでは敬語の用法が首尾一貫していない。また，引用動詞を続けないで달라고で文を終えてしまうと，「くれってば」のようなニュアンスになるので不可。

> **5.** お客さんに後片付けを<u>していただくわけには行きません</u>。どうぞ座っていてください。
> 손님한테 설거지를 시킬 수는 없습니다. 그냥 앉아 계세요.

【背景説明】一般家庭を訪問したお客さんに対して，家人が述べている場面を想定している。この問題でも授受表現の処理がポイントになる。①後片付け：食事の後片付けであれば설거지がよい。뒷정리であれば許容範囲であるが，뒤처리 / 뒷거둠というと「後始末」というニュアンスなのでややずれる。②していただくわけには行きません：尊敬を用いることに気を取られて손님에게 뒷정리를 해 주실 수는 없습니다と書くのは主語と述語が合わないので文法的に誤りである。「していただく」という日本語の謙譲表現をそのまま韓国語に訳すことはできないというのがこの問題のポイントである。『間違いやすい韓国語表現100（中級編）』p.41を参照のこと。

> **6.** ミヒョン（미현）を見かけたら，このまえ貸してやったノートを早く<u>返せって言っといて</u>。
> 미현이(를) 보면 / 만나면 { 얼마 전에 }/{ 지난번에 } 빌려준 노트 빨리 돌려 달라고 전해 줘.

①ミヒョンを：書き言葉では미현을でもよいが，話し言葉では子音で終わる名前の後には미현이のように

▶ 46

이를 付けるのが義務的であり，付けなければ不自然な感じを与える。②貸してやった：「貸す」を調べると빌다が出てくる日韓辞典もあるようだが，実際には「貸す」は빌려주다を用いる。③返せって：これはその前に「貸してやった」という言葉があるのだから，第三者に返せと言っているのではなくて話し手が「返してくれ」と言っているのだということに気付かなければならない。④言っといて：「伝えてくれ」と考えればよい。

---

**7.** あいつに何かを<u>してもらおうと思うと</u><u>説得するのに</u>時間がかかるから最近では誰も<u>相手にしない</u>ようだ。

그 사람한테 / 자식한테 / 녀석한테 뭘 { 시키려고 하면 } / 부탁하려면 설득하는 데 시간이 걸리기 때문에 요즘에는 / 요즘은 아무도 { 일(을) 시키려고 하지 } / 상대하지 않는 모양이다.

①してもらおうと思うと＝やりもらいの表現を使うのであれば 달라다를 使う。また，韓国語ではやりもらいの表現が使いにくいので「させる」「頼む」に置き換えもよい。また，생각하다를 사용하지 않는 편이 좋다. ②説得するのに：설득하는데と続けて書くと逆接の意味になるのでここでは誤り。설득하는 데と分かち書きしなければならない。③相手にしない＝「仕事を頼まない」と考えてもよい。

---

**8.** A：そのお弁当，課長さんが<u>ご自分で</u>お作りになったって本当ですか？
B：娘に少しは<u>手伝ってもらった</u>けどね。食べてみる？<u>まあまあいけるよ</u>。

A：그 도시락, 과장님이 손수 / 직접 { 만드셨다는 거 } / { 만드셨다고 들었는데 } / 만드셨다는데, 정말이에요?
B：우리 딸이 조금 도와주긴 했지만 말이야… (한번) 먹어 볼래(요)? { 먹을 만해 } / { 그런대로 맛이 있을 거야 } / { 제법 괜찮을 거야 }.

①ご自分で：과장님이 / 과장님께서 직접이 가장 적절하다. ②手伝ってもらった：「てもらう」の部分に工夫が必要である。③まあまあいけるよ：自分の意見ではあるが，相手に勧めているというニュアンスを盛り込む必要がある。

## 練習問題解答

> **9.** 母を<u>拝み倒して</u>成人式のお祝いに真珠のネックレスを<u>買ってもらった</u>。
> （Ⅰ）어머니한테 사 달라고 해서 성인식 축하 선물로 진주 목걸이를 받아냈다.
> （Ⅱ）어머니에게 (빌다시피) 사정사정해서 성인식 / 성년식 선물로 진주 목걸이를 { 사 달래서 받아냈다 } / { 선물받았다 }.

【背景説明】「てもらう」が含まれているので非常に難しい。全体の構文を変形するのが無難であろう。①母を拝み倒して：「何度も頼んで」と書ければひとまず可とする。②買ってもらった：文全体として主語と述語が一致するように書く必要がある。

> **10.** 仕事でミスをしたが，上司が<u>泥をかぶってくれた</u>。
> 일에서 실수를 했지만, 상사가 { *그 일을 뒤집어써 주었다 } / { 대신 책임져 주었다 }.

①仕事で：「仕事の上で，仕事において」と考えてもよいし，「仕事をしていて」と動詞的に考えてもよい。②ミス：「ちょっとした失敗，しくじり」を表わす単語は실수であり，실패はミスという表現には合わない。③泥をかぶる：「代わりに責任を負ってくれた」と考えるのがよい。

## 【発展作文5】

> **1.** 学生時代に「<u>仏の山口</u>」という綽名の先生がいたが，あの先生のお蔭で卒業できた学生が随分いたと思うよ。
> 학생 시절에 '야마구치 부처님'이라는 별명을 가진 선생님이 있었는데 / 계셨는데, 그 선생님 덕분에 졸업할 수 있었던 학생이 꽤 많았을 거야.

①学生時代に：歴史の話をしているわけではないので，시대ではなく시절 / 때を用いる。②仏の山口：比喩的な表現であるから工夫が必要である。この場合の「の」は所有格助詞ではなくて「のような」という意味であるから，「仏のような山口」あるいは「慈悲深い山口」のように考えるか，完全に比喩的に「山口

仏」と考える。③綽名の先生：この場合の「の」は「綽名を持った先生」という意味である。「綽名が『仏の山口』という先生」のように構文を変えるのもよい方法である。④と思うよ：생각하다を用いるよりも推量の形式にするのがよい。

> **2.** 最先端の知識や技術を身につけていなければその道の権威に教えを乞えばよいだけで，何も恥じることはない。恥ずべきは知ったかぶりをして自ら向上する機会を閉ざしてしまうことである。
> { 최첨단 / 첨단적인 지식과 기술을 } / { 첨단 지식과 기술을 } || { 자신이 / 자기가 가지고 / 갖추고 있지 않으면 } / { 자기한테 없으면 } 그 분야의 권위자에게 / 전문가에게 { 물으면 되는 것이며 } / { 가르침을 받으면 그만이고 } 부끄러워할 필요는 하나도 없다. 부끄러워해야 하는 것은 아는 척함으로써 스스로 향상할 { 기회를 놓치는 } / { 길을 막아 버리는 } 일이다.

①知識や：「や」の直訳は나 / 이나であるが，むしろ「와 / 과 / 하고 と」で訳す方が自然になる場合が多い。②その道の権威：その分野の権威者・専門家と考えればよい。③教えを乞う：うまく表現できなければ単に「물으면 尋ねる」とだけ書いてもよいだろう。④よいだけで：「だけ」にこだわらない方が自然な韓国語になる。⑤恥ずべきは：文語的な表現。「恥じなければならないことは」という意味である。⑥機会を閉ざす：自らの意思で機会を放棄するというニュアンスである。「機会を逃す」は自らの意思が入らないのでややずれるが許容範囲であろう。

> **3.** いつでも面会できるように取り計らうから任せてくれといっておきながら，今日に限って都合が悪いなんて，何のためにわざわざ有給までとって来たのか分からないじゃないか。
> 언제든지 만날 수 있게 해 줄 테니까 (다) 맡겨 달라고 해 놓고(선) 오늘따라 { 사정이 허락하지 않다니 } / { 만날 수 없다니 } [ 뭣 / 무엇 때문에 일부러 유급휴가까지 얻어서 / 받아서 / { 얻어 / 받아 가지고 } 왔는지 모르겠어.] / [ 일부러 유급휴가까지 얻어서 온 것이 다 허사가 됐잖아.]

## 練習問題解答

①取り計らう:文字通りには「便宜を図る，融通をつける」であるが，単純に「する」でもよい。②任せてくれと:動作が話し手に向かうので本文の文法解説で述べたように달라고を用いなければならない。③今日に限って:오늘따라が慣用的な表現である。【表現16】を参照のこと。④都合が悪いなんて:「都合」は訳しにくい単語である。「事情が許さない。会えない」と考えればよいだろう。⑤とって来たのか:間接疑問の形式を用いる。

> **4.** 「為せば成る」の精神でここまで頑張ってきたが，こう忙しくてはとても他の部署まで手が回らないよ。すまないけど君の方で適当にやってくれないか。
> '하면 된다'는 정신으로 지금까지 열심히 노력해 왔는데 / 왔지만 이렇게 바빠서야 도저히 다른 부서 일까지 거들 / 도울 / 신경쓸 여력이 없어. 미안하지만 자네가 / {자네 선에서} / {자네 쪽에서} 알아서 / 적당히 {해 주겠나?} / {해 줄 수 없겠나?} / {해 주면 안 되겠나?/ 좋겠어.}

①為せば成る:韓国で盛んに用いられたスローガン。話し言葉で言いかえれば「やればできる」になる。"하면 된다"が当時のスローガンである。②の精神で:この場合の「の」は所有格ではなく「～という」なので引用形式を用いる方がよい。③頑張ってきたが:「努力してきたが，奮闘してきたが」と考えればよい。④手が回らない:「手伝えない」と考えるのが良い。

> **5.** 新聞記者はしばしば先入観で記事をまとめようとする傾向があるので，インタビューの結論が話し手の意図と正反対になることが往々にしてあるそうだ。
> 신문기자는 흔히 선입견으로 기사를 쓰려고 / 요약하려고 / 결론지으려고 하는 경향이 있기 / 많기 때문에, 인터뷰의 결론이 인터뷰를 받은 사람의 의도와 정반대가 되는 경우가 / 일이 자주 있다고 한다.

①先入観で:선입관よりも선입견の方がよく使われる。②まとめようとする傾向:一般論なので連体形は現在時制の方がよい。「まとめる」は「整理する」以外にも「結論付ける，要約する，書く」などが考えられる。③話し手:「話者」とするよりは「インタビューを受けた人」とするほうが明確になる。

# LESSON 05

**6.** お前は後取りなんだからもっとしっかりしてくれなきゃ困るよ。お前が早く一人前になってくれなきゃ死んでも死にきれないよ。

(Ⅰ) 企業の後継者の場合：넌 후계자니까 더 책임감 있게 일을 해 주지 않으면 곤란해.

네가 / 니가 빨리 { 네 / 제 몫을 하게 되지 않으면 } / { 일처리를 너 혼자 해낼 수있게 되지 않으면 } / { 제 구실을 할 수 있는 사람이 안 되면 } ‖ { 안심하고 눈을 감을 수 / 수도 없다 } / { 죽으려 해도 죽을 수 없다 } / { 죽어도 눈을 감을 수 없다 }.

(Ⅱ) 単なる家の後取りの場合：넌 맏이니까 정신 차리지 않으면 곤란해.

네가 빨리 훌륭한 사람이 되지 않으면 죽어도 눈을 감을 수 없다.

①後取り：후계자는 正解。후사는 辞書には 載っているが，実際にはほとんど使われない。単なる家の後取りという意味なら 맏이や장남でも可。②しっかりしてくれなきゃ困るよ：똑바로 살아야지は可。정신 차리지 않으면 곤란하잖아は単なる家の後取りという場合なら可。③一人前になってくれなきゃ：독립해야は店の暖簾分けという意味でなら可能。

**7.** A：ちょっと行ってくるから後を頼むね。
B：なに言ってるの。肝心のあなたがいなくてどうするの。実（みのる）ちゃんに行ってもらいなさいよ。

A：잠깐 { 갔다올 / 다녀올 } 테니까 뒷처리 / 일처리 / 나머지 좀 부탁해.
B：무슨 소리 하는 거야. 주역인 / { (제일) 중요한 } 네가 없으면 어떡해? { 미노루를 (심부름) 보내지 } / { 미노루한테 가 달라고 그래 }.

【背景説明】言葉遣いから判断して親しい女性同士の会話であることはお分かりいただけると思う。①後を頼むね：뒷일을 잘 부탁해は可。뒤는 / 뒤를 부탁해も可。뒷처리 / 일처리 / 마무리 / 나머지などを使ってもよい。②なに言ってるの：「とんでもないことを言う」というニュアンスを持っているので말ではなく소리を使うほうがよい。また，進行形にしない方がよい。③肝心の：「中心人物の / 主役の」と置き換えてもよい。ただし，この「の」は同格の「の」なので，助詞の의ではなく指定詞の現在連体形である

51

# 練習問題解答

인을 用いて｛중심 인물인｝/ 주역인と書かなければならない。④実ちゃん：子供の名前と思われるので「ちゃん」にあたるものは付けずに呼び捨てにする。⑤〜に行ってもらいなさいよ：授受表現に対応しない「〜てもらう」である。「미노루를 심부름 보내지 그래. 実をお使いに送りなさいよ」のように構文を変える方が自然な表現になる。가 받다などと書くのは論外である。構文を変えないのであれば보고 다녀오라고 해가最もよい。

> **8.** 検査をしてもらいに病院に行ったところ，新米の看護師に当たったので採血の跡が青黒くなり，2，3日ズキズキと痛んで困った。
> 검사(를) 받으러 병원에 갔더니 / 갔는데 풋내기 / 신참 / 햇병아리 간호사가 담당했기 때문에 채혈한 자국이 / 데가 거무칙칙하게 되어 이삼일 / 며칠 동안 욱신거려서 /｛욱신거리며 아파서｝고생했다 / 혼났다.

①検査をしてもらいに：「検査を受けに〜受けるために」と考えればよい。②新米の看護師：풋내기 / 신출내기 / 신참 간호사などがよい。③〜に当たった：「〜が担当した」と構文を変えると書きやすくなる。④採血の跡：「跡」は자국か데を用いるのがよい。⑤ズキズキと痛んで：｛욱신욱신 아파서｝/ 욱신거려서 /｛욱신욱신 쑤셔서｝などがよい。⑥困った：고생했다が最も状況をよく伝えている。

> **9.** 母親は子供が自分で起き上がるまで起こしてやるまいと決心したが，とうとう根負けして抱き起こしてやった。
> 아이 어머니는 애가 혼자서 / 스스로 일어날 때까지｛내버려 두려고｝/｛일으켜주지 않으려고｝마음먹었지만 / 결심했지만, 결국｛못 이겨서｝/｛참다 못해｝/｛차마 더 두고 볼 수가 없어서｝안아일으켜 줬다.

①母親は：어머니는で完全に正しいが，아이 어머니는と書くほうがより韓国語らしい表現になる。②自分で：「一人で，独力で，自ら」などを用いればよい。③〜するまで：−ㄹ 때까지がよい。−기까지は「起きることまで」なので不可。④起こしてやるまい：文字通りに訳す方法と，「放っておく」と訳す方法とが考えられる。⑤根負けする：「耐えられなくなって」と考えればよい。

**10.** 冴えない漫才師が才女の誉れ高い美人女優と婚約したと聞いた芸能レポーターが記者会見に殺到したが，さすがに芸能人だけあって受け答えにそつがなかった。
보잘것없는 / { 별 볼일 없는 } / { ?? 풍채도 별로인 } / ? 신통찮은 개그맨이 / 코미디언이 { 재능있는 여자로 } / { 머리 좋은 여자라고 } 명성이 / 소문이 높은 / 자자한 미인 여배우하고 약혼했다고 들은 연예 / 예능 리포터들이 기자회견에 쇄도했는데 / 몰려들었는데, 역시 연예인답게 / { 연예인인 만큼 } 질의응답에(도) 빈틈이 없었다.

①冴えない：「つまらない，風采の上がらない」などと考えればよい。②漫才師：韓国の芸能で考えれば「ギャグマン」程度に訳せばよいだろう。③才女：漢字語を使うのであれば재녀よりも재원 (才媛) の方が良いが，どちらもあまり使用頻度が高くないので，「才能のある女性」と訳す方が良い。④の誉れ高い：「～として有名だ」と置き換えればよい。⑤さすがに：「やはり」と書ければ十分である。⑥芸能人だけあって：この場合の「だけ」は限定ではなく程度を示している点と全体が理由を示している点に注意。⑦受け答え：「応答，やりとり」などと訳せばよい。응답は正解。대답は答える方だけなのでやや物足りない。⑧そつがなかった：「冴えわたっていた，上手にこなした」と考えればよい。

# LESSON 06

## 【基本作文6】

**1.** 新しくスポーツを始めるには年をとりすぎているって皆に言われたけど，卓球ぐらいなら大丈夫だよね。
새로 스포츠를 시작하기에는 / { 시작하는 데는 } 너무 늦었다고 말들을 하지만 탁구 정도라면 괜찮겠지?

①新しく：「新しい」には새と새로운があるが，その違いは以下のようになる。새：「新品の，できたばかりの」という意味。冠形詞なので名詞を修飾する働きしか持たない。새롭다：「これまでなかった，これま

でとは内容の異なった」という意味。従って，새 책は新品の本で，새로운 책は内容的にこれまでとは異なった本。새 가게は新築の店。새로운 가게は店の雰囲気を変えてこれまでとは異なった新鮮な感じを与える店。새로はこれまで運動をしていなかった人が始めるというニュアンスであり，새롭게 / 새로운はこれまでも運動をしていたが，それとは別に運動を始めるというニュアンスである。ともに正解としてよい。②始めるには：日本語は動詞の基本形に直接助詞が付いているように見えるが，韓国語ではそのようなことはあり得ない。「語幹＋語尾＋助詞」あるいは「連体形＋依存名詞＋助詞」にする必要がある。시작하기에는が正解。시작하는 데는でもよい。③言われたけど：個人が主語なので「人々が言う」という能動形にするのが良い。時制に関しては，必ずしも課題文に合わせて過去にする必要はない。④大丈夫だよね：推量＋確認が含まれていればよい。なお，大丈夫を音読みした대장부には「立派な男」という意味しかない。

**2.** 過去のわだかまりはきれいさっぱり水に流して互いに協力し合いたいという提案が首脳会談の席で持ち出された。
과거의 / 옛날의 / 묵은 감정들은 / 응어리는 {깨끗이 씻어 / 잊어 버리고} / {다 없었던 것으로 하고} 서로 협력하자는 제안이 정상회담 자리에서 제기되었다.

①わだかまり：응어리以外に감정(憾情)を使ってもよい。単なる「気持ち」という意味の감정(感情)とは漢字が異なる点に注意されたい。②きれいさっぱり水に流して：「すべて忘れて，何もなかったことにして」と考える。③持ち出された：簡単に表現すれば나왔다 / 제출됐다で十分であるが，政治記事というニュアンスを生かすならば제기되었다 / 제기됐다または거론됐다 / 거론되었다などを用いることを考えてみてもよいだろう。

**3.** A：約束の時間はとっくに過ぎてるわよ。あと5分待ってこなかったら帰るところだったんだから。
B：ごめんごめん。いつもの電車に乗り遅れちゃって。
A：今日はたっぷりお返ししてもらうわよ。
A：약속 시간이 / 시간은 {지난 지 한참 됐다구} / {벌써 지났다구}. 5분만 더 기다리다 안 오면 가 버릴 생각이었어.

B : { 미안, 미안 } / { 미안해, 미안해 }. 늘 / 항상 타는 전철을 놓쳐 버려서 말야 / 말이야.
A : 오늘은 { 비싼 걸 사 줘야 돼 } / { 한턱 제대로 내야 돼 }.

①とっくに過ぎてる：「とっくに」というニュアンスを如何に表わすかがポイント。②あと5分待って：「あと5分」は日本語と語順が異なる点に注意。②いつもの電車：簡単なようで難しい。「いつも乗っている電車」と置き換える必要がある。【表現58】を参照のこと。③たっぷりお返ししてもらう：この場合の「返す」は돌리다ではなくて갚다である。「おごってもらう」という方向でもよいだろう。

**4.** 人生最良の時期を，自分なりの価値観をほとんど形成しないまま無為に過ごした青年たちがニートと呼ばれる集団を形成している。
인생에서 가장 좋은 시기를 자기 나름(대로)의 가치관을 거의 형성하지 못한 채 헛되이 / { 아무 일도 하지 않고 } / 무위로 보낸 청년들이 '니트'라고 불리는 집단을 형성하고 있다.

①自分なりの：決まった言い方があるのでそれを使っておくのが無難であろう。②形成しないまま：채の前には動詞の過去連体形・存在詞の現在連体形が現れるのが基本である。③無為に過ごした：「何もせずに過ごした，無駄に過ごした」と考えればよい。④ニート：これは新語の紹介なのでそのまま外来語の니트を使っておけばよい。백수は韓国語で用いられている用語に置き換えたものであるが，「ニート」という新語が持っているニュアンスとややずれる可能性がある。

**5.** そもそも「家庭」とは何かと正面切って聞かれれば，はたと返答に窮せざるをえない。単に親子が共同生活をしているだけでは家庭とはいえないだろう。
도대체 / 무릇 '가정'이란 무엇인가하고 / 무엇이냐고 진지하게 / 대놓고 / { 맞대 놓고 } / 정면으로 { 질문을 받으면 } / { 누가 물으면 } 뭐라고 { 대답해야 할지 } / { 대답하면 좋을지 } ‖ { 당황할 / 난처할 수밖에 없다 } / { 당황하지 / 난처하지 않을 수 없다 }. 그저 부모와 자식들이 / { 아들 딸이 } 공동생활을 하고 있는 것만으로는 / { 것만을 가지고서는 } 가정이라 할 / 부를 수 없을 것이다.

# 練習問題解答

①そもそも：物事が「もともとどうであったか」を言うときに文頭に用いる語である。「いったい。だいたい」に置き換えて考えればよいだろう。무릇는 論説文で使われる「そもそも」に相当する語である。②正面切って：「まともに」という意味。③聞かれれば：主語を変えて「誰かが尋ねれば」とするか、「質問を受ければ」のように置き換えると訳しやすくなる。④はたと：「急に，咄嗟に」という意味である。⑤親子：韓国語には単独で「親子」に相当する単語が存在しないので「両親と子供，両親と息子・娘」のように具体的に表現せざるを得ない。

---

**6.** お父さんに最新式のパソコンを<u>持たせたところで</u>使いこなせるもんか。それこそ<u>猫に小判</u>だよ。

{ 아버지한테 최신식(인) 피시를 / 컴퓨터를 줘 / 주어 / 드려 봤자 } / { 아버지가 최신식(인) 피시를 / 컴퓨터를 사 / 써 봤자 } 제대로 못 쓰실 / 쓸 걸. 그야말로 / { 그게 바로 } '돼지 목에 진주지'.

【背景説明】日本語は父に対して敬語を使っていないが，韓国語の感覚としては尊敬の形式になっている方が自然である。

①持たせたところで：具体的に「手に持つ」わけではないので，「与える，買い与える」あるいは「使わせる」と考える方がよい。また，父が自分で買った場合にも日本語では課題文のように表現できるので「父が買ったとしても」と書いても正解になるだろう。②使いこなせるもんか：話し手は「まともに使えるはずがない，完璧に使えないはずだ」と考えているので強く否定する必要がある。文末は否定疑問で書く方法もある。③猫に小判：韓国語では「猫に小判」の代わりに「豚に真珠（の首飾り）」または「豚の首に真珠」をよく使う。『標準国語大辞典』では돼지에 진주 (목걸이)が記載されているが，Googleによる検索では돼지 목에 진주の用例が5倍以上あった。

---

**7.** 伝統工芸の分野において<u>名工</u>と呼ばれるような技術者になろうと思えば，<u>人並み以上の精進</u>が必要だ。

전통 공예의 { 분야에 있어서 } / 분야에서 명장이라 불릴 만한 기술자가 되려면 { 남다른 노력이 필요하다 } / { 남보다 더 (열심히) 노력해야 된다 / 한다 } / { 보통 노력을 가지고서는 / 해서는 안 된다 } / { 여간 노력해서는 안 된다 }.

①名工：優れた技術者という意味である。②呼ばれるような：ここでの「ような」は「似ている，傾向がある」という意味ではなくて「値する」という意味である。③精進：「しょうじん」と読み，「一所懸命に努力すること」を意味する。노력を用いれば良い。なお，「여간＋否定」で「並大抵の～ではない」という慣用句があるので，それを利用してもよい。

> **8.** 怒りに任せて辞めるなんていうことを軽々しく言ってはいけない。
> 화(가) 난다고 (해서) 그만두겠다는 말을 경솔하게 / 가볍게 / 함부로 해서는 안 된다 / 돼.

【背景説明】目上の立場の人が穏やかにたしなめている場面である。①怒りに任せて：「腹が立つからといって」と置き換えると訳しやすくなる。【表現60】を参照のこと。②辞めるなんていうことを：日本語の「なんて」は「などという」であるが，この言葉に含まれる引用形式にはあまりこだわらないほうが良い。③軽々しく：「大して考えもせずに」という意味である。

> **9.** 母がとりなしてくれたお蔭で父に怒られずにすんだ。
> 어머니가 { 잘 말해 줘서 } / { 말려 주셔서 } / { 잘 말해 주신 덕분에 } 아버지한테 { 혼나지 않고 넘길 수 있었다 } / { 혼나지 않아도 됐다 } / { 혼나지 않고 넘어갔다 }.

①とりなしてくれた：対立している二者の間に立って事態を収拾する行為が「とりなす」であるが，課題文の場合は親子喧嘩をしているというよりは失敗した子供に対して腹を立てている父をなだめているというニュアンスである。②お蔭で：連体形 덕분에が基本であるが，아서 / 어서でも可能であろう。③怒られずにすんだ：必ずしも「叱られる」という受身にしなくともよいし，「すんだ」は「無事に切り抜けられた」という意味なので 끝났다では不自然になる。

> **10.** 家内に勧められて退屈しのぎに始めた囲碁が思いのほか面白く，今では三日にあげず碁仇（ごがたき）と対戦している。
> { 집사람이 권하는 대로 } / { 집사람 권유를 받아서 } 심심풀이로 { 바둑을 시작

> 했는데 } / { 시작한 바둑이 } 뜻밖에 / 생각보다 / 의외로 재미있어서, 지금은 / 이제는 하루가 / 사흘이 { 멀다 하고 } / 멀다고 적수하고 대전하고 / { 바둑을 두고 } 있다.

①家内に勧められて：韓国語ではそのまま受動動詞を使えないので工夫が必要である。「勧めを受けて・勧めに」あるいは「家内が勧めるので」などが考えられる。②退屈しのぎに：「심심하다 退屈だ」の語根と「풀다 解く」の名詞形を組み合わせた심심풀이という単語を使うのが最も簡単である。③三日にあげず：「三日」は文字通り3日間という意味ではなく，ごく短い期間を意味する。従って「三日にあげず」とは，「間をおかず，たびたび，毎日のように」という意味の慣用句であり，「四日にあげず」とか「五日にあげず」という表現は存在しない。④碁仇：碁仇に直接相当する単語は存在しないので，好敵手のような単語に置き換えて考えるのがよいだろう。

## 【発展作文6】

**1.** 今度の日曜日にみんなでハイキングに行こうって<u>誘われた</u>んだけどあまり気が進まないんだ。代わりに<u>断っといて</u>くれない？

> 이번(주) 일요일에 다 같이 소풍 가자고 하는데 / 그랬는데 { 별로 마음이 내키지 않거든 } / { 별로 가고 싶지 않아 }. 나 대신 못 간다고 말해 / 거절해 줄래?

①誘われた：受身形でも書けるが，가자고 그랬는데のように書いてもよい。また，時制に関しても必ずしも過去形で書かなくてもよい。②気が進まない：마음이 / 기분이 내키지 않다でよい。③断っといて：「断わってくれ」と言えばよい。「～ておく」にはこだわらない方が良い。

**2.** せっかく大学院まで出て一流企業に就職したのに，お茶汲み仕事ばかり<u>させられる</u>のに嫌気がさして，3ヶ月で止めてしまった。

> 어렵게 / 힘들게 대학원까지 졸업하고 / 마치고 / 나와서 일류 기업에 취직했는데, 차 나르는 일만 시키니 / { 해야 되니 } (너무) 실망해서 / 싫어져서 / { 싫증이 나서 } (취직한 지) 3달 만에 그만두었다 / { 그만두고 말았다 }.

①せっかく：辞書で調べると真っ先に모처럼がでて来るが，この場合は不自然であり，苦労してというニュアンスを持たせて어렵게 / 애써 / 힘들어서 / 힘들게とするのが良い。일껏や일부러 / 모처럼は不自然である。②お茶汲み仕事：「お茶を運ぶ仕事」と考えればよいだろう。【表現57】も参照のこと。③嫌気がさして：話し手の気持ちとしては「会社務めに失望した」ということなので，실망해서が最も良い。

> **3.** グローバル化の名の下に目先の成果が問われるようになり，海のものとも山のものともつかない萌芽的なアイデアをじっくり育てるという姿勢が失われつつある。
> 글로벌화라는 / 세계화라는 이름 아래에 눈앞의 성과를 / 성과만 따지게 되어, { 결과를 예측할 수 없는 } / { 성공이 보장된 게 아닌 } ‖ 맹아적인 / { 싹트기 전의 } 아이디어를 { 긴 안목으로 보면서 } / { 시간을 들여 } 키워 가려는 { 자세가 점차 사라져 가고 있다 } / { 자세가 점차 사라지고 있다 } / { 자세를 잃어 가고 있다 }.

①名の下に：日本語と同じ発想で이름 아래에と書けばよい。ただし밑에は不自然である。②問われる：「質問される」という意味ではなく「追求される」という意味である。また，「問われるようになったために姿勢が失われつつある」という構文なので，고ではまずい。③海のものとも山のものともつかない：「成功するか失敗するか予測がつかない」という意味の慣用句である。

> **4.** 契約する寸前まで話が進んでいたのに更に良い条件を提示してくれる会社が現れたので，これまでの話はなかったことにして欲しいと申し出たら，散々嫌味を言われた。
> 계약하기 직전까지 이야기가 진전되었는데 더 좋은 조건을 제시해 주는 회사가 { 나타났기 때문에 } / 나타나서, 이제까지(의) / { 지금까지 해 / 검토해 온 } 이야기는 없었던 것으로 해 달라고 말을 꺼냈더니 / 꺼냈다가 / 했더니 / 했다가 실컷 / 호되게 { 빈정거림을 당했다 } / { 빈정거리는 말을 들어야 했다 } / { 싫은 소리를 들었다 } / { 이말 저말 별소리 다 들었다 }.

①「～する前に」が기 전에であることはよく知られているが，「する寸前まで」は「前」が「寸前」に変わっただけなので，連体形を使わずに，「動詞語幹＋기 직전까지」を用いるのが文法的な表現である。②これまでの話：単に助詞でつないでもよいが，지금까지 검토해 온 이야기 (今まで検討してきた話) / { 지금

까지 해 온 교섭｝/｛이제까지 해온 이야기｝/｛지금까지 한 이야기｝のように動詞的に表現してもよい。③なかったことに：「ことに」の「に」は決定・選択を示す助詞の로を用いる。④申し出たら：「申し出たところ」に置き換えられるので確定条件であり，면を用いるのは不可。

> **5.** 彼は素人ながら目利きだと評判なので，勧められるままに高価な絵を買ったが，いざ売る段になると二束三文でしか売れなかった。
>
> 그 사람은 전문가가 아닌데도／아니지만 ｛물건 보는 눈이 있다고｝/｛감식안이 좋다고／뛰어나다고｝ 소문이 난 사람이라(서), 그 사람이 권하는 대로 비싼 그림을 샀지만／샀는데, 정작／막상 팔려고 하니 아주 헐값으로밖에 ｛팔리지 않았다｝/｛안 팔렸다｝/｛못 팔았다｝.

①素人：「専門家ではない」という表現にするとよい。「門外漢」の音読み문외한を他人に対して用いると失礼な感じを与えるので要注意。②目利き：「鑑識眼がある」という内容で表現する。③勧められるままに：受け身にするか，彼を主語にした能動文で書くか2通りの方法がある。④いざ：課題文の「いざ」は掛け声ではないので，「実際に」という内容で表現するとよい。⑤売る段になると：「売るときには，売ろうとしたところ」と表現すれば十分である。「売ったところ」と書くと書きすぎになる。ただし，確定条件で書く必要がある。⑥二束三文で：非常に安い値段を示す表現に置き換えればよい。俗語では껌값（ガムの値段）と言うようである。

> **6.** 日本の大学には教師をきちんと評価するシステムが存在しないので，一度専任として採用された教師はよほどの不祥事を起こさない限り，書いた本人しか読まない学内紀要に論文を書き，お座なりな授業をしていればほぼ自動的に教授に昇進していく。
>
> 일본(의)／｛일본에 있는｝ 대학에는 교수를 엄격히 평가하는 시스템이／제도가 ｛존재하지 않기｝/없기 때문에, 한번 전임 강사로 채용된 교수는 어지간한／｛아주 큰｝ 물의를／문제를／불상사를 일으키지 않는 한, 그것을 쓴 ｛본인 외에는｝/｛본인을 빼고는｝||｛읽는 사람이 (아무도) 없는｝/｛아무도 읽지 않는｝ 학내 논문집에 논문을 쓰고 대충대충 수업을 ｛하고 있기만｝/하기만 하면 대개／대체로／거

의 자동적으로 교수로 승진한다.

①きちんと：よく使われる日本語であるが，内容がきちんと把握しにくい単語である。ここでは「まともに」と考えておけばよいだろう。②よほどの不祥事を起こさない限り：「よほどの」は「かなりの，相当な，非常に大きな」等と考える。「不祥事」はそのまま音読みしておけば良い。「限り」は連体形に한を続けるのが基本。③書いた本人：日本語には目的語がないが，韓国語としては그것을 쓴 본인のように目的語がある方が自然である。上級編としてのこの問題の一つのポイントである。④お座なりな授業：「いい加減な授業，誠意のない授業」という意味である。副詞を用いてもよい。

**7.** ちょっと君，人を呼びとめて道を尋ねておいて，教えてもらったらそのままお礼も言わずに行くなんて，一体どういう料簡だね。
{이것 봐요}/ 잠깐만. {지나가는 사람한테 말을 걸어서}/{지나가는 사람을 불러 세워서} 길을 물어 놓고, {가르쳐 주었더니}/{가르쳐 주니까}/{알게 되니까}/{알게 되면} 고맙다는 인사도 (제대로) {안 하고}/ 없이 그냥 가려다니 /{가려고 하다니.}‖{도대체 뭘 생각하고 있어?}/{예의를 몰라도 너무 몰라/모르네.}/{그 태도가 뭐야!}/{기본이 (전혀) 안 됐네.}

①ちょっと君：文末の「だね」という言葉から判断して話し手は年配の男性であろうと思われる。相手が20代以下であれば여보게を使うことができるが，30代ぐらいになるとさすがにそれは使えない。②呼びとめる：日本語を文字通り「呼んで立ち止まらせる」と訳そうとすると不自然な韓国語になりそうであり，「말을 걸다 声をかける」程度に訳しておけば十分であろう。③教えてもらったら：「教えてもらう」も直訳できない日本語である。学校での授業であれば가르침을 받다や배우다を使えるが，課題文ではそれは使えない。主語を話し手に変えて「教えてやったところ」と書くか，「知るようになれば」のように書く必要があるだろう。④お礼も言わずに：一見簡単そうだが，いざ訳そうとすると難しい。「ありがとうという挨拶もせずに」のように置き換えれば訳しやすくなる。⑤どういう料簡だね：わかりやすい日本語に置き換えれば「何を考えているんだ」程度になるだろうが，「礼儀知らずにもほどがある」のように訳すのも一つの方法だろう。

# 練習問題解答

> **8.** 選考委員会では侃々諤々の議論が繰り返された挙句，候補者を一人に絞り切れず再募集することになった。
>
> 전형 위원회에서는 옥신각신 논의가 되풀이된 / 거듭된 끝에 / 결과 후보자를 한 명으로 좁힐 / 결정할 수가 없어서 { 다시 모집하게 } / 재모집하게 되었다.

①選考：「선고 선고」という漢字語は通常用いない。「銓衡（せんこう）」の音読みである 전형 を用いる。②侃々諤々（かんかんがくがく）の：「〜の」の訳し方としては用言の連体形を用いて次に続く名詞の「議論」を修飾する形式にするか，副詞を用いると良い。侃は「性格などが強いさま，のびのびとしてひるまないさま」，「諤」はありのままに正しく言うという意味。全体としては「(1) 正しいと思う事を強く主張して意を曲げないこと，(2) 遠慮なく直言すること。大いに議論すること。」を意味する。韓国語の慣用句（副詞）としては 옥신각신 があり，意見が対立してまとまらないというニュアンスにはこの語を用いるのが最も適切である。③〜した挙句：「過去連体形 결과 / 끝에」がよい。④絞りきれず：「狭められず，決められず」と考える。

> **9.** 日本シリーズ開幕早々に2ゲームを落として優勝が危ぶまれたが，その後持ち直して3ゲームを連取し，優勝に王手をかけた。
>
> 일본 시리즈가 시작하자마자 2게임을 / 경기를 져서 우승이 위태로워졌지만 / { 어려울 것 같았지만 }, 그후 본래 { 실력을 발휘하여 } / { 상태로 돌아가 } 3게임을 / { 세 경기를 } || { 잇달아 / 연속 / 계속 이겨서 } / 연승해, 한 번만 더 이기면 우승하게 되었다.

①開幕早々に：「開幕するや否や，始まるや否や」と訳せばよい。②2ゲームを落として：「2敗して」という意味である。③持ち直して：「本来の実力を回復する」という意味で書ければよい。④3ゲームを連取し：「3連勝した」と訳せばよい。⑤優勝に王手をかけた：「優勝が目前に迫った，あと1勝で優勝する」という意味である。将棋用語を使って 장군을 불렀다 と書いたのでは通じない。

> **10.** 日本の少子化の趨勢が避けられないことが明らかになる何年も前から，一部の私

立大学では定員割れを起こしていたが，根本的な原因の究明は行われず，面倒な問題は常に先送りにされた。

일본에서 저출산 { 추세를 피할 수 없다는 } / { 추세가 불가피라는 } 것이 밝혀지기 / 뚜렷해지기 / 명백해지기 몇 년 전부터 일부 사립대학에서는 정원 미달 상태가 벌어지고 / 일어나고 있었지만, 근본적인 원인 규명은 이루어지지 않고 / { 않은 채 }, 골치아픈 문제는 늘 / 항상 (뒤로) 미루어졌다.

①少子化：「少子化」をそのまま音読みした 소자화 は普通用いられない。「低出産」に相当する漢字語を用いる。②明らかになる何年も前から：【発展作文6−4】の「契約する寸前」と同様に，기 전에と 몇 년を組み合わせるのが文法的な書き方。③定員割れ：「定員未達」という漢字語を用いるか「定員を下回る 정원을 밑돌다」という表現を用いるとよい。④究明：漢字をそのまま音読みした 구명 は通常用いられない。⑤先送りにされた：「延期された」と表現すれば十分である。

# LESSON 07

## 【基本作文7】

**1.** お取り込み中のところお手間を取らせまして誠に申し訳ございませんが，アンケートにご記入の上，お帰りの際に係りの者にお渡しくださいませ。

{ 바쁘신 / 일하시는 중에 } / 바쁘신데 번거롭게 해 드려서 정말 죄송합니다만, 앙케트를 / 설문지를 { 적어 주신 } / 기입하신 후 돌아가실 / 나가실 / 가실 때 담당자한테 { 건네주시기 / 돌려주시기 바랍니다 } / { 건네주세요 / 돌려주세요 }.

【背景説明】尊敬語を如何に韓国語で表現するか：お取り込み，お手間を取らせて。場面としては何かのイベント会場であることが予想され，主催者側の発言である。①お取り込み中のところ：「お忙しい時に」あるいは「お仕事中なのに」などと考えればよい。②お手間を取らせて：「ご面倒をおかけして」，「煩わせて」などと考える。謙譲形にするのが望ましい。③アンケート：設問紙が最も良い。④ご記入の上：「アンケートに記入してから，記入した後」と考える。

## 練習問題解答

> **2.** 道が<u>ぬかるんでおります</u>ことよ。<u>おみ足お気をつけあそばせ</u>。<u>お召し物</u>が汚れますわよ。
> 길이 질퍽거려요 / 질척거려요 / 질퍽해요 / 질척해요.
> 발밑(을) 조심하세요. 입으신 옷이 더러워지십니다 / 더러워지겠어요.

【背景説明】文体から判断して上品な女性の発話であることを感じ取ってほしい。①ぬかるんでおります：질다 / 질퍽하다 / 질척하다는「ぬかるんでいる」という形容詞である。動詞は질척거리다または질퍽거리다である。日本語は「ている」が付いているが，状態なので고 있다はつけない方が良い。「ことよ」は話し手が気付いていることに関して聞き手に注意を促しているので，発見の네요や推量のㄹ 거예요 / 様態의나 봐요を使うのは不自然である。②文末の「ことよ，あそばせ，わよ」は女性しか使わない言葉であるが，韓国語では男性言葉と女性言葉の区別がないので，この部分に関してことさら気を使う必要はない。③おみ足お気をつけあそばせ：「足」に尊敬の接頭辞が2個付いている。ここでは実際の足よりも「足元」と考える方が良いだろう。後半は「注意して下さい」と訳せればよい。④お召し物：尊敬の意味を含む名詞であるが，韓国語にはこれに相当する単語がないので，動詞を尊敬形にして「着ていらっしゃる服」と書けばよい。⑤汚れますわよ：「汚れます」と言えればよい。

> **3.** 恐れ入りますが<u>班長の皆様方には</u>，明後日の夕刻5時に公民館に<u>ご参集</u><u>くださいますよう</u>，ご案内申し上げます。
> 죄송합니다만 반장 여러분(들)께서는 모레 오후 5시에 공민관에 / 공민관으로 모여 주시도록 안내 말씀을 드리겠습니다.

①班長の皆様方には：「班長の」は「会員の皆様」と同様に所有の意味はなく，「皆さま」の役割を表しているので반장의は不可。同格の반장인は文法的に正しいが，반장だけにするほうが自然である。この場合の「皆様方には」を여러분들에게는と訳してはいけない。手紙文に見られる「新緑の候，皆様方にはいかがお過ごしでしょうか」は「皆様方は」と置き換えられることからもわかるように，「参集する」の主語である。②ご参集：漢字を音読みした참집よりも固有語の「모이다 集まる」を用いるのがよいだろう。③くださいますようご案内申し上げます：公文書に近い通知文と考えられるので「ご案内」という言葉の置き換えとして，「語幹＋시기 바랍니다」または「連用形 주시기 바랍니다」も一つの解答としては可能であろう。

## LESSON 07

**4.** A：このケーキうまいよ。
　　B：本当？ どれどれ。
　　A：이 케이크 맛있어.
　　B：정말? 어디 (나도) 한번 먹어 보자.

①このケーキ：日韓ともに助詞がつかないのが最も自然である。このような現象は主格に限らず「お手紙拝見しました」のような対格においても生ずる。②どれどれ：「自分も一つ食べてみよう」というニュアンスが表わせればよい。

**5.** ちくしょう！なんてこった。ちょっと目を離している隙に誰かがカバンを持っていきやがった。
제기랄 / 젠장 / 씨팔! 웬일이야 / { 뭐야, 이거 } / { 대체 뭐야 (이거) }. 잠깐 한눈 파는 사이에 누가 내 가방을 { 가져가 버렸어 } / { 훔쳐 갔지 뭐야 }.

①なんてこった：驚きと共に腹を立てている感じが込められればさらに良い。②ちょっと目を離している隙に：「目を離す」は「よそ見をする」という慣用句を使うのが良いだろう。③持っていきやがった：「やがった」は韓国語での表現は困難。-지 뭐야でひとまず可。

**6.** お口に合うかどうかわかりませんが，一度召し上がってみてください。
입에 맞으실지 (어떨지) 모르겠지만 한번 드셔 / 잡숴 보세요.

①お口に合う：「口に合う」は日本語と発想が同じで입에 맞다という。「お口に合う」は「口」を尊敬しているのではなく，「口に合う」全体の尊敬語であるから，입에 맞다に尊敬補助語幹の시を付け加えればよい。②〜かどうか：日本語は「어떨지 どうか」がないと不自然になるが，韓国語は「-ㄹ지 〜だろうか」だけでも成立する。

65

# 練習問題解答

> **7.** 看護師は診察を終えて帰る患者に「どうぞお大事に」と言った。
> 간호사는 진찰을 마치고 나가는 환자에게 "{몸조리 잘 하세요}/{빨리 나으세요}"라고 했다.

①診察を終えて：진찰을 마치고が代表的な訳であるが，진찰이 끝나고や진찰을 받고でもよい。②どうぞお大事に：「回復を祈る」という意味の決まり文句であるが，韓国には病院におけるこのような決まり文句は存在しない。몸조리 잘 하세요（養生なさってください）あるいは빨리 나으세요（早く治ってください）などを用いればよいだろう。{소중히 하세요}/{몸조심 하세요}は不自然である。

> **8.** 拝啓。酷暑のみぎり，ご家族の皆様にはご健勝のこととお喜び申し上げます。
> 근계. {무더위가 한창입니다만}/혹서기에/{무더위가 여전히 기승을 부리지만} {댁내 두루 평안 하시리라 생각합니다}/{댁내 여러분께서는 안녕하신 줄/것으로 압니다}/{가족 여러분들도 다들 잘 지내시리라 믿습니다}.

【背景説明】手紙文は古風な文体や慣用表現が多く含まれるので，作文に取り掛かる前に，全体の文意を把握することが肝要である。①拝啓：『標準国語大辞典』には배계という見出し語があり，「절하고 아뢴다는 뜻으로, 편지 첫머리에 쓰는 말」と説明されているが，実際に使われることはまずないと思われる。少々時代がかった表現としては삼가 아뢰옵니다がある。ちなみに，かつて부모님 전상서（拝啓ご両親様）という韓国ドラマが人気を集めたことがある。②酷暑のみぎり：「みぎり」は「砌」と書く。「時。おり。頃。時節」という意味である。③ご家族の皆様には：この場合の「には」は「におかせられては」であり，主語を表わす。④ご健勝のこととお喜び申し上げます。：「のことと」は推測の表現にする必要がある。最後の「お喜び申し上げます」は韓国語として表現しない方が自然になる。

> **9.** 4月1日現在で前年度の会費未納の方は申し合わせにより退会扱いとさせていただきますので悪しからずご了承ください。
> 4월 1일 현재(로) 전년도 {회비가 미납되신}/{회비를 미납하신}/{회비가 미납인} 분은 합의에/{합의 사항에} 의해/따라 퇴회하신/탈퇴하신 것으로 처리

하겠사오니 (너그러이) 양해해 / 이해해 주시기 바랍니다.

①現在で：「で」はない方が良い。②未納の方は：「収めていらっしゃらない方」のように動詞を使うと書きやすくなる。③退会扱いとさせていただきますので：「ていただく」を謙譲で表現するのが良い。④悪しからずご了承ください：「悪しからず」は特になくともよいだろう。

**10.** A：今学期のレポートは 30 枚書けだって。
　　B：マジー？　それやばいよ。
　　A：山田が先生の前でうっかり口を滑らせたら，やる気がないんなら大学なんかやめちまえ，だってさ。
　　A：이번 학기 리포트는 30장 쓰래 / 쓰란다 / { 쓰라는 거야 } / 쓰라셔.
　　B：정말? (그거) 장난(이) 아니네.
　　A：야마다 선생님 앞에서 무심코 / 엉겁결에 { 말해 버렸더니 } / { 입을 놀렸더니 } { 할 마음이 } / { 하려는 생각이 } / 의욕이 없으면 / 없거든 대학 같은 거 그만두래 / 관두래 / { 때려 치우래 } / { 때려 치래 }.

①書けだって：先生に対する敬語は特に含まなくてもよい。もしも書くのであれば、쓰라고 하셔の縮約形を用いればよい。②それやばいよ：{ 말도 안 돼 } / { 그거 너무하다(심하다) } などでもよい。③口を滑らせたら：「うっかり言ったところ」と考えればよい。仮定条件ではない点に注意。

## 【発展作文7】

**1.** 拝啓，このたびは新築祝いとして思いがけなくも，この上もなく珍しい品物をご恵贈賜り，家族一同になり代わりまして厚く御礼申し上げます。
　　근계 / { 삼가 아룁니다 }. 이번에는 신축을 축하해 주시는 선물로 뜻밖에도 / { 생각지도 못한 } 더없이 / { 둘도 없는 } / 이렇게 귀한 / 진귀한 물건을 / 선물을 보내 { 주신 것에 대해 } / 주셔서, 온 / 저희 가족을 대신하여 진심으로 감사 말씀을 드리겠습니다 / 드립니다 / 올리겠습니다 / 올립니다.

## 練習問題解答

①新築祝いとして:「祝い」は抽象名詞ではなく品物を指す点に注意。②この上もなく珍しい品物:「非常に珍しいもの」と訳せればよい。③ご恵贈賜り:「下さり」と考えればよい。④家族一同になり代わりまして:「一同」にはあまりこだわらない方が良い。

> **2.** 腐っても国立大学でございいと殿様商売をしていられた古きよき時代は過ぎ去り，教師自らが高校巡りをして入学志願者を募集しなければならない時代になった。
> [{이래 봬도}/{(아무리) 초라해 보여도}/{(아무리) 그래도} 국립대학교랍시고]/[국립대학은 어디까지나 국립대학이라고]/[아무리 그래도 우리는 국립대학이라고] 거만한/방만한/고자세로 경영을 {할 수 있었던}/{해도 상관없었던} 옛날의 좋은 시절은 (다) 지나(가) 버리고, {교수들이 직접}/{교수들 자신이} 고등학교를 찾아가서/방문해서/찾아다니면서/돌아다니면서 입학 지원자를 {모집해야 되는}/{모집하지 않으면 안 되는} 세상이 되었다.

①腐っても国立大学でございいと:「腐っても鯛」という諺を踏まえた表現であり,「落ちぶれても，昔ほどの権威がなくなっても」と考えればよい。{이래 봬도}/{초라해 보여도} 程度に訳しておけばよいだろう。「でございいと」は多少皮肉った感じを与える表現であり，국립대학교랍시고がそれに相当すると思われるが，そこまでのニュアンスは出せなくてもよいだろう。なお，韓国語でこれに該当する諺として 썩어도 준치（腐ってもヒラ）というものがある。②殿様商売をしていられた:「売り手が買い手よりも威張っている」あるいは「経営の努力をしていない」というようなニュアンスが出せればよい。③古き良き時代:歴史時代ではないので時代と訳すのは不可。④高校巡りをして:「高校を訪問して」と考えればよい。

> **3.** 暮れなずむ街角に一人たたずみ来しかたを振り返っていると，引っ込み思案だった私を陰に陽に励ましてくださった中学時代の恩師に無性に会いたくなってきた。
> 해가 {저물 듯하면서도 쉬 지지 않는}/{저물듯 말듯 하는}/저무는/{저물어 가는} 길목에/{길 모퉁이에} 혼자 서서/{멈춰 서서} 지난날을/{살아 온 날들을/나날을/과거를} 돌이켜 보니, 소극적이던/{적극성이 없었던} 나를 음으로 양으로 격려해 주신/주셨던 중학교 시절/때 은사를 몹시/너무/마냥/무턱대고 뵙고/보고 싶어졌다.

LESSON 07

①暮れなずむ：完全に日が暮れそうでなかなか暮れないでいる状態，つまり日が暮れかかってから真っ暗になるまでの時間が長いことを表す。②街角：字義通りに考えれば길목/{길 모퉁이}になるだろうが길가でも十分であろう。③一人たたずみ：「たたずむ」は「しばらくその場に立っていること」を意味する。④来しかた：『広辞苑』によれば「過ぎてきた時。過去」と「過ぎてきた方向，また，その場所」とある。読み方は「こしかた，きしかた」の2通りがあるようである。⑤引っ込み思案だった：「消極的だった」と考えればよいだろう。⑥陰に陽に：類義語として「陰（かげ）になり日向（ひなた）になり」がある。⑦無性に：程度が極めてはなはだしいことを意味する。

**4.** 此の度弊社におきましては新社屋が完成いたしました。つきましては左記の通り落成式を挙行いたしますので万障お繰り合わせの上御来駕賜りますよう，ご案内申し上げます。
이번에 { 저희 회사는 }/ 폐사는 신 사옥이 { 완성되었습니다. / 완성되어, } 아래와 / 다음과 같이 낙성식을 거행하오니 바쁘시더라도 { 함께 하시어 자리를 빛내 주시기를 바랍니다 }/ { 찾아와 주시기를 바라며 안내 말씀을 올립니다 }.

①弊社におきましては：日本語では主語と述語の関係が曖昧だが，作文に際してはその点を明確にするのが重要である。日本語に影響されないで「弊社は」と主題に訳すのも一つの方法である。②つきましては：韓国語には訳しにくい言葉である。語義的には「従いまして」であるが，むしろ文を切らないで続ける形にして，韓国語には反映しない方が自然な文になるように思える。③左記の通り：文章を縦に書いていることが前提となっているが韓国の文章はほとんどが横書きなので「左記」という言葉自体用いられる可能性が非常に低い。横書きの場合は「下記の通り」となる。どちらにも当てはまるのは「次の通り」である。④挙行いたしますので：謙譲の表現が使えれば上級である。⑤万障お繰り合わせの上：「あらゆる（万）不都合（障）を後回しにして」という意味の慣用句であるが，お客様を招待する側の言葉としては失礼な表現だという意見もある。⑥御来駕賜りますよう：「来て下さい」の尊敬表現を使えばよい。

**5.** A：時分どきまでお引止めいたしまして申し訳ございません。ほんのお口汚しですがお気に召しますかどうか。
B：いやあ，お味も結構ですが，器の形がいわく言い難い味わいを出していますね。

69

# 練習問題解答

>    いい目の保養をさせていただきました。
>  A: 식사 때까지 {(붙) 잡아 둬서} / { 못 가(시) 게 해서 } 죄송합니다. { 변변치 못하지만 } / { 별로 차린 것도 없지만 } 마음에 드실지 어떨지…
>  B: 아니, { 맛도 (물론) 아주 좋습니다만 } / { 맛도 맛이려니와 } / { 맛은 두말할 것도 없고 } 그릇 모양이 { 뭐라 표현하기 어렵게 } / 정말 / 너무나 멋스럽군요. { 아주 멋진 것을 보게 돼서 행복했습니다 / 즐거웠습니다 } / { (좋은) 눈요기(를) 했습니다 } / { (좋은) 눈요기(가) 됐습니다 }.

①時分どき：「食事時間」である。②お引止めいたしまして：「帰ろうとする客をもう少しゆっくりして行って下さいと言って引き留める」という意味である。③お口汚しですが：「つまらない食事だが」という意味であるが、はっきり食事という言葉を使わないで変変치 못하지만だけでもよい。あるいは별로 차린 것도 없지만という表現も可能。④お味も結構ですが：「料理がおいしくその上に」というニュアンスが出せればよい。⑤いわく言い難い：「表現が難しい」と言えればよい。⑥味わいを出していますね：「趣がある」と考えればよい。⑦目の保養：눈요기という単語があるが、思いつかなければ「素晴らしいものを見た」というように説明的に訳せばよい。⑧させていただきました：「させていただく」をそのまま韓国語で表現するのは難しい。

> **6.** お手紙拝見いたしました。仰せのとおり入社式には私が参って新入社員にたいする説明をいたしますので、この件に関しましてはご放念ください。
>  보내 주신 편지 잘 받아 보았습니다. 분부대로 / { 말씀하신 대로 } 입사식에서는 / 입사식에는 제가 가서 신입사원들에 대한 설명을 { 할 테니 } / 하겠사오니 이 건에 관해서는 [ 안심하셔도 / { 염려 / 걱정 안 하셔도 } 됩니다 ] / [ 저한테 (다) 맡겨 주십시오 ] / [ 안심하십시오 ].

①お手紙拝見いたしました：「拝見」に相当する表現はないので「見ました」としか言えないが、「手紙」を「下さった手紙」のように書くことで多少ニュアンスは盛り込める。②仰せのとおり：「おっしゃったように」と考えればよい。③いたしますので：하겠사오니のように謙譲が使えれば上級。④ご放念ください：「安心して下さい、お任せ下さい」などと考えればよい。「忘れて下さい」ではニュアンスがずれる。

## LESSON 07

**7.** いずれ所轄の署から担当の刑事が出向いて来ますが，事ここに至っては洗いざらいお話になる方が身のためだと思いますよ。
조만간(에) / 머지않아 ｛관할 경찰서｝ / 관할서에서 담당 형사가 오겠지만 / ｛올 텐데｝, 일이 이렇게(까지) 된 / 심각해진 바에야 남김없이 / 숨김없이 / 모두 / 깡그리 / ｛숨기지 말고 다｝ 말씀하시는 게 / 편이 (선생님을 / 당신을 위해) 좋을 겁니다.

①いずれ：「どれ」とか「どうせ」という意味ではなく「そのうち」という意味である。머지않아の綴り字に注意。②所轄の署：「管轄の警察，管轄している警察署」と訳せれば正解。③出向いて来ますが：単に「来るが」と書ければ十分。「が」は前置きでも逆接でもよい。④事ここに至っては：「今となっては」「事態がこのようになったからには」と考える。바에야が使えれば上級。⑤洗いざらい：「ひとつ残らず」という意味である。남김없이 / 깡그리 (俗語) もありうる。⑥身のためだと思いますよ：「良いでしょう」と書ければ内容は理解できているが，課題文の趣旨を生かすためには「あなたのために」という言葉がほしい。

**8.** もうすぐお客さんがいらっしゃるって言うのに，こんなとこに食べかけのサンドイッチを置いといちゃダメじゃないの。
｛(이제) 곧｝ / 금방 손님이 오시는데 / 오신다는데 이런 데(에) / 데다가 먹다 남은 / 만 샌드위치를 놓아 / 놔 두면 어떡하니 / 어떡해 /.

①もうすぐ：방금は過去と共に用いるので不可。②いらっしゃるって言うのに：これは引用形式の可能性もあるが，「来られるのに」という意味の方が優勢である。「行く，いる」の尊敬語の解釈は成立しない。③食べかけの：中断の語尾다가 / 다を用いるのがよい。「食べている途中の」と説明的に訳しても通じなくはないが不自然である。④ダメじゃないの：叱責しているニュアンスを出してもらいたい。안 되잖아は日本語の直訳であるが許容範囲である。

**9.** 中坊がでかい面してんじゃねえよ。怪我しないうちにとっとと消えな。
중딩이 건방지게 굴지 마. 얻어맞기 / 다치기 전에 빨리 / 어서 / 일찌감치 꺼져 버려.

①中坊：中学生に対する俗語。韓国語では중딩という。ちなみに小学生・高校生の俗語は초딩, 고딩という。중학생이は課題文の訳としては物足りない。②でかい面する：「生意気な振る舞いをする」と訳せればよい。③してんじゃねえよ：禁止表現である。-지 마と訳せれば十分。④とっとと：「早く」と訳せればよい。⑤消えな：「立ち去れ」を意味する俗語であるが,「消える」を意味する꺼지다が使える点は面白い。

---

**10.** 拝復。拙稿に対して高い評価を賜り, 光栄の至りでございます。直接お目にかかってご挨拶申し上げるべきところではございますが, 諸事ご多忙の先生に貴重なお時間をお割きくださるようお願いするのは却って失礼かと存じ, 取り急ぎ書面にてお礼申し上げます。敬具。柳相燮拝上。心岳先生机下。

삼가 답장을 드립니다 / 올립니다. 졸고에 / { 보잘것없는 / 부족한 제 원고에 } 대하여 / 대해 좋은 / 높은 평가를 받아서 / { 내려 / 해 주셔서 } || { 너무 / 더없이 영광스럽습니다 } / { 영광스럽기 짝이 없습니다 }. 직접 찾아뵙고 / 만나뵙고 인사를 / { 인사 말씀을 } 올려야 / 드려야 하오나 / 하겠습니다만 / 합니다만 여러 가지로 / 일로 바쁘신 / 다망하신 선생님께 귀중하신 시간을 내 주십사고 부탁하는 / 부탁드리는 것은 오히려 실례가 { 될 것 같아 } / { 될까(봐) } 우선 / { 급한 대로 } 서면으로 감사 말씀을 올리겠습니다 / 드리겠습니다. 경구.

유상섭 올림 / 배상

심악 선생님 좌하 / 궤하

---

①拝復：返事の手紙の冒頭の言葉である。基本作文8)の「拝啓」と「返事 답장」を組み合わせればよい。②高い評価を賜り：「賜る」という謙譲語は存在しないので「能動+尊敬」を用いるとよい。③光栄の至りでございます：「非常に光栄です」と訳せればよい。④ご挨拶申し上げるべきところではございますが：逆接で訳せればよい。⑤お割きくださるようお願いするのは：命令の引用文で書ければよい。⑥取り急ぎ：「まず, 急いで」と考えればよい。⑦拝上：드림は올림よりも丁寧度が落ちる点に注意。⑧机下：目上の人に直接手紙を差し上げるのは失礼だとの考えから, 机の下に置いておくという意味で「机下（きか）, 座下, 案下」等を用いたり, 侍従に渡すという意味で「侍史」と書いたりする。

# LESSON 08

【基本作文8】

> **1.** 部長にもなれるかどうか分からないのに，社長なんて逆立ちしたって無理だよ。
> [ 부장이 될지 어쩔지도 / 어떨지도 모르겠는데 / { 알 수 없는데 } ] / [ 부장도 될까 말까인데 ] 사장이라니 { 아무리 발버둥이 쳐도 안 될 거다 } / { 날고 뛰어도 안 될 걸 } / { 아무리 노력해도 안 될 거야 } / { 말도 안 돼 } / { 당치도 않아 }.

①部長にも：日本語は「～になる」と表現するのに対して韓国語は가/이 되다と表現するというのは初級段階の知識であるが，「～にもなる」の場合は少し注意しなければならない。助詞の「も」が主格助詞に後接すると主格助詞が脱落する現象は日韓で共通しているので「本がある：책이 있다 → 本もある：책도 있다，ナシが食べたい：배가 먹고 싶다 → ナシも食べたい：배도 먹고 싶다」のようにほとんどの表現で一致するが，日本語の与格「に」が韓国語の主格「가/이」に対応する「でない 가/이 아니다，になる 가/이 되다」のような場合は対応関係がずれる。すなわち，「사과도 아니다 リンゴでもない/×りんごもない，부장도 되다 部長にもなる/×部長もなる」となる。②社長なんて：直訳すれば사장 같은 거 になるだろうが，사장이라니のほうが韓国語としては自然であろう。③逆立ちしたって無理だよ：「どんなに努力しても不可能だ」の比喩的な表現である。「無理」については中級編 p.125 を参照のこと。

> **2.** いくらカーナビが良くできているといっても，方向音痴のわたしにとっては宝の持ち腐れだわ。
> 아무리 내비게이션이 / { 길도우미가 / 길안내기가 { 성능이 좋다(고) } / { 잘 돼 있다(고) } 해도 { 길눈이 어두운 } / { 방향 감각이 없는 } / 길치인 나한테는 / 내게는 무용지물이야 / { 아무 짝에도 쓸모(가) 없어 } / { 돼지 목에 진주목걸이야 }.

①カーナビ：外来語の綴り字は必ずしも正式のものが使われているとは限らないので要注意である。차재용 경로 유도기（車載用経路誘導器）という漢字語もある。②良くできている：「性能が良い」と考えればよいだろう。③方向音痴：固有語では길눈이 어둡다という表現があり，漢字語では방향감각이 없다という表現があるが，「方向痴」の音読みである방향치や길치もよく使われるようである。④宝の持ち腐れ：

## 練習問題解答

すぐに思いつくのは「豚に真珠」に相当する諺であるが，4文字熟語としては「無用の長物」に相当する 무용지물（無用之物）がある。

---

**3.** 老後に向けて少し足腰を鍛えておこうと思っていたところ，家の近所におあつらえ向きのスポーツセンターができた。

나이 들었을 때를 생각해서 / 위해 / 대비해서 하반신을 조금 단련해 두려고 { 생각하고 있었는데 } / { 생각하던 참에 } 집 근처에 / 가까이에 { 나한테 딱 맞는 / 알맞은 / 좋은 } / 안성맞춤인 스포츠센터가 / 헬스클럽이 / 피트니스센터가 생겼다.

---

①老後に向けて：「年を取った時のために，年を取った時に備えて」と考えるのが良い。②おあつらえ向きの：「私にぴったり合う，ふさわしい」などと訳せばよいだろう。韓国語としては「안성맞춤 安城誂え」という慣用句がある。③スポーツセンター：そのまま外来語として訳せば 스포츠 센터であろうが，韓国ではスポーツセンターに相当する施設を通常 헬스클럽 / 피트니스센터と呼んでいるようである。

---

**4.**「蓼食う虫も好き好き」って言うけれど，あの服装はちょっといただけないな。

아무리 '제 눈에 안경'이라지만 저 옷차림은 { 좀 그렇다 } / { 보기 흉하네 } / { 영 아니다 }.

---

①蓼食う虫も好き好き：諺辞典で調べると，「오이를 거꾸로 먹어도 제 멋」という表現が出ているが実際には使わないようである。「変わった人もいるものだ」や「人の好みはそれぞれ」のように説明的に訳すのが良いだろう。【表現71】も参照のこと。②いただけない：ある人の服装に対して否定的に評価していることが伝わればよい。

---

**5.** よほど気がせいているらしく，部屋に入ってくるなり挨拶もそこそこにＡ氏に関して根掘り葉掘り尋ね始めた。

어지간히 / 아주 마음이 급했는지, 방에 들어오자(마자) / { 들어오기가 무섭게 } 인사도 대충(대충) 하고 Ａ씨에 관해 꼬치꼬치 / 시시콜콜(히) / 미주알고주알 묻기 시작했다.

①よほど：「相当」という意味の場合は상당히, 무척, 퍽, 어지간히などが該当し、「思い切って」という意味の時にはいっぞが該当する。②らしい：는가 봐は文末形式なので課題文に対する翻訳としては不十分である。는지 / 던지がよい。것 같아は少しずれる。③挨拶もそこそこに：「挨拶もきちんとしないで」という意味である。④根掘り葉掘り：「詳しく、しつこく」という意味である。

**6.** たまにはうがったことも言うんだが、一言嫌味を言わないと気がすまないのがミヒョン（미현）の悪い癖だ。

때로는 { 정곡을 찌르는 } / 옳은 말도 하지만, 한 마디(라도) { 빈정거리지 않으면 직성이 풀리지 않는 것이 } / { 빈정거려야 직성이 풀리는 것이 } / { 싫은 소리를 해야 직성이 풀리는 것이 } 미현이의 나쁜 버릇이다.

①うがったこと：「うがった」は漢字では「穿った」と書き、「的を得た」「物事の本質を見抜いた」というのが本来の意味であるが、最近は、「ひねくれた」と解釈する人が増えているようである。ここでは本来の意味で作文してもらいたい。②嫌味を言う：싫은 소리를 하다は日本語から入った表現のようである。빈정거리다 / 비아냥거리다も可能。③嫌味を言わないと気がすまない：否定を重ねる方法と、「〜아야 / 어야 肯定」で書く方法がある。

**7.** そんな世迷いごとを並べ立ててないで、さっさと自分の割り当てをこなしていかないと置いてきぼりを食らうよ。

그런 { 사리에 맞지 않는 불평을 / 불만을 } / { 말도 안되는 소리 } / { 잠꼬대 같은 소리 } || { 늘어놓지 말고 } / { 그만 늘어놓고 } / { 늘어놓는 건 그만하고 / 집어치우고 } 빨리 / 일찌감치 자기 몫을 / 분담을 착착 / 제대로 해내지 / 해가지 않으면 { 혼자(만) 남게 / 뒤처지게 될 걸 } / { 아무도 상대 안 해 줄 거야 }.

①世迷いごと：「わけのわからないぐちや不平」を指すことばである。②ないで：中級編 p.89 の「訂正否定と選択否定」を参照のこと。③さっさと：基本的には「早く」であるが、「ぐずぐずするな」という非難

75

めいたニュアンスを含んでいる。빨리 / 얼른 / 한시 바삐は正解であるが，ニュアンス的には착착がよいだろう。④自分の割り当て：「担当すべき作業」という意味である。⑤こなす：「やり終える」という意味であるが，単に「する」と訳してもよいだろう。해치우다 / 하다 / 다하다 / 처리하다は正解。⑥置いてきぼりを食らう：基本的な意味は「ぐずぐずしていて取り残される」であるが，ここでは比喩的に「見捨てられる，相手にされなくなる」と訳してもよい。

**8.** ヨンス（연수）の食欲には恐れ入るよ。皿に大盛りの焼きソバをあっという間にぺろりと平らげてしまった。
연수의 식욕에는 손들었어 / {(아주) 두 손 두 발 다 들었어} / 놀랐어. 접시에 가득 / 듬뿍 {담아 놓은} / 담긴 야키소바를 순식간에 / {눈 깜짝할 사이에} 깨끗이 / {날름 다} 먹어 치웠어.

①恐れ入る：課題文では「驚かされる」という意味で用いられている。「相手の好意に対して恐縮する」あるいは「負けた」という意味で使われることもある。②大盛りの：日本語は「動作性名詞＋の」であるが，韓国語としては「大盛りにした / された」のように置き換える方が自然になる。③あっという間に：「一瞬のうちに」という意味である。④ぺろりと：「すっかり」と訳せばよい。⑤平らげてしまった：「すべて食べた」という意味である。

**9.** 私はあなたの死水を取って見送ってからでないと死ねないわ。
전 당신 임종을 지켜 보고 장례식을 마친 후가 아니면 못 죽어요.

【背景説明】日本語のニュアンスからある程度年配の妻が夫に向って述べている言葉であることを汲み取ってほしい。近頃の若い夫婦がこのような会話をするとは思えない。①あなた：年配の妻の言葉であるとすれば당신であろう。②死水を取る：死の間際にはのどが渇くらしく，日本では古来唇を水で濡らすという動作をしたことから，「臨終まで介抱する」意味で用いられる。③見送る：葬式を済ますという意味である。④からでないと死ねないわ：二重否定にするか야を用いて肯定表現にするか，2通りの方法が考えられる。

LESSON **08**

> **10.** いつもは縦の物を横にもしないのに，母親が病気になると甲斐甲斐しく家事をやりだした。
> 평소에(는) / 평상시에(는) [ 손가락 하나 까딱 안 하는 / 하던 사람이 ] / [ 게으르기만 하더니 / { 한 사람이 } ] / [ 그렇게 게으르던 사람이 ] 어머니가 병들자 / 병드니까 / 아프니까 바지런히 / 부지런히 / { 아주 열심히 } 집안일을 하기 시작했다.

①縦の物を横にもしない：「怠け者」というニュアンスで訳せればよい。②病気になると：仮定条件ではなく確定条件である。③甲斐甲斐しく：「熱心に，勤勉に」と考えればよい。④家事：漢字の音読みである 가사는 학교에서의 교과명 이외에는 아니 쓰이므로 不自然。집안일이 正解。

## 【発展作文8】

> **1.** 薄型テレビの市場は寡占化が進むだけに，短期的に収益が悪化してもシェアを押さえるのは至上命題であり，2008年の北京オリンピックを照準にいれ，生き残りを果たしたあとの利益確保を目指し，各社とも先行投資で逃げ切りを図ろうとしている。
> 평면 / 슬림 텔레비전 시장은 과점화가 { 진행되고 있는 만큼 } / { 진행되기 때문에 } 단기적으로 수익이 악화되어도 / 악화되더라도 { 시장 점유율을 확보하는 것은 } / { 시장을 많이 차지하는 / 확보하는 것은 }, 최우선 과제이며 / { 가장 중요하고(도) 시급한 과제이며 } 2008년 베이징 / 북경 { 올림픽을 내다보면서 } / { 올림픽에 조준을 맞추면서 } (시장에서) 살아남은 후의 이익 확보를 목표로 (해서) { 각 회사는 } / 각사는 { 선행 투자로 } / { 선행 / 미리 투자를 함으로써 } ‖ { 선두를 지키고자 } / { 우위에 서고자 } / { 상위권에 남으려고 } / 따돌리고자 하고 / 노력하고 있다.

①薄型テレビ：韓国では 평면TV が主流で外来語の 슬림(형)TV は使用頻度が落ちるようである。②進むだけに：理由の表現であるが，文語的な文体である点を考慮してもらいたい。③シェアを押さえるのは：シェアとは市場占有率を言う。「市場を多く占める」とでも考えればよい。④至上命題であり：「最優先課題 / 最も重要な課題」と置き換えるとよい。⑤照準にいれ：내다보다あるいは조준을 맞추다を使えばよいだろう。つなぎの部分は 면서 がよい。⑥生き残りを果たしたあとの：名詞＋動詞の構文よりも単に「生

き残った後の / 後に」と考える方が良い。⑦先行投資で：「で」は手段である。⑧逃げ切り：「先頭を維持してゴールすること」という意味である。

> **2.** <u>健康志向</u>の<u>高まりに加えて</u><u>BSE（海綿状脳症）や</u><u>鳥インフルエンザ</u>の発生など，<u>食肉</u>に対する不安が<u>出てきているために</u>欧米でも魚の需要が急拡大している。
> ｛건강을 지향하는 의식이 높아지는 / 높아진｝／｛웰빙 붐이 일어난｝ 데다가 BSE（광우병 / 우해면상뇌염）나 조류인플루엔자의 / 조류독감의 발생 등 육류에 / 식육에 대한 불안(감)이 나타나면서(부터) / 나오면서 / 나와서 구미에서도 / ｛유럽과 미국에서도｝∥｛생선 수요가｝／｛생선에 대한 수요가｝ 급속도로 확대되고 있다.

①健康志向：そのまま漢字語に置き換えただけでは不十分で，「健康を志向する意識」「ウェルビーイング・ブーム」などと置き換える必要がある。②高まりに加えて：「高くなる」の連体形＋데다가が望ましい。③ＢＳＥ（海綿状脳症）や：そのまま外来語として置いても良いし，「광우병 狂牛病」のような韓国でよく用いられる表現に置き換えても良い。④鳥インフルエンザ：これも「鳥類毒感」がよく用いられる表現である。⑤食肉：「食用とする肉」という意味であり，そのまま音読みするか，「육류 肉類」を用いる。⑥出てきているために：理由で訳すか，「現れるとともに，現れて以降」などと考えても良い。

> **3.** 今回の<u>贈収賄疑惑</u>に対してある検察首脳は，「<u>数十年前ならいざ知らず</u>企業コンプライアンスが叫ばれている今日では『<u>李下に冠を正さず</u>』ということに<u>尽きる</u>」と不快感をあらわにした。
> 이번 뇌물 수수 의혹에 대해(서) / 관해(서) 어느 / 한 검찰 간부는 / 수뇌는 '수십 년 전이라면 몰라도 ｛기업윤리를 외치는 / 표방하는｝／｛기업윤리가 중요시되는｝ 오늘날에는 ｛"이하부정관"이란 말을 명심해야 한다'｝／｛오얏 나무 밑에서는 / 아래에서는 갓끈도 절대로 고쳐 매지 말아야 한다'｝／｛오해 받을 짓은 절대 하지 말아야 한다'｝ 며 불쾌감을 노골적으로 표명했다 / 드러냈다.

①贈収賄疑惑：疑惑についてはそのまま漢字語で의혹と読めばよいが，贈収賄に関してはそのまま증수

会と読んだ単語は辞書には登録されているが，通じない可能性が高い。「뇌물 수수 賄賂の授受」と訳すのが最もよい。②首脳：本来は「간부 幹部」であるが，最近は 수뇌 も使われるようである。③数十年前ならいざ知らず：「いざ知らず」は「(どうだか) わからないけれど，どうあれ」という意味であり，「構わないけれど」と書いてしまうと言いすぎである。④企業コンプライアンス：コンプライアンス (compliance) は法律を遵守する姿勢であり，「企業倫理」と訳してもよい。⑤李下に冠を正さず：日本ではよく知られた故事成語であるが，이하 부정관 は知っている人が少ないので (남의 의심 받을 짓은 삼가야 한다) と説明を加えるほうが良いだろう。⑥ということに尽きる：文語的な表現なので内容を誤解しないように注意しなければならない。「〜ということを肝に銘じるべきだ＝명심해야 한다」という意味である。⑦あらわにした：単に「表現した」では不十分で，「露骨に表現した，はっきり述べた」と書くべきであろう。

---

**4.** 特殊法人時代には官僚体質がはびこり，技術水準は高いものの価格が高くて売れず，出さずもがなの赤字を垂れ流すという惨憺たる状況が続いた。
특수 법인 시절에는 관료 체질이 만연하여 / 퍼져, 기술 수준은 높으나 가격이 비싸서 안 팔렸기 때문에 { 내고 싶지 않는 } / { 낼 필요도 / 필요가 없는 } / 불필요한 적자를 { 계속 내는 } / { 막지 못하는 } 참담한 상황이 계속되었다 / 이어졌다.

---

①はびこり：「ひろがる，蔓延する」などと考えればよい。②高いものの：文語的なニュアンスを持つ逆接の表現であり，「物」という意味はない点に注意。③売れず：「売れなかったので」と理由で表現するほうがつながりやすい。④出さずもがなの赤字：「もがな」は希望を表す古語である。したがって「出したくない赤字」という意味である。【表現80】を参照のこと。

---

**5.** 大相撲名古屋場所3日目は，座布団が乱れ飛ぶ番狂わせが相次いだ。
일본 { 씨름 나고야 } / { 나고야 씨름 } 대회 3일째에는 순위가 / 등급이 아래인 씨름 / 스모 선수가 순위가 / 등급이 위인 씨름 / 스모 선수를 / 선수에게 이겨서 { 방석들이 어지럽게 날아드는 } / { 방석들을 날리는 } 장면이 잇따라 나타났다.

---

①大相撲名古屋場所：韓国語に該当するものが存在しないので説明的に訳す必要がある。ひとまず日本 씨름 나고야 대회 と訳しておく。場所は場所ではなく大会の意味で用いられていることに気付くべきであ

る。②3日目：3일째であろう。③（座布団が）乱れ飛ぶ：横綱や大関が平幕力士に負けるとこのような現象が起こる。本来は祝儀を渡すという意味だったらしいが，今では忘れ去られている。④番狂わせ：番付が上位の力士が番付が下位の力士に負けることを言う。

> **6.** 筋金入りの保護貿易主義者の引退によって，割高な国内製品を無理に使い続ける必要がなくなり，会社の発展にとって大きな転機が訪れた。
> 철저한 /｛방침이 전혀 흔들리지 않는｝/｛자기가 옳다고 확신하고 있는｝/ 골수 보호무역주의자의 은퇴로 (인해) 상대적으로 비싼 국내제품을 억지로 / 굳이 쓸 /｛써야 할｝필요가 없어져서,｛회사가 발전하는 데｝/｛회사(의) 발전에 있어서｝큰 / 커다란 전기가 / 전환기가 찾아왔다.

①筋金入りの：「強硬な，確信を持っている，古くからの」などと考えればよいだろう。②割高な：「品質や分量に比して高価な」という意味である。③無理に：억지로 / 무리하게 / 무리해서 / 굳이は正解。④会社の発展にとって：｛회사가 발전하는 데｝/｛회사(의) 발전에 있어서｝のような論説文に特有の表現を使えるのが望ましい。

> **7.**「勝って兜の緒を締めよ」という諺のとおり，少々の成功に有頂天にならず，気持ちを引き締めよう。
> "이겼다고 / 성공했다고 방심해서는 안 된다"(고 하)는｛속담(과) 같이｝/ 속담처럼｛사소한 / 작은 성공에｝/｛조금 성공했다고 (해서)｝너무 / 지나치게｛기뻐하지 / 좋아하지｝/｛들떠 있지｝말고 [마음을 다잡자 /｛다져 먹자｝] / [정신을 차리자].

①勝って兜の緒を締めよ：「兜（かぶと）」とは武士が戦闘に際して頭にかぶるものであり，勝ったからと言ってすぐに安心して兜を脱ぐのではなく，兜を被り直すぐらいの心構えが必要だという意味である。なお，必ずしも「勝つ」ことだけに限らず，「成功する」と考えてもよい。②少々の成功に：「少し成功したからと言って」のように書くと韓国語らしくなる。③有頂天にならず：「喜びすぎないで」と考えればよい。後に勧誘文が続くので，否定形式は지 않고ではなく지 말고を用いる点にも注意したい。

**8.** この先自分で家を建てる甲斐性もないし，定年を機に実家に帰りたいのは山々なんだけど，家内が両親と折り合いが悪いもんだから，なかなか言い出せないでいるんだ。
앞으로 / 이제 내 힘으로 집을 지을 능력도 없고 정년을 계기로 (해서) 고향(집)에 / {부모님이 계신 집에} 가고 / 돌아가고 싶은 마음은 굴뚝 같지만, 집사람이 / {우리 마누라가} (우리) 부모님하고 사이가 {안 좋아서} / {안 좋기 때문에} 좀처럼 / 쉽게 말을 꺼내지 못하고 있어 / {있는 거야}.

【背景説明】定年退職を間近に控えた男性の言葉である。①自分で家を建てる：自分が大工仕事をするわけではなく，自分の資金で家を建てるという意味である。従って「買う」と訳しても正解になる。②甲斐性もないし：「甲斐性」とは「能力，経済力」という意味である。③実家：「実家」の音読みである실가は用いない。また，친정は結婚した女性のみが用いる言葉であり，課題文は「家内」という言葉があることから男性であることが分かるので，친정を用いることはできない。생가は有名人の生家の場合に用いるのが普通である。従って，「故郷，生まれ育った家，両親が住んでいる家」などと表現する必要がある。④のは山々なんだけど：語尾としては거니와 / 려니와が考えられる。⑤折り合いが悪い：「仲が悪い」と考えればよい。

**9.** 調理場から漂ってくる美味しそうな匂いに思わず生唾を飲み込んだ。
주방에서 / 부엌에서 {풍겨 오는} / 나는 {식욕을 / 밥맛을 / 입맛을 돋구는} / 맛있는 냄새에 나도 모르게 군침을 삼켰다.

①「調理場」は「厨房」の音読み주방を用いるのがよい。固有語の부엌を用いると「家庭の台所」というニュアンスが濃くなり，元の日本語とややずれが生じる。②漂ってくる：匂いなので풍겨 오는が最もふさわしい。③美味しそうだ：目で見ているときは맛있게 생겼다であるが，匂いなので「食欲をそそる」という表現を用いるのが望ましい。ただ，最近は맛있는 냄새も使われるようである。④生唾を飲み込む：군침을 삼키다という慣用的な表現がある。

**10.** 綿のように疲れた体を引きずるようにして家にたどり着いた途端，靴も脱がずに上

> り框（あがりかまち）で寝てしまった。
> 일에 / 일로 / { 일 때문에 } 지친 / 피곤한 몸을 { 끌 / 끄는 듯이 (해서) } / { 억지로 / 겨우겨우 / 힘겹게 끌고 } 집에 도착하자마자, 구두도 벗지 않고 문턱에서 / { 현관 (입구) 에서 } 그냥 / 그대로 잠들어 버렸다.

①綿のように疲れた：単に피곤하다というだけでは不十分である。慣用句としては｛파김치가 되다｝/｛기진맥진이 되다｝/ 기진맥진하다（氣盡脈盡）がある。②家にたどり着いた途端：基本的には文字通りに訳せばよいのだが，「上り框」を表現するためには「家の中に入った」ところまで表現しておくと後が書きやすくなる。③上り框（あがりかまち）で：「上り框」とは主に玄関の上がり口で履物を置く土間の部分と廊下や，玄関ホール等の床との段差部に水平に渡した横木をいう。韓国語ではこれを一語で表現する言葉がないので，日本語のニュアンスにこだわると説明的にならざるを得ない。少しずれるが문턱（敷居）ならよいだろう。

# LESSON 09

## 【基本作文9】

> **1.** 私は父が倒れたとの知らせに病院に駆けつけて様子を見届けると，家に戻って父が普段使っていた枕とパジャマを持って病院に引き返した。
> 나는 아버지가 쓰러졌다는 소식을 듣고 병원으로 달려가 상황을 확인하고 집으로 돌아와 아버지가 평소에 사용하던 베개와 잠옷을 가지고 { 병원으로 다시 } / { 다시 / 병원으로 } 갔다.

①倒れたとの知らせに：「倒れたと聞いて」と考えると書きやすくなる。②様子を見届けると：仮定条件や確定条件ではなく「見届けた後」という意味である。③使っていた：「今は使っていない」と考えてもよいが，「使っている」と現在連体形で書いてもよいだろう。④引き返した：「戻った」という表現と「再び行った」という表現が考えられる。

LESSON 09

2. 韓石峰の母は息子の慢心を戒めるために明かりを消して文字を書かせ，自らは暗闇の中で餅を切って修業の大切さを教えたと伝えられる。
한석봉의 어머니는 아들의 자만심을 훈계하기 위해 불을 끄고 글씨를 쓰게 하였으며 자기는 / 자신은 { 어둠 속에서 } / { 어두운 데서 } 떡을 썰어(서) 훈련의 / 단련의 / 연습의 / 수련의 중요성을 가르쳤다고 전해진다 / 한다.

①慢心：만심은『標準国語大辞典』には「남을 업신여기며 잘난 체하는 마음」として載っているが実際にはあまり使われない。자만심の方がよく使われる。교만스러운 / 교만한 마음も正解。②戒める（いましめる）：「間違いをしないように前もって注意する。教えさとす。」という意味である。③餅を切って：教えるための前提動作なので아(서) / 어(서)を用いる。④修業の大切さ：日本語では「修行」は仏道や武道を修めることを意味し，「修業」は暮らしの中の技芸・学問を習い修めることを意味するというように漢字を用いて書き分けているようであるが，韓国語の수행は宗教的なものだけでなく技芸・学問の習得に際しても用いるので正解としてよいだろう。

3. 私は事故の知らせを聞いて大慌てで病院に駆けつけた母の「痛まないか」との問いかけに答えもせず，オートバイはどうなったかと尋ねた。
나는(,) 사고 소식을 듣고 부랴부랴 / 허겁지겁 병원으로 달려온 { 어머니의 아프지 않으냐고 묻는 말에 } / { 어머니가 아프지 않냐고 묻는데 } ‖ { 대답도 하지 } / 대답하지도 않고 오토바이는 어떻게 됐냐고 물었다.

①私は：文法的には「答えもせず」に続くのだが，最初から読んでいくと「病院に駆け付けた」の主語と誤解する恐れがあるので，「나는, 」のように読点を打つか，あるいは「答えもせず」の直前に移動させるのが良い。②大慌てで：副詞を用いて表現するのが一番簡単である。

4. 諸物価の値上りは天井知らずで，おせち料理に松茸や数の子を買うというのはサラリーマンの家庭では大変な贅沢である。
모든 물가가 하늘 높은 줄 모르고 뛰어올라서 설음식으로 송이버섯과 / 송이버섯

83

> 이나 말린 청어 알을 산다는 것은 봉급생활자 / 월급쟁이 가정에서는 대단한 사치이다.

①諸物価：さまざまな物価である。「全ての物価」と訳してしまってもよいかもしれない。②天井知らずで：日本語は本来表現されるべき部分が省略されているので「上昇する」という言葉を補って訳す必要がある。また,「上昇する」は後半の理由になっているので連用形または아(서) / 어(서) がよい。③おせち料理：「おせち」とは本来暦の上の節句を指し，その折に食べる料理が「おせち料理」であるが，現代日本語では正月に食べる料理を指す。

> **5.** この先何十年も研究生活を持続させる鍵は，土曜日の午後にはどんな誘いも断って，スポーツジムへ出かけて思い切り汗を流すことだ，と承範は信じていた。
> 앞으로 몇 / 수 {십 년 동안} {연구 생활을 지속시키는} / {연구를 계속해 / 지속시켜 가는} 관건은 / 열쇠는 토요일 오후에는 [어떤 유혹도 물리치고 / 거절하고] / [누가 {뭐 하자고} / {어디 가자고} 해도] {스포츠 센터에} / {헬스클럽에} 가서 땀을 흠뻑 / 마음껏 흘리는 것이라고 승범은 믿고 있었다.

①鍵：抽象的な表現としては「関鍵」の音読みを用いるが，鍵をそのまま比喩的に用いてもよい。②どんな誘いも断って：２つの行動が並列されているので接続部分は 고 がよい。あるいは譲歩形式で書くのも一つの方法である。③スポーツジムへ出かけて：運動をするための前提動作なので아(서) / 어(서) がよい。④思い切り汗を流すことだと：韓国語でも同じ発想をするのでそのまま訳すのが一番簡単である。

> **6.** キムチチゲはまず始めに豚肉を調味料と一緒に炒め，水を加えた後に適当な大きさに切ったキムチを入れて煮立てる。
> 김치찌개는 먼저 돼지고기를 양념과 / 조미료와 함께 (불에) 볶고 / {볶아 두고}, 거기에 물을 {부은 후} / 붓고 알맞게 / {적당한 크기로} ‖ {썰어 둔} / 썬 김치를 넣어 (팔팔) 끓인다.

①まず始めに：우선은「他のことに先立ってまず最初に」，먼저は「先に」という意味である。従って먼저

# LESSON 09

가세요と言うと「お先にどうぞ」という意味になるが, 우선 가세요と言うと「他のことは放っておいて(後にして) とにかく行きなさい」という意味になる。課題文の場合はどちらでも正解。②炒め：動詞は 볶다 であるが, 불에 볶다と書くとより臨場感が出る。さらに, 事前の準備なので −아 두다 を使ってもよい。 ③水を加えた後に：日本語には無いが, 거기에 を付け加えるとより自然な文になる。「加える」は「注ぐ」と考えるほうが良い。④適当な大きさに：日本語に影響されずに 알맞게 と副詞形で書いても良い。この場合の「に」は結果を示すので 에 ではなく 로 が良い。⑤入れて：単に時間の順序に並べたとも言えるし, 煮立てるための事前動作とも言えるので 어 と 고 の両方が可能であろう。⑥煮立てる：単に「煮る」と書いてもよいが, 팔팔 という副詞を入れると一層感じが出る。

> **7.** チョンミン (정민) は鉄棒から落ちて足の骨を折り, しばらく入院していた。
> 정민은 / 정민이는 철봉에서 떨어져서 다리 뼈가 부러져, 한동안 / {얼마 동안} 입원했다 / 입원했었다.

①落ちて：足の骨を折る原因になったので 아서 / 어서がよい。②足の骨を折り：意図的に折ったわけではないので「骨が折れて」のように書くのがよい。また, 入院の直接の原因なので 아서 / 어서がよいが, 아서 / 어서が連続するので, 後者を 아 / 어 にすると不自然さが緩和される。③入院していた：日本語の「ていた」にとらわれると不自然になる。この文脈では大過去で表現するのがよい。

> **8.** 以下の文章を読んで400字以内に要約し, 最も適切なタイトルをA〜Eの中から一つ選べ。
> 다음 글을 읽고 400자 이내로 / 안으로 (그 내용을) 요약해, 가장 알맞은 / 적합한 제목을 {A에서 E} / {A〜E} 중에서 / 가운데서 하나 고르시오.

①文章：固有語の 글 を用いるのが最も自然である。②読んで：「読んだのち, 読んでから」という意味なので 고 がよい。③ 400字以内に：「に」は結果の 로 がよい。④A〜Eの中から：「〜」の読み方は 에서 でよい。⑤選べ：問題文の決まり文句としては 고르시오 である。格式非丁寧体の 골라라 は通常用いない。

85

# 練習問題解答

> **9.** 携帯電話会社は旧機種をタダ同然で売って通話料で稼ぐという手法をとってきたが，政府の方針転換により各社とも新しい収益モデルの構築を余儀なくされている。
>
> 휴대전화 / 휴대폰 / 핸드폰 회사는 구모델을 / 구형을 (거의) 거저 / 공짜로 주다시피 하고 통신료로 번다는 / 버는 방법을 취해 왔지만 / 왔으나 정부의 방침 { 전환으로 (인해) } / { 전환 때문에 } ‖ { (각) 회사마다 } / { 어느 회사도 } / { 모든 회사가 (다) } 새로운 { 수익 모델의 / 방법의 구축을 하지 } / { 새로운 수익 모델을 / 방법을 구축하지 } 않을 수 없게 되었다.

①旧機種：漢字をそのまま音読みした구기종も使われなくはないが，旧型の音読みである구형の方が使用頻度としては高い。あるいは外来語を混ぜた구모델もよく使われる。②タダ同然で：「ただのような値段で。無料で配るようにして」と考えればよいだろう。「同然」をそのまま音読みした동연으로という単語は使われない。무료나 다름없는 가격にも可能。③稼ぐという：必ずしも引用形にする必要はない。④各社とも：「どの会社も」という意味になればよい。⑤モデルの構築：2つの名詞を助詞でつないでもよいが，「モデルを構築する」と動詞的に表現してもよい。⑥余儀なくされている：「せざるを得ない，しないではいられない」と考える。

> **10.** 安全や環境といった社会的問題に前向きに取り組む方が，問題が起きてから後処理に追われるよりも安くつくし，企業としての競争力も高まる。
>
> 안전이나 환경과 같은 사회 문제에 적극적으로 대처하는 편이 / 게 문제가 생긴 후의 뒤처리에 쫓기는 것보다 비용도 / 비용이 { 덜 들고 / 들며 } / { 싸게 치이고 }, 기업으로서의 / 기업 경쟁력도 높아진다.

①といった：-고 한と引用形式で表現するよりも，「와 / 과 같은 ～のような」の方が自然である。②前向きに：「積極的に」と考えるのが課題文の内容を生かした文が書けるだろう。③取り組む：日本語ではよく使われるが，韓国語には訳しにくい単語である。대응하다 / 임하다のような，何らかの対応・行動を示す動詞に置き換えるとよい。④後処理：単に処理と書いても正解であろうが，뒤처리というピッタリの単語がある。⑤追われるよりも：「よりも」は動詞に直接接続しているように見えるが，韓国語では名詞形にしてからでないと助詞を続けられない。⑥安くつく：「費用がより少なくかかる」と考えるのが良い。劣等比

## LESSON 09

較의 덜을 사용해도 좋다. ⑦企業としての競争力：そのまま置き換えてもよいが，全体を簡潔に 기업경쟁력 と書くほうが自然である。

### 【発展作文9】

> **1.** こんな時間にケーキを食べたら<u>太るにきまっているが</u>，<u>そう言って</u>とめようものなら<u>意地になって</u>一箱全部<u>食べかねない</u>性格だということは，妻と結婚して二十年の間に<u>身にしみて</u>知っていたから，<u>見て見ぬ振りをしていた</u>。
> 이런 시간에 / 시각에 케이크를 먹으면 { 살이 찔 게 뻔하지만 } / { 틀림없이 / 당연히 살이 찌지만 }, 그렇게 말해 (못 먹게) { 말리기라도 하면 } / 말렸다가는 / { 말린 날에는 } / { 말리려 했다가는 } 오기가 나서 / 발동해서 한 상자 다 먹을지도 모를 성격이라는 것은 (,) 아내와 결혼해서 (사는) 20 년 동안에 뼈저리게 느끼고 { 있던 터라 } / { 있었기 때문에 } [ 잠자코 / { 모르는 체하고 } 내버려 두었다 ] / [ 모르는 체했다 ].

①太るにきまっているが：日本語の語順のままに訳す方法と，「間違いなく太る」と逆の語順で訳す方法とが考えられる。②そう言って：止めるための前提動作なので 아서 / 어서を用いるのが良い。③とめようものなら：仮定条件で書ければ正解であるが，強調した表現にしたい。④意地になって：食べる理由になっている。⑤食べかねない：「食べる可能性がある」という意味である。⑥身にしみて：「知っていた」を修飾する語である。「痛みを伴う」というニュアンスが欲しい。⑦見て見ぬふりをしていた：「내버려 두었다 放っておいた」のように訳してもよい。

> **2.** 課長はさっと社長の傍に寄って行って何事か<u>ささやき</u>，返事に<u>肯いて</u>戻ってくると，部長と<u>相談して</u>控え室の方へ行ってしまった。
> 과장은 재빨리 { 사장 곁에 } / 사장님한테 다가가서 뭔가 소근거리며 얘기를 하다 사장(님)(의) 대답에 (대해) 고개를 끄덕이며 대답을 하다가, (자리로) 돌아오자 (마자) 부장한테 / 부장하고 의논을 하더니 / 하고 대기실로 가 버렸다.

87

# 練習問題解答

①さっと：気を利かせて「素早く」というニュアンスである。②寄って行って：「ささやく」ための前提動作である 가서 も正解ではあるが，다가가서のほうが課題文に近い。③返事に肯いて：「社長が何か返事をしたのに対して首を縦に振った」という意味である。

> **3.**「入試の数学は公式を丸暗記したって受かりません。公式が導き出される過程をきちんと理解して応用問題が解けて初めて合格点がもらえると思っておいてください。」
> "{ 입시에서 출제되는 } / 입시 수학은 공식을 그대로 외어도 / { 외었다고 해서 } 합격할 수 없습니다. 공식이 도출되는 과정을 제대로 이해해 응용문제를 { 풀 수 있어야 } / { 풀어야 }(비로소) 합격할 / { 합격점을 딸 } 수 { 있는 줄로 아십시오 / 아세요 } / { 있다고 생각하십시오 / 생각하세요 }."

①入試の：直訳するよりは「入試で出題される」と考える方がよい。②丸暗記する：「内容を理解せずに字句通り覚える」という意味である。③～したって受かりません：「～しても合格できない，～したからといって合格するわけではない」の2通りの考え方がある。④導き出される：「～が解ける」という意味ではなく「～に至る」という意味である。⑤応用問題が解けて初めて：この場合は「解くことができて」と可能で訳すほうが良いだろう。

> **4.**「どこかが具合悪くてというんじゃないんだけど，何となく体がだるいので掛かりつけの病院で診察してもらったら，更年期障害だから何かスポーツでもして気を紛らわすのが一番だって言われたの。もうそんな年になったのかと思うとショックだわあ。」
> "(특별히) 어딘가가 / 어디 { 불편해서가 아니라 } / { 불편한 건 아닌데 } / { 아픈 건 아닌데 } 어쩐지 몸이 나른해서 늘 가는 / 이용하는 병원에서 진찰을 받았더니 갱년기 장애니까 무언가 스포츠라도 해서 기분전환을 하는 게 / 것이 [ 제일이라고 / { 가장 좋다고 } 그랬어 ] / [ 제일이래 ] / [ 가장 / 제일 좋대 ]. 벌써 그런 나이가 됐구나 / 됐나 싶어(서) / (생각)하니 충격이야."

①具合悪くてというんじゃないんだけど：部分否定で書ければよい。②何となく：그냐 / { 뭔가 모르게 } / 왠지は正解。③体がだるいので：理由の表現であるが，아서 / 어서を使うのが良い ④掛かりつけの病院：

「いつも利用している病院」である。⑤更年期障害：韓国語では一般に「障害」に対して장해ではなく장애（障碍）を用いる。⑥ショックだわあ：충격이야が正解。外来語の쇼크야はあまり用いられないようである。

> **5.** 夏は一度に食べ物をたくさん作って保存するのではなく，なるべく1回で食べきるだけの量を調理するのがよい。
> 여름에는 한꺼번에 음식을 많이 만들어 보존하지 / 보관하지 말고 되도록 / { 가능한 한 } 한 번에 먹을 만큼만 조리하는 / 만드는 것이 좋다.

①夏は：【表現88】を参照のこと。②一度に：「まとめて」という意味なので한 번에では不適切である。③食べ物：辞書的な意味では먹을 것あるいは음식물であるが，日常的には음식をよく用いる。④作って：아서 / 어서を用いる典型的な例である。つまり，「食べ物」が「作る」と「保存する」の共通の目的語になっているので，만들어서と書かねばならない。ただし課題文の場合は만들어のほうがより自然である。⑤保存するのではなく：この場面の否定は単なる事実を否定しているのではなく，他の方法を勧めているので，-지 않다（~しない）ではなく禁止を表わす-지 말다（~するな）を用いるのが適切である。⑥食べきるだけ：「すべて食べることができる分量」と考えるか，「食べる分量だけ」と考える。

> **6.** 日本の水着とスピード社の水着の最大の相違点は，前者が編んで作るのに対して後者は織って作る点にある。織ることによって浮力と推進力が得られるのだそうだ。
> 일본(의) / { 일본 기업이 만든 } 수영복과 스피드사의 / { 스피드사가 만든 } 수영복의 가장 큰 차이점은, 전자가 떠서 만드는 데 대해 후자는 짜서 만드는 데(에) / 점에 있다. 천을 짬으로써 / { 짜는 것으로써 } / { 짜서 만들기 때문에 } 부력과 추진력을 얻을 수 있다고 한다.

①水着：「水泳服」の漢字音を用いる点に注意。②最大の相違点：상위하다は韓国の辞書にも載っているが，상위점は『標準国語大辞典』にも記載されておらず，通常は使われない単語であると判断してもよいだろう。通常は日本語では用いない「差異点」という漢字の音読みである차이점を用いる。③編んで：「編む」は뜨다を用いる。また，「編む」は「作る」ための方法を示しているので並列の語尾ではなく前提

# 練習問題解答

動作の語尾を用いる必要がある。④織って：「織る」は 짜다 を用いる。また，「織る」は「作る」ための方法を示しているので「編んで」と同様に，並列の語尾ではなく前提動作の語尾を用いる必要がある。⑤織ることによって：日本語はいきなり動詞で始まっているが，韓国語は目的語が必要。「ことによって」は ㅁ으로써 を用いるのがよい。

---

**7.** 名も無き街工場で開発された萌芽的技術が偏食や栄養の過剰な摂取による生活習慣病の蔓延を断ち切るための鍵を握っているらしいと聞いてテレビ各局が一斉に色めきたった。
{ 별로 / 그다지 / 잘 알려지지 않는 } / { 아무도 모르는 } 작은 / 동네 공장에서 개발된 맹아적(인) 기술이 편식이나 / 편식과 영양의 과잉 섭취로 인한 생활 습관병의 만연을 / 확산을 근절하기 위한 관건을 / 열쇠를 쥐고 / 가지고 있는 것 { 같다는 소문에 } / { 같다고 듣고 } 각 티비 / 텔레비전 방송국들이 일제히 활기를 띠었다.

---

①名も無き：「名前がない」という意味ではなく，「無名の，知られていない」という意味である。ただし，韓国語でも比喩的な用法があるので，直訳でも正解になる。②街工場：「小さな工場」程度に訳しておけばよいだろう。동네 공장は意味は通じると思われる。③断ち切る：具体的な「物を切る」動作ではなく「根絶する」という意味である。④と聞いて：直接的な動作を示す -고 듣고 を用いてもひとまず正解ではあろうが，「소문 噂」を用いる方が全体の感じがよく表せると思われる。⑤色めきたった：単に「騒がしくなった」と書いただけでは不十分で，期待を持つようなニュアンスが含まれている必要がある。ここでは「活気を帯びた」と訳しておいた。

---

**8.** 高校球界における西の雄と呼ばれたＳ高校も，監督が交代してからは地区予選すら突破できず，昔日の栄光は見る影もない。
고교 야구계에서(의) / { 야구계에 있어서(의) } 서쪽 강호라고 불리던 Ｓ고등학교도 (,) 감독이 { 교체한 후로는 / 이후로는 } / 교체되면서부터는 지역 예선(전) 조차 [ 돌파할 / { 이겨 올라갈 } 수 없어 / { 없게 됐으며 } / { 없게 되어 } ] / [ 통과하지 못하고 ], 옛날의 영광은 흔적조차 / 하나도 / 아무데도 / { 전혀 찾을 / 찾아볼 수 } 없다.

①高校球界：韓国語の 구계 には日本語の「球界」という意味が存在しないので「高校野球会」と訳す必要がある。②における：論説文では 에 있어서의 という表現がよく用いられる。③西の雄：ある地域を東西に分けたときに，西地区の有力なチームという意味である。④交代してからは：日本語の「して＋から＋は」にぴったり合う表現としては 교체하고부터는 がある。교체되면서부터는 という言い方もある。⑤地区予選すら：「地方予選」を音読みした 지방 예선 は不自然。지역 예선 が良い。「すら」には 조차 と 마저 があるが課題文に対しては 조차 が最もふさわしい。⑥昔日の栄光：「昔の栄光」と訳せば十分である。⑦見る影もない：「痕跡もない」「見られなくなった」または「衰えた」と訳せばよい。

---

**9.** かがみっぱなしの収穫作業はつらく，農作業でも体験してみようかという安易な気持ちでやってきた学生アルバイトは1日も持たずに畑を去ることもざらだ。
{ 몸을 굽힌 채 계속되는 } / { 계속 몸을 굽혀(서) 해야 하는 } 수확 작업은 힘들어, 농사나 / 농사라도 / 농사일이라도 (한번) 체험해 보자는 / 볼까는 / { 볼까 하는 } 안이한 생각으로 / 마음으로 찾아온 아르바이트 학생(들)은 하루도 { 참을 / 견딜 / 버틸 수 없어서 } / { 못 견디고 / 견뎌서 } 밭을 떠나는 { 경우도 / 경우가 허다하다 } / { 일이 흔하다 }.

---

①かがみっぱなしの：「体を曲げた状態が続く」という意味で訳せばよい。解答例としては「体を曲げたまま続く」としておいた。②つらく：괴롭다 は精神的なつらさに用いることが多い。苦痛というニュアンスを出すのであれば 고통스럽다 を用いてもよい。③農作業でも：농작업 はあまり用いない。농사 あるいは 농사일 を使うのが良い。「でも」は 라도 でよいが，나 / 이나 を用いると農作業を軽んじるニュアンスが現れる。④みようかという：日本語をそのまま置き換えれば 볼까 하는 であるが，보자는 も自然な表現である。⑤安易な気持ちで：「気持」は 마음 を使えば正解であるが，생각 の方が課題文の内容によく合っている。⑥持たずに：この場合の「持つ」は「耐える」という意味なので 견디다 / 참다 / 버티다 などを用いるとよい。⑦ざらだ：많다 でもひとまず正解であろうが，ニュアンス的にはさらに多いことを示す 허다하다 や 흔하다 を用いることができると上級のレベルであると言える。なお，허다하다 はよい意味のときはあまり使わないことも知っておくとよいだろう。

---

**10.** 急速な高齢化を受け，2006年4月施行の改正高年齢者雇用安定法では，定年を

# 練習問題解答

> 段階的に65歳まで引き上げることを企業に要請しているが，中にはやる気のない人が残って周囲の人が迷惑している職場もあるそうだ。
> 급속한 / 급격한 고령화 추세로 / {추세로 인해}, 2006년 4월에 시행된 개정 고령자 고용 안정법에서는 정년을 단계적으로 65세까지 연장하는 / 올리는 것을 기업에 요청하고 있으나, 그 중에는 {일하고자 하는} / 일하려는 의욕이 없는 사람이 남아서 주위 {사람들이 피해를 입는} / {사람들에게 폐를 끼치는} / {사람들에게 폐가 되는} 직장도 있다고 한다.

①を受け：新聞記事でよく見かける表現であるが，「受け取る」わけではないので받다を使うのは不自然である。「高齢化が原因で」という意味なので原因の表現にするのが良い。고령화 시대를 맞아は新聞記事でよく見かける表現である。② 2006年4月施行の：日本語特有の名詞を羅列した表現であるが，「2006年4月に施行された」のように置き換えて考えると自然な韓国語で表現できる。③中には：日韓で表現がずれる部分である。直訳して중에는と書いたのでは不自然で，指示詞を補ってユ 중에는と書く必要がある。④やる気のない人：「意欲のない人，熱意のない人」などと考えればよい。⑤周囲の人が迷惑している：何を主語にするかによって「迷惑を与える」と書くか「迷惑を受ける」と書くかが決まる。

# LESSON 10

## 【基本作文10】

> **1.** A：これって，1日で修理できる？
> B：かなあ。中を開けてみないとなんとも言えないけど，3日ぐらい掛かるかもね。
> A：そこんとこなんとか急ぎでお願いできない？ 近頃はパソコンがないと仕事にならないのよ。
>
> A：이거 {하루 만에} / 하루에 수리할 / 고칠 수 있어 / 있을까?
> B：(글쎄.) 수리할 / 고칠 수 있을까? 한번 내부를 / 안을 [확인하기 전에는] / [살펴보기 전에는] / [열어 보지 않으면 / {않는 한}] || {뭐라 대답할 / 답할 / 말할 / 할 수 없지만} / {정확한 / 정확히 날짜를 잡을 / 말할 수는 없지만} (한)

LESSON **10**

> 3일 정도 { 걸릴지 몰라 } / { 걸릴 것 같은데 }.
> A : { (나도 알겠는데) 그걸 } / { 그러지 말고 ] } / { 그러니까 그걸 } 어떻게 빨리 / 서둘러 고쳐 줄 수 / 순 없을까? 요즘은 / 요즘에는 컴퓨터가 없으면 { 일(을) 못 하거든 } / { 일이 안 되거든 }.

①これって：話し言葉の表現であり，単に「これ」でよい。引用文にするのは不可。②1日で：所要時間を示す「で」は에가 基本の助詞である。日本語の「で」の感覚でうっかり로を使う間違いが多い。③かなあ：「修理できるかなあ」の端折り文である。単に「글쎄 사아」とだけ書いてもひとまず可。「修理できるかどうか判断がつかない」という意味である。④なんとも言えない：直訳してもよいが，「정확히 날짜를 잡을 수는 없다 正確な日にちを言えない」と内容を明確にするのも一つの方法である。⑤掛かるかもね：「かもしれない」の端折り文である。韓国語では端折り文がほとんど成立しないので，この場合は걸릴지도で文を終えると不自然な表現になる。⑥そこんとこ：「そこ」という場所ではない。⑦お願いできない？：「修理してくださいませんか」という意味である。⑧仕事にならないのよ：「仕事ができない」＋理由のニュアンスで訳すのが最善。

**2.** {秘書と社長の会話}
> A：お失くしになったという書類ケースはどこを探しても見当たらないんですが思い違いの可能性はありませんか。
> B：は……，ないとおもうんだけどなあ。
> A：その日の行動を朝から一つずつ辿ってご覧になったらいかがですか。
> B：うーん。あの日はいつもより早く目が覚めたのでもう一度書類をチェックしようと思って……。あ！思い出した！
> A：잃어버리셨다는 서류케이스는 아무리 / 어디를 찾아도 { 못 찾았는데 } / 없는데 / { 안 보이는데 } ‖ { 혹시 착각하셨을 가능성은 없으세요? } / { 뭔가 착각하신 거 / 건 아니에요 / 아닐까요? }
> B：그럴 가능성은 / 리는 없을걸 / { 없을 텐데 }.
> A：그 날 행동을 아침부터 하나하나 { 더듬어 / 생각해 보시면 } / 되새기시면 / { 되새겨 보시면 } 어떠세요 / 어떨까요?
> B：음. 그 날은 평소보다 / { 보통 때보다 } 일찍 잠이 깨서 다시 한 번 서류를 체

## 練習問題解答

> 크하려고…. 아! 생각났다!

①見当たらないんですが：単に「ない」と言ってもよいし，「見つからなかった」と言っても良い。これは中断文なので韓国語でも対応形式が存在する。②思い違いの可能性：名詞を助詞でつなぐよりも「思い違いした可能性」のように考える方が作文しやすい。③は……：「そのような可能性は，そんなはずは」の端折り文であると考えられる。④ないとおもうんだけどなあ：はっきり断言するよりも文末を少し曖昧にした書き方の方が良い。⑤一つずつ：하나씩 または 하나하나 でよいが，「찬찬히 落ち着いて」という表現も可能である。⑥辿ってご覧になったらいかがですか：「思い出してみてください」というニュアンスである。

**3.** A：何もかも忘れて温泉に浸かってる時ってほんと幸せそのものよね。
B：よねえ。ホント，無理して来た甲斐があったってもんだわ。あー，極楽極楽。
A：모든 걸 (다) 잊고 {온천에 몸을 담그고}/{온천(을) 하고} 있을 때는 / 때가 정말 행복 그 자체지/{자체잖아?}/{자체지, 그렇지}/{자체지, 안 그래?}/.
B：그래 맞아. (아,) 정말 천국같아/천국이다/{살 것 같다}/{기분 좋다}. 역시 무리해서/힘들어도 온 보람이 있어/있었어. 와/아/야 {정말 좋다!}/{최고다, 최고}.

①何もかも：「すべてを」と考えればよい。②忘れて：忘れた状態で温泉につかるという様態を示す語尾 고 を用いる。③温泉に浸かる：「온천에 몸을 담그다 温泉に体を浸ける」と考える。④時って：「時は，時が」と訳せばよい。⑤幸せそのものよね：相手に同意を求めている表現にするのが良い。語尾として表現するのであれば지/잖아? などを使う。あるいは 그렇지/{안 그래?} などを補ってもよい。⑥よねえ：相槌を打つ言葉なので，맞아/{맞아 맞아}/{그래 맞아} が最適であろう。⑦極楽極楽：韓国語は名詞だけで終われない。「極楽のようだ」「生き返ったようだ」のように置き換えて考える。直訳の 극락 극락 は韓国語としては不自然な表現である。

**4.** A：折角仲良くなれたのに転勤なさるなんてお名残り惜しいですわ。
B：でも実家がこちらにありますので時々はお目にかかる機会もあると思いますわ。どうかいつまでもお元気で。

LESSON 10

> A : 이제 이렇게 친해졌는데 전근하신다니 / {전근을 가신다니} 섭섭하네요.
> B : 하지만 친정이 이쪽이라서 가끔 볼 기회도 있을 거예요. (아무쪼록) 언제나 / 늘 건강하게 잘 지내세요.

【背景説明】「お名残り惜しいですわ，思いますわ」という言葉づかいからＡＢとも女性である。①折角：日本語の「折角」には「わざわざ」と「折よく」があり，それに対応する韓国語は일부러と모처럼である。ところが課題文の「せっかく」はむしろ「ようやく」というようなニュアンスであろう。従って이제が最も良く，이렇게がそれに次ぎ，다행히や모처럼が許容範囲であろう。②仲良くなれたのに：韓国語としては可能の表現はなくてもよい。③転勤なさるなんて：この部分だけ取り上げると驚きの語尾と伝聞の語尾の2通りで表現できるが，課題文から判断すれば伝聞の表現の方が適切だろうと思われる。④お名残り惜しいですわ：女性の言葉であり，詠嘆のニュアンスが欲しい。⑤実家：친정または친정 집でよい。부모님 집も可。夫の実家という意味なら시댁も可。⑥こちらにありますので：方向を示す語を用いればよいだろう。⑦あると思いますわ：推量の表現にするのが良い。⑧いつまでもお元気で：端折り文である。「いつまでも」にはこだわらない方がよい。항상 건강하시길…は不十分で，韓国語としては言いおさめの言葉がほしい。

**5.** A : あなたまだそんなところにいたんですか。いくら粘っても社長はお会いになりませんよ。どうぞお引取りを。
B : そこをなんとか。
A : 아니, 손님 / 선생님 / 당신 아직 {그런 데} / 거기 {계세요 / 계셨어요?} / {있어요 / 있었어요?} 아무리 끈질기게 / {그렇게 계속} 버티고 계셔도 / 있어도 {사장님은 안 만나실} / {사장님을 못 만나실} / {사장님은 만날 생각이 없을} 겁니다. 부디 / 어서 / 그냥 / 제발 / {웬만하면 그냥} / {제발 그냥} 돌아가십시오.
B : 그러지 마시고 어떻게 좀 부탁합니다.

①あなた：通常は目下や友人以外に対しては２人称代名詞を省略するが，課題文の場合は叱責するような気持ちが込められているので당신も可能であろう。ただし言われた方はかなり気分を害するので，和らげるには손님 / 선생님などの方が良いだろう。また，文頭に驚きのニュアンスをこめて「아니,」を置くとさらに自然になる。②いたんですか：これは「発見の『た』」と呼ばれる表現なので必ずしも過去形にす

## 練習問題解答

る必要はない。③粘る：「待ち続ける」の比喩的な表現なので기다려 봐야と訳すのも一つの方法である。④お会いになりませんよ：日本語に合わせて社長を主語にすればよいが、「社長に会えない」と置き換えてもよい。⑤お引取りを：「帰って下さい」の端折り文である。⑥そこをなんとか：「そんなことをおっしゃらずに，何とかお願いします」と考えればよい。

**6.** A：明日の講演会さぼっちゃおうかな。
   B：<u>だろう？</u> あんな講演<u>聞いても聞かなくても</u>同じことだよ。どうせ僕たちには<u>チンプンカンプン</u>なんだから。
   A：내일 강연회 땡땡이 칠까? / 빼먹을까?
   B：그렇지 / 그치. 그런 강연 들으나 마나 마찬가지야. 들어봤자 / 어차피 { 우리한텐 '소귀에 경 읽기'야 / 니까 } / { 무슨 말인지 / 소린지 (하나도) 모르니까 }.

①さぼる：少し古い表現では땡땡이 치다というのがある。最近は빼먹다の方がよく使われるようである。②～ちゃおうかな：独り言に近い。ㄹ까 / 을까 봐を用いればよいだろう。③だろう？：相手の言葉が自分の考えと一致しているというニュアンスを表す。同感を示す場合は그래よりも그렇지がよい。④聞いても聞かなくても：들으나 마나が正解。들어도 안 들어도は許容範囲。⑤チンプンカンプンなんだから：「まったくわからない」と訳すか諺を使って「소귀에 경 읽기 馬の耳に念仏」のように訳してもよい。

**7.** A：おや，お珍しい。今日はまたどういう風の吹きまわしで？
   B：いえね。先日頂戴したお菓子があまりに結構なお味だったものですから，どこでお求めになったのかふと気になりだしましてね。そうなると<u>矢も盾もたまらず</u>飛んで来たようなわけでして。
   A：아이고 / 아이코 웬 일이세요? 오늘은 또 { 어떻게 오셨어요? } / { 무슨 특별한 일이라도 있으세요? }
   B：다름이 아니라, 지난번에 주신 과자가 하도 / 너무나 맛이 있어서 어디서 구하셨는지 문득 / 갑자기 { 궁금증이 생겼거든요 } / 궁금해서요 / 궁금해져서요. 그리고 / 그러다 보니 (애가 타서) (도저히) 가만히 / 그냥 있을 수가 없어서 (막) 뛰어 온 겁니다.

# LESSON 10

【背景説明】中年男性同士の会話。親しいがお互いに丁寧な言葉遣いをしている。①おや,お珍しい：直訳しない方がよい。「どうしたのですか」と訳すか,「誰ですか」と訳すのが韓国式である。また,「お珍しい」となっているので敬語形を用いるのが良い。②どういう風の吹きまわしで：日本語と同じ発想で書いてもよいし,「なぜですか,どうしたのですか」と考えてもよい。③いえね：「実は,ほかでもない」などと考えるほうがニュアンスが生きて来る。④頂戴した：日本語は「もらう」の謙譲語になっているが,韓国語にはそれを表現する単語が存在しない。主語を変えて「주신 下さった」と訳す方がニュアンスを生かせるのでよいだろう。⑤結構なお味だったものですから：「おいしかったので」と訳せばよい。⑥お求めになったのか：「お買いになったのか」と訳せばよい。⑦気になりだしましてね：「〜だす」は -기 시작하다ではなく -아지다 / 어지다を用いるのがよい。⑧矢も盾もたまらず：「とても我慢できずに」の比喩的表現である。

**8.** A：組合の書記長を断ったんだって？
B：何かといえば僕の所に来るんだから。そうそういつも良い顔ばかりしてられないよ。
A：노조 서기장을 / { 서기장 일을 } 거절했다면서?
B：무슨 일이 있으면 / { 있기만 하면 } 나한테 { 온단 말이야 } / 부탁하니까. 그렇게 언제나 / 항상 남의 말만 / 요구만 { 듣고 있을 순 } / { 들어 줄 수도 } 없지.

【背景説明】同じ職場の男性同士の会話。親しい関係でぞんざいな言葉遣いをしている。①書記長：서기장だけでも間違いとはいえないが,「書記長の仕事」のように訳す方が内容が明確になる。②断ったんだって？：伝え聞いた噂を確認する語尾を用いる。다면서?が正式の形式であるが,話し言葉では縮約形の다며?がよく使われる。③何かといえば：この場合の「いえば」は「言う」という意味ではなく,「何か頼みたいことがあれば」という意味である。④僕の所に：日本語は「ところ」がないと不自然だが,韓国語は助詞だけで表現できる点が微妙に違うので初級段階では特に間違いやすい。⑤来るんだから：不満そうな雰囲気を盛り込めればよい。「来る」あるいは「依頼する」と考えればよい。⑥そうそういつも：「そうそう」はひとまず「そのように」と書ければ十分である。⑦良い顔ばかりしてられないよ：比喩的な表現なので「言うとおりには出来ない」と考えればよい。

# 練習問題解答

**9.** A：サンギのやつ，大船に乗った積りでいてくれなんて大層な御託並べてたけど任せといて大丈夫かな。
B：サンギは風呂屋の財産でユウだけだからなあ……。(※ダジャレになっている)
A：{ 상기 그 녀석 } / { 상기 말인데 } / { 상기 그 자식 말이야 }, 안심하고 다 맡겨 달라고 큰소리 치던데 (다) 맡겨도 / { 맡겨 둬도 } 괜찮을까?
B：상기는 항상 / 늘 { 말만 앞서니까 } / 말뿐이니까 / 말뿐이라서 말야 / { 좀 걱정 되네 }.

①大船に乗った積りでいてくれなんて：「安心する」の比喩表現である。②大層な御託並べてたけど：「大きな口を叩く，えらそうなことを言う」という意味。③風呂屋の財産で：次の「ユウだけ（湯だけ）」を引き出すための枕詞なので韓国語訳としては不要。목욕탕의 재산으로만は日本語と比べればわかるかもしれないが，韓国語だけを見ていると意味不明の言葉が突然紛れ込んでいるとしか思えない。このような「言葉遊び」は訳せない場合が多い。④ユウだけだからなあ：「言葉だけだ」と訳せればよい。

**10.** 誰も来ないうちにこっそり携帯で写してやれと思ったら学芸員に見つかって，撮影禁止の掲示が見えないのかとこってり油を絞られた。
{ 누가 오기 전에 } / { 아무도 안 오는 사이에 } / { 아무도 없을 때 } 핸드폰으로 / 휴대전화로 슬쩍 / 살짝 / 몰래 찍으려고 / { 찍어 버리려고 } 했더니 큐레이터한테 / 학술원한테 들켜서 발각돼서 촬영금지라는 게시가 안 보이느냐고 / 보이느냐며 실컷 / 잔뜩 / 단단히 / 호되게 / 엄청 { 야단(을) 맞았다 } / 혼났다.

①こっそり：「気づかれないように，隠れて」などのニュアンスをもつ副詞を用いればよい。なお，位置的には日本語の位置よりも動詞の直前に置くのが韓国語としては自然である。②携帯：携帯電話のことである。핸드폰으로 / 휴대전화로 / 휴대폰으로はすべて正解。③写してやれと：この場合の「やれ」は命令ではなく，自分の動作であって「写してやろうと」という意味である。④学芸員に見つかって：「学芸員」の音読み学芸員は韓国ではあまり使わず，학술원を使う。なお，外来語の큐레이터（curator, 박물관이나 미술관에서 재정 확보, 유물 관리, 자료 전시, 홍보 활동 따위를 하는 사람）は학술원より遥かによく使われる。⑤撮影禁止の：助詞の「の」を使わないで，「～という」と引用形にするのが自然な文を書くポ

▶ 98

イントである。⑥こってり：程度の大きいことを示す副詞を用いればよいが，やや俗語に近いニュアンスを持つ語が課題文にはぴったりの訳になる。⑦油を絞られた：「叱られた」という意味で訳せれば十分である。

## 【発展作文10】

1. A：ここの部屋，来月からウチのチームが使うことになったから。
   B：はあ？　なったからって，そんなこと誰が決めたの？
   A：あんたんとこの大下課長。
   B：そんな馬鹿な。明日課長に掛け合ってみるからその話ちょっと待って。
   A：無理無理。上のほうでとっくに話がついてんだから。

   A：이 방 다음달부터 우리 팀이 쓰게 됐어．
   B：뭐라고? 쓰게 됐다니 ｛그런 거 누가｝/｛누가 그렇게｝ 정했어 / 결정했어?
   A：너네 과 오시타 과장이야.
   B：｛그게 무슨 소리야｝/｛그럴 리가 있나?｝/｛말도 안 돼｝. 내일 과장님께 ｛말씀드릴｝/｛말 해 볼｝ 테니까 그 얘긴 / 이야기는 잠깐 기다려 줘.
   A：｛무릴 걸｝/｛(아무) 소용 없을 걸｝. 상부에서 / 윗선에서 / 위에서 이미 / 벌써 ｛얘기가 다 끝난 상태야｝/｛얘기가 다 끝났어｝/｛결정한/결정된 일이야｝/｛결재가 났거든｝.

①なったから：課題文における文末の「から」は「なったからそのように心得て置くように」というのが本来の意味だが，韓国語では必ずしも理由で訳さなくても良い。②はあ？：突然の意外な言葉に驚いているというニュアンスが出せればよい。③なったからって：単に「なった」だけでは不十分。引用形で受ける。④あんたんとこ：「あなたの部署・あなたの課」等と訳せばよいだろう。⑤大下課長：日本語は名詞で終わっているが，韓国語は指定詞があるのが最も自然。⑥そんな馬鹿な：端折り文なので文末に注意する必要がある。⑦掛け合う：「交渉する，話をする」等と考える。⑧待って：日本語と同様に｛기다려 줘｝/기다려を用いてもよいが，보류해 줘 (保留してくれ) の方が適切である。⑨無理無理：これも韓国語は用言が必要。⑩上のほう：上層部と考える。⑪話がついてる：「話が終わっている，決定されている，決済が降りている」などと考える。

## 練習問題解答

**2.** 순애：ヒョノ (현호) ったらどうしたのかしら。不幸を絵に描いたような顔して。

미화：またスネの心配性が始まった。そんなに気になるんだったらどうしたのって本人に尋ねてみたら？

순애：현호 걔/{그 사람}, {무슨 일이 있는 걸까}/{무슨 일 있나}/{왜 그래}? {세상 불행을 자기가 다 짊어진 것처럼 보이는데}/{불행 그 자체라는 얼굴인데}/{얼굴이/표정이 영 말이 아니던데}.

미화：(순애) {얘/너 또 시작이야/시작이네}/{또 뭐가 그렇게 걱정이야?}/{(얘/너 또 걱정 시작됐네}. 그렇게 걱정되면/염려된다면 무슨 일이냐고 본인한테 직접 {물어 보면 어때?}/{물어 보지 그래}

①ヒョノったら：「たら」にはこだわらない方が良い。「あの人」で受けておく程度でも十分である。현호도 참も可能。②不幸を絵に描いたような顔：日本語と同じく比喩的に表現してもよいし、「世の中の不幸をすべて一人で背負っているように見える」と考えてもよい。④心配性が始まった：「心配症」についてはそのままの単語がないので説明的に訳すのがよい。⑤本人に尋ねてみたら？：文末を仮定の語尾だけで終えることはできない。

**3.** A：あの人どっかで見たような気がするんだけど。

B：ホラ，この前ヒョノが紹介してくれたじゃない。外務省に勤めてるとかいう。

A：ああ，あの時の。まあ，親しげにこっち見て頭下げたわ。あんたに気があったりして。

B：とんでもない！ あんな堅物 (かたぶつ) 願い下げだわ。

A：저 사람 어디선가/어디서 본 것 같은데.

B：왜/있잖아/{왜 있잖아}. 지난번에/{얼마 전에} 현호가 소개시켜 줬잖아. [외무부에서 일한다는]/[외무부에 근무하고 있다는/{있다고 하는}]…

A：아, 그 때 그 사람. 어머, 알은체하면서 우릴 보고 머릴 숙였어. 혹시 너한테 반한/관심있는 거 아닐까?

B：{무슨 소리(야)}/{무슨 말 하는 거야}! 저런 목석 같은 사람 죽어도/정말 싫어/싫다구.

## LESSON 10

①気がするんだけど：ㄴ 것 같다で十分である。②ホラ：相手に思い出させる表現。왜 / 있잖아はこのような状況でよく用いられる。③勤めてるとかいう：これは中断文なので韓国語でもそのまま表現可能である。「とか」は必ずしも入れる必要はない。また日本語の「ている」にひかれて고 있다を用いる人が多いが，韓国語としては고 있다がない方が自然である。④あの時の：あの時のあの人まで言う必要がある。⑤こっち見て：直訳でもよいし，「私たちを見ながら」のように訳してもよい。⑥気があったりして：「〜たりして」は直訳しない方がよい。「〜じゃないかな」という程度の意味である。⑦堅物：融通性のない人物。面白みのない人物，などと訳せばよいだろう。⑧願い下げ：「嫌だ」という意味である。俗語では 100트럭 줘도 필요없다という表現もある。

**4.** A：この度はうちの社員が飛んだ不始末をしでかしまして…。
B：ま，どうぞお楽に。
A：いえ，私はこのままで。それで…，こんなことをお尋ねするのも何なんですが…，来期も我が社とお取引願えますでしょうか？
B：それは少しお考えが甘いのでは？

A：이번에는 저희 사원이 / { 회사 직원이 } 너무 큰 실수를 해서….
B：{(아 그냥)} / 우선, 편히 앉으세요.
A：아닙니다. / 아니, 저는 이대로 있겠습니다. 그런데…, 이런 말씀(을) 드리기도 / 올리기도 좀 죄송스럽습니다만 / 그렇습니다만 / 송구스럽습니다만…. 앞으로도 저희 회사하고 { 거래를 계속해 } / { 계속 거래해 } ‖ { 주셨으면 하는데…} / 주시겠습니까 / { 주실 수 있을런지요 } ?
B：그건 너무 { 안이한 생각이신 } / { 안이하게 생각하시는 } 것 같은데요.

①飛んだ不始末：「大きな失敗」と考えればよい。②しでかしまして：中断文なので韓国語でも表現可能。③どうぞお楽に：端折り文なので「お座りください」などの語を補う必要がある。④いえ：簡単なようで難しい。아니요 / 아뇨は相手の言葉を否定するときに用いる表現であり，この文脈では不可。아닙니다 / 아니에요を用いる必要がある。⑤私はこのままで：端折りなので語を補う必要がある。⑥それで：話題を転換しているので，「ところで」と考える。⑦何なんですが…：日本語の直訳では不自然。좀 그렇습니다만…などを使う必要がある。⑧お取引願えますでしょうか：「取引してくださいますか」である。⑨お考えが甘いのでは？：端折り文なので言葉を補う必要がある。

101

# 練習問題解答

**5.** A：なんかさあ。ビョンホン（병헌）のやつっていつも物欲しげだよなあ。
B：言えてる。僕，彼女いない歴2年なんです，みたいな。
A：있잖아. / 야. / {그 뭐랄까.} 병헌이 말이야, 언제나 / 항상 {여잘 찾는 것 같다 / 같지. 안 그래?} / {?뭘 탐내는 것처럼 보이는데.}
B：맞아 / 그래. {'나 애인이 없는 기간이 2년입니다 / 2년짼다'} / {'나 2년째 애인 없습니다'} ‖ {라고 얼굴에 써 있는 것 같애} / {라는 딱지가 얼굴에 붙어 있는 것 같애}.

①なんかさあ：話し始めの言葉である。있잖아が正解。②物欲しげ：「欲しそうな様子」である。③だよなあ：同意を求めるのであれば안 그래? がある方が良い。④言えてる：相手の言葉に賛同している表現である。⑤彼女いない歴2年なんです：説明的に訳してもよいし，俗語のソロ부대（Solo 部隊）2년째입니다を使ってもよい。⑥みたいな：端折り文なので韓国語は連体形では終われない。

**6.** 北部の山岳地帯にはいくつかの部族が昔ながらの生活様式を守って暮らしており，その生活圏は国境を越えて隣国にまで及んでいる。と言うより，部属の生活圏の真ん中にかつての宗主国が勝手に国境を引いたというのが正しい。
북부 산악지대에는 몇 개 부족이 옛날 그대로의 생활양식을 지키면서 살고 있고, 그 생활권은 국경을 넘어서 이웃 나라까지 미치고 {있다. 그렇다기보다는} / {있다기보다는} 그 부족의 생활권 한가운데 일찍이 / 옛날 종주국이 제멋대로 / 마음대로 {국경을 정했다는} / {국경선을 그었다는} 것이 / 말이 옳다.

①いくつかの部族が：疑問詞の不定用法を用いておけば十分である。②昔ながらの：「昔と同じ，昔から続いている」と考えればよい。③及んでいる：미치다か이르다を用いる。④と言うより：韓国語はいきなり「と」で始められないので言葉を補う必要がある。⑤国境を引いたというのが：「引く」または「定める」を用いるとよい。

**7.** A：ウワー，時代物の柱時計が掛かってるねえ。これってまだ動くの？

LESSON 10

B：この前ネジを巻いてみたけどウンともスンとも言わなかったわ。
A：야, (이거) 아주 오래된 벽시계가 걸려 있네. 이거 아직 움직여?
B：얼마/며칠 전에 {태엽을 감아 봤는데}/{밥 줘 봤는데} 전혀 [움직이지/{움직이려고 하지} 않았어]/[움직이려는 기미가 없었어/{안 보였어}]/[꼼짝을 안 했어].

①時代物の：「かなり古い」というニュアンスが出せればよい。②ネジを巻いてみた：論理的に訳してもよいし比喩的に訳してもよい。태엽[胎葉]을 감아 봤는데または古い表現であるが밥을 줘 봤는데などがある。③ウンともスンとも言わなかった：「全く動かなかった」と訳せばよい。

8. A：洗面所の使い勝手が良くないのでリフォームしようかって家内と相談してるんだけど，どこか信用のおける業者知らない？
B：耐震偽装事件以来よく聞かれるんだけどどことも帯に短し襷に長しでね。
A：화장실이 좀 쓰기 불편해서/불편하니까 리폼할까/{좀 고칠까}/{손(을) 볼까} 하고 집사람과/아내하고 의논하고 있는데 어디 {믿을 만한 데}/{믿고 맡길 만한 사람} 몰라/알아?
B：내진 (강도) 위장 (건축) 사건 이후(로) {그런 질문을 자주 받는데}/{묻는 사람이 많은데}, [다 장단점이 있거든]/[다 장단점이 있어서 {적당한 데를 소개해 줄 수가 없네}/{소개해 줄 만한 데가 없네}]/[{마땅히 소개할/{소개시켜 줄 만한} 데가 없네].

①洗面所：韓国語ではこれにぴったり当る語がなさそうである。敢えて言えば화장실になるだろうか。②使い勝手が良くない：「使いにくい，使うのが不便だ」と考えればよい。③リフォーム：外来語の리폼もよく用いられるが, 고치다や{손을 보다}/손보다が従来の用語である。재설비は大型工事であろう。④相談：対等の立場での相談は의논を用いる。상담は専門知識を持っている人に対する相談に用いるのが普通である。夫婦の会話であれば얘기も可能だろう。⑤信用のおける：信じられると訳せばよい。⑥業者：そのまま音読みした업자は수입업자・건축업자などの熟語の形式で使うのが普通のようである。かといって가게だと소매업자だし업체だと대기업になるので, 데とだけ書いておくのが最も無難であろう。⑦聞かれる：ここでは「質問される」という意味である。⑧どことも：「全て」と訳しておけば良いだろう。⑨帯に短

## 練習問題解答

し襷に長し：一長一短があるという意味の諺である。

**9.** あそこは夫婦揃って人当たりが良かったから皆さん何の疑いもなしにお金を預けたんだろうけど，まさかこんな詐欺事件を引き起こすなんてねえ！
{그 집은 부부가 다}/{그 집 부부는 둘 다}{붙임성이 좋아서}/{사람들한테 잘 해서}/{사람들이 너무 좋아서 / 괜찮아서} 다들 아무 / 아무런 의심 없이 돈을 맡겼을 텐데, 설마 [이런 사기를 /{사기 사건을} 저지르다니]/[이렇게 사기를 치다니]‖{(정말) 놀랐어}/{(정말 / 도저히) 못 믿겠어}/{어쩜 그럴 수가 있어}.

①あそこは夫婦揃って：必ずしも「あそこ」という場所にこだわらなくてもよい。「夫婦揃って」は「二人とも」と訳せば良いだろう。②人当たりが良かったから：「愛想が良いので，親しみやすいので，印象が良いので」などと考えればよい。ただし「人が良い」となると意味が異なる。③皆さん：この場合は呼びかけではなく「人々は」または「全員」という意味なので여러분と呼び掛けの形にしたのでは課題文とずれる。④預けたんだろうけど：推量の表現が必要である。⑤引き起こすなんてねえ：「事件を引き起こす」は일으키다 / 저지르다 / 벌이다などがよい。また사기를 치다も可能。ところで，日本語の文末はこれで問題ないが，韓国語は端折り文にしないで文末をきちんと述語としてまとめる必要がある。

**10.** A：お宅のご主人，歳の割にはスラッとしてらっしゃるわね。
B：何言ってんのよ。着やせするたちだから目立たないけど下着姿になったらビール腹ですごいんだから。
A：영희 아버지는 나이에 비해서 날씬하시네요.
B：{아이, 아니에요}/{무슨 말씀을 / 말씀이세요}. {영희 아버지는}/{애(들) 아빠는}/그이는 {옷을 입으면 말라 보이는 타입이라서 / 편이라서 눈에 안 뜨이지만}/{옷으로 가리고 있으니까 표시가 안 나서 그러지} 실제로 보면 [맥주 / 술 탓으로 {배가 튀어나서 보기 흉해요}/{배가 굉장히 나왔다니까}]/[술배가 엄청나요].

## LESSON 10

①お宅のご主人：댁의 남편と訳すのは日本語的な発想であり，韓国語としては非常に不自然である。子供の名前を利用して「○○のお父さん」と表現するのが韓国語として自然である。②歳の割には：「年齢に比べて」と考えればよい。③スラッとしてらっしゃるわね：날씬하다に尊敬と感嘆の語尾・丁寧語尾を付ければよい。④何言ってんのよ：文脈から判断して，反論というよりは謙遜に近いということを読み取ってほしい。⑤着やせする：難しい。「服を着るとやせて見える」と説明的に訳す必要がある。⑥たちだから：少し工夫が必要である。편이라서程度にかければ十分である。사람이니까はひとまず正解。⑦ビール腹ですごいんだから：「ビールのせいでお腹がひどく出ている」と考えればよい。『표준국어대사전』で술배［술빼］を調べると「술을 많이 마셔서 나온 뱃살」という解説が出ている。日常的にさほど使われる単語ではなさそうであるが，一先ず正解としておく。

## 著者紹介

### 油谷幸利（ゆたにゆきとし）
1949年京都市生まれ。京都大学文学部言語学科，同大学院修士課程修了。
ソウル大学大学院国語国文学科に留学。同志社大学名誉教授。
研究分野：日韓対照言語学，韓国語語彙論，韓国語情報処理

[主要業績]
『日韓対照言語学入門』(白帝社)，『小学館韓日辞典』(小学館)，『小学館日韓辞典』(小学館)

### 金美仙（キム・ミソン）
韓国ソウル生まれ。東京外国語大学大学院博士課程単位取得修了。
2023年3月まで京都ノートルダム女子大学　准教授。
研究分野：日韓対照言語学，韓国語教育，韓国語文法学，日本語文法学

[主要業績]
『韓国語用言　活用と用例』(三修社)，『ハングル読み書きドリル』(宝島社)，『世界一やさしい！ハングル』(宝島社)，『読みたい韓国語　－初級から中級へ－』(朝日出版社)

### 金恩愛（キム・ウネ）
東京大学大学院総合文化研究科修了。博士(学術)。
立教大学外国語教育研究センター　准教授。
研究分野：日韓対照言語学，表現様相の研究，韓国語教育

[主要業績]
「日本語の名詞志向構造(nominal-oriented structure)と韓国語の動詞志向構造(verbal-oriented structure)」『朝鮮学報』第188輯(朝鮮学会)，「日本語の「－さ」派生名詞は韓国語でいかに現れるか－翻訳テクストを用いた表現様相の研究－」『日本語教育』129号(日本語教育学会)，「恩愛先生の日韓対照言語学1-6」『月刊日本語』(アルク)，『起きてから寝るまで韓国語表現1000』(アルク)

---

韓国語実力養成講座❸　間違いやすい韓国語表現100　上級編

2015年　6月10日　初版発行
2023年12月15日　4刷発行

著　者　油谷幸利・金美仙・金恩愛
発行者　佐藤和幸
発行所　白帝社
　　　　〒171-0014　東京都豊島区池袋2-65-1
　　　　TEL　03-3986-3271　FAX　03-3986-3272
　　　　E-mail　info@hakuteisha.co.jp　https://hakuteisha.co.jp/
組版所　(株)アイ・ビーンズ　　印刷所　平河工業社　　製本所　ティーケー出版印刷

Printed in Japan　　　　　　　　　　　　　　　　　　　ISBN 978-4-86398-194-2